Peter Hobson
Wie wir denken lernen

Peter Hobson

# Wie wir denken lernen

Gehirnentwicklung und die Rolle der Gefühle

Aus dem Englischen
von Christoph Trunk

Walter Verlag

Titel der englischen Originalausgabe:
The Cradle of Thought. Exploring the Origins of Thinking
© 2002, Peter Hobson
Macmillan, London

Bibliografische Information der Deutschen Bibliothek

Die Deutsche Bibliothek verzeichnet diese Publikation in der Deutschen Nationalbibliografie; detaillierte bibliografische Daten sind im Internet über http://dnb.ddb.de abrufbar.

© der deutschen Übersetzung
2003 Patmos Verlag GmbH & Co. KG
Walter Verlag, Düsseldorf und Zürich
Alle Rechte vorbehalten.
Printed in Germany
ISBN 3-530-42168-5
www.patmos.de

Für Beate Hermelin und Anthony Lee,
zwei wunderbare Kollegen,
und für meinen verstorbenen Vater Bob Hobson.

*O reader! had you in your mind*
*Such stores as silent thought can bring,*
*O gentle reader! you would find*
*A tale in every thing.*

William Wordsworth, »Simon Lee«

*Das Aussprechen eines Wortes ist gleichsam ein Anschlagen einer Taste auf dem Vorstellungsklavier.*

Ludwig Wittgenstein,
*Philosophische Untersuchungen*, 6

# Inhalt

Vorwort    9

1  Denk dir nur …    16
2  Ehe das Denken beginnt    44
3  Der Anfang des Denkens    74
4  Das Gerüst des Denkens    109
5  Entwicklungsbarrieren    128
6  Innen und außen    149
7  Denken in Fesseln    174
8  Das Selbst und die anderen    194
9  Das Bewußtsein verstehen    219

Anmerkungen    253

# ■ Vorwort

Seit dem siebzehnten Jahrhundert, als man von der aristotelischen Unterscheidung zwischen Wissen und Wünschen zu einer dreifachen Unterteilung geistiger Vorgänge in Kognition (Denken), Wille und Affekt (Gefühle) überging, haben wir uns fürchterlich schwergetan, diese Teile so zusammenzufügen, daß ein stimmiges Ganzes entsteht. Der beste und vielleicht einzige Weg, der Zersplitterung des Bildes abzuhelfen, das wir uns vom menschlichen Geist machen, ist die Erforschung der frühkindlichen Entwicklung. Denn wenn wir beim Säugling beginnen und nachvollziehen, wie er handelt, fühlt und Dinge wahrnimmt, dann wird klar, wie sich aus den ganz vom Fühlen und Handeln bestimmten Beziehungen, die das Kind zu anderen Menschen knüpft, nach und nach das Denken herauskristallisiert.

Dies ist das Ziel meines Buches: bei dem, was im Kind vorgeht, anzusetzen, um am Ende zu einem schlüssigen Bild davon zu gelangen, wie sich das Denken – genauer gesagt, das kreative, flexible und phantasievolle Denken, das den Menschen auszeichnet – im Laufe der frühkindlichen Entwicklung herausbildet. Damit wir ein zutreffendes Bild erhalten, müssen wir uns auch anschauen, was geschieht, wenn die Entwicklung einen abweichenden Verlauf nimmt. Wie wirkt es sich beispielsweise auf das Denken eines kleinen Kindes aus, wenn seine Entwicklung durch gravierende emotionale oder zwischenmenschliche Probleme beeinträchtigt wird? Wie entwickelt sich das Denken bei Behinderungen wie Autismus und angeborener Blindheit oder bei einem extremen Mangel an Zuwendung während der ersten Lebensjahre? Ich möchte zeigen, daß die Erforschung solcher abweichender Entwicklungsverläufe uns zwingt, unser Denken über das Denken grundlegend zu ändern.

Wir verfügen also bereits über zwei Möglichkeiten, um wieder zusammenzufügen, was auseinandergerissen wurde: Um die psychischen Fähigkeiten von Kindern und Erwachsenen zu ergründen, können wir eingehend untersuchen, was in Kindern vor sich geht, und wir können normale und abnorme Entwicklungsverläufe miteinander vergleichen. Mit etwas Glück gelingt uns so noch ein zweifacher Brückenschlag: zwischen den Begriffen von Körper und Geist sowie von Individuum und Gesellschaft.

Wenn wir beobachten, wie ein kleines Kind mit der Mutter oder dem Vater interagiert, nehmen wir dann nur seinen Körper wahr oder sehen wir auch, was in ihm vorgeht? Wenn ein Baby uns beobachtet oder auf die Laute hört, die wir von uns geben, sieht es dann unseren Körper und hört es unsere Stimme auf dieselbe Weise, wie es auch andere Objekte sieht und andere Geräusche hört? Falls dem nicht so ist, wie haben wir uns dann sein Erleben vorzustellen? Diese rhetorischen Fragen mögen auf den ersten Blick wenig mit unserem Thema zu tun haben. Für die Entwicklung des Denkens ist es aber von entscheidender Bedeutung, daß dem Kind nach und nach klar wird, was es bedeutet, eine subjektive Perspektive zu haben oder, mit anderen Worten, ein menschliches Wesen zu sein, das ein Bewußtsein hat. Wir müssen also ergründen, wie kleine Kinder diese Verbindung zwischen dem Sehen eines Körpers und dem Wahrnehmen eines Bewußtseins herstellen.

Die Frage, wie Körper und Geist zusammengehören, ist eng mit dem Verhältnis zwischen Individuum und Gesellschaft verknüpft. Die meisten von uns fassen das Denken als etwas Individuelles auf, das wir in unserem eigenen Kopf tun. An dieser Vorstellung muß etwas dran sein, denn sie scheint zum Beispiel das wiederzugeben, was geschieht, wenn jemand im Lehnstuhl sitzt und über den Sinn des Lebens nachdenkt. Daß wir aber auf eine derart abstrakte Weise und ganz für uns allein über etwas nachsinnen können, bedeutet nicht, daß wir die Fähigkeit zu denken völlig aus eigenen Stücken erworben haben. Man kann daraus auch nicht schließen, daß die psychischen Mechanismen, mittels deren wir denken – sozusagen die Werkzeuge des Denkens – durch irgendeinen allein im Individuum ablaufenden Prozeß entstanden sind, etwa so, wie sich das genetisch programmierte Wachstum des Gehirns vollzieht. Vielmehr bilden sich die Werkzeuge des Denkens, wie ich darlegen möchte, im emotionalen Kontakt des Kindes mit anderen Menschen heraus. Einfach gesagt: Stünde ein Kind nicht in Beziehung zu anderen Menschen, würde es nicht zum Denken kommen.

Aus dieser Aussage ergeben sich weitreichende Folgerungen, die ich anhand der Versuche von Wissenschaftlern, das menschliche Denken mit Hilfe von Computern nachzubilden, verdeutlichen will. Es ist nichts dagegen einzuwenden, daß man Aspekte des Denkens durch Computer simuliert, und man kann auch davon sprechen, ein Mensch würde eine mathematische Gleichung »wie ein Computer« lösen. Problematisch wird die Sache allerdings, wenn man unterstellt, der Computer selbst würde denken. Computer-Enthusiasten will es nicht ins Konzept passen, daß kein Computer, sondern nur ein Mensch den jeweiligen Eingabe- und Ausgabedaten Bedeutung zu verleihen vermag. Ein Computer begreift nichts und nimmt auch keinen Anteil an irgend etwas. Die Dinge bedeuten für ihn nichts, denn ihm gehen die dafür nötigen Formen der Verbundenheit mit der ihn umgebenden Welt ab. Jedes denkende Wesen, ob nun menschlich oder nur menschenähnlich, braucht einen geeigneten Körper und die Fähigkeit zum Fühlen und Handeln, damit es mit der Welt, die die Gegenstände des Denkens enthält, in Verbindung treten kann. Computer sind noch durch eine weitere gravierende Einschränkung zur Gedankenlosigkeit verdammt. Ihnen geht nicht nur die geeignete Beziehung zu den Dingen um sie herum ab, sondern ihnen fehlt auch eine passende Form der Beziehung zueinander. Um denken zu lernen, müßten die Computer erst zu geselligen Wesen werden.

Es gibt noch eine Reihe weiterer Brückenschläge, die ich mit dem Schreiben dieses Buches anstrebe. Sie sind mehr persönlicher Natur. Als Arzt und Psychiater habe ich große Achtung vor der für die Psychiatrie charakteristischen Mischung aus klinischer Wissenschaft und Sorge um den Patienten, der sowohl als Individuum gesehen wird als auch als ein einzigartiger »Fall«, den es zu verstehen gilt. Als Experimentalpsychologe empfinde ich es als eine spannende Herausforderung, einen kontroversen oder bislang völlig unerforschten Aspekt von Eigenschaften herauszuarbeiten, den eine bestimmte Gruppe von Kindern oder Erwachsenen aufweist, und ein Experiment zu konzipieren, mit dem sich prüfen läßt, was es mit diesem Aspekt wirklich auf sich hat. Es mag sentimental klingen, aber im Idealfall haben wir bei einem Experiment das Gefühl, als würden wir die Natur dazu überlisten, ihr Gesicht zu zeigen – was besonders aufregend ist, wenn sie unsere Erwartungen durchkreuzt und uns verblüfft. Und schließlich bin ich, als ein am Londoner Institute of Psychoanalysis ausgebildeter Analytiker, davon überzeugt, daß das disziplinierte Zuhören und das Unterscheiden von Beziehungsmustern im Hier und Jetzt des Austauschs zwischen Patient und Therapeut wesentlich dazu beitragen kann, die Tiefen und feinen Nuancen des menschlichen Geistes verstehen zu lernen.

Das Persönliche an meinem Buch ist also, daß ich diese verschiedenen Stränge hier erstmals zusammengeführt habe. Ich hoffe, es wird so wirken, als sei mir das ganz selbstverständlich gelungen. Freilich mußte ich mein gesamtes Berufsleben hindurch darum kämpfen, die Stränge nicht aus der Hand zu geben. Ein renommierter Psychiater sagte mir einmal, ich müsse mich entscheiden, ob ich nun ein richtiger Wissenschaftler oder aber ein Psychotherapeut sein wolle (den letzteren Begriff verwendete er mit einer Mischung aus Verachtung und Nachsicht); und als ich mich schließlich traute, am Institute of Psychoanalysis meine experimentellen Studien vorzustellen, hörte ich anschließend, daß einige im Publikum mein Denken als anti-psychoanalytisch empfanden. Ich hoffe, aus meinem Buch wird deutlich, warum ich den Weg gehen mußte, den ich gegangen bin, und wie ich zu der Sichtweise gelangt bin, die ich vertrete.

Die Autismusforschung zog mich an, weil mich nicht nur die Entwicklung des menschlichen Bewußtseins fasziniert, sondern auch die Philosophie des Geistes. Als ich an der Cambridge University Medizin und dann Psychologie studierte, besuchte ich manchmal Philosophie-Vorlesungen, obwohl ich mich eigentlich auf anderen Stoff hätte konzentrieren sollen. Viele Jahre später begegnete ich zum ersten Mal einem Menschen, der unter Autismus litt. Mir war sofort klar, daß ich jemanden mit einer ganz anderen »Lebensform« (diesen Begriff prägte der Philosoph Ludwig Wittgenstein) vor mir hatte, und ich packte die Gelegenheit beim Schopf, durch die Erforschung des Autismus eine Art praktische Philosophie zu betreiben. Vor allem hatte es mir die Idee angetan, daß Wittgensteins philosophische Darstellung, laut der wir ein fremdes Bewußtsein verstehen, indem wir Gefühlsäußerungen wahrnehmen und auf sie ansprechen, möglicherweise eine Erklärung dafür liefert, warum autistische Kinder in ihrer Fähigkeit, andere Menschen zu begreifen, so massiv eingeschränkt sind – und warum ihr Denken so wenig Kreativität erkennen läßt. Außerdem schien sich hier eine Möglichkeit zu bieten, tiefer zu ergründen, was den Menschen ausmacht und wie sein Bewußtsein sich entwickelt hat.

Dies sind also die Themen des vorliegenden Buches. Ich möchte nun eine Bemerkung zum Stil machen. Mein erstes Buch, *Autism and the Development of Mind*[1], war derart verdichtet und mit Literaturverweisen befrachtet, daß nur ein paar unentwegte Akademiker tapfer genug waren, es von vorn bis hinten durchzulesen. Einige wohlgesonnene Kollegen und Freunde meinten, sie hätten einen Blick hineingeworfen und würden irgendwann weiterlesen, aber das sagten sie nur aus Freundlichkeit. Diesmal habe ich versucht, das, was ich zu sagen habe, so direkt wie nur möglich zu sagen und nur auf einige wenige Forschungsarbeiten anderer zu verweisen. Ich hoffe, daß Psychologinnen und Psychologen, die das Gefühl haben, ich hätte sie übergangen, sich in meinem vorherigen Buch zitiert finden werden. Ich habe mich bemüht, in meiner Argumentation viele Aspekte abzudecken und in die Tiefe zu gehen, mich aber dennoch auf das Wesentliche zu beschränken. Wenn mir das einigermaßen gelungen und der Stil halbwegs eingängig ist, so ist dies zu einem großen Teil das Verdienst meiner Lektoren Georgina Morley und Peter Robinson, die mich mit Geduld und Bestimmtheit berieten (»Nicht dozieren!«), und besonders auch von zwei mir wichtigen Menschen, Linda Young und David King, die das Manuskript eingehend und scharfsinnig kommentierten. Ich bin ihnen allen sehr dankbar.

Es gibt noch zwei Dinge anzumerken. Erstens nenne ich, wenn es um die Bezugspersonen von Babys und Kleinkindern geht, meistens nur die Mutter, denn die meisten Studien zur Beziehung zwischen Säuglingen und ihren Bezugspersonen beziehen sich nun einmal auf die Mütter. Außerdem spreche ich, wenn es um Erwachsene mit Borderline-Persönlichkeit geht, meist nur von Patientinnen, zum einen weil in dieser Gruppe die Frauen überwiegen, zum andern weil wir uns bei unseren eigenen Studien auf diesem Gebiet ausschließlich mit Frauen befaßt haben. Ich hoffe, für die Leserinnen und Leser ist ersichtlich, daß hinter diesem Vorgehen keine diskriminierende Absicht steckt und ich damit nur umständlichen Formulierungen aus dem Weg gehen will. Es gibt zwar wichtige Studien, die zeigen, in welchem Zusammenhang Geschlechtsmerkmale mit Störungsbildern (zum Beispiel dem Autismus) oder sozialen Rollen (zum Beispiel der Elternrolle) stehen, doch ich bin auf solche Aspekte nicht eingegangen. Zweitens habe ich nicht nur sämtliche Falldarstellungen anonymisiert, so daß die Identität der Betreffenden nicht zu erkennen ist, sondern auch Angaben zu verschiedenen Personen miteinander kombiniert, so daß jeweils eine Art Mosaik entstanden ist, das keine einzelne, konkrete Person beschreibt. Ich hoffe, die Fallbeispiele sind trotz dieser notwendigen Verzerrungen aussagekräftig.

Die weiter zurückliegenden Studien mit Kindern, von denen ich im Buch berichte, wurden in der Abteilung Kinder- und Jugendpsychiatrie am wesentlich von Michael Rutter geprägten Londoner Institute of Psychiatry durchgeführt sowie, unter der großzügigen und hilfreichen Leitung Neil O'Connors, in der Forschungsgruppe Entwicklungspsychologie des Medical Research Council\*. Die neueren wissenschaftlichen und klinischen Forschungsarbeiten, die ich vorstelle, stammen aus der Erwachsenenabteilung der Tavistock-Klinik und dem Fachbereich Psychiatrie und Verhaltenswissenschaften am Londoner University College. Meine Kolleginnen und Kollegen und ich sind einer Reihe von Organisationen zu Dank verpflichtet, die unsere Forschung finanziell unterstützt haben, insbesondere dem Medical Research Council, der Wellcome-Stiftung, der Baily-Thomas-Wohltätigkeitsstiftung, der Hayward-Stiftung, der Joseph-Levy-Stiftung, dem Mary-Kitzinger-Fonds, dem Winnicott-Fonds, der London Clinic of Psychoanalysis, dem US-amerikanischen National Institute of Health, dem walisischen Office of Research and Development for Health and Social Services (NHS) in Cymru und dem Finanzierungssystem des National Health Service für Forschung und Entwicklung. Auch die Tavistock-Stiftung mit ihrem Vorsitzenden Nick Temple hat unsere Sektion in entscheidender Weise unterstützt.

Bei den Studien, die dem Buch zugrunde liegen, habe ich mit einer Reihe von kompetenten Kolleginnen und Kollegen zusammengearbeitet, deren Namen im Text genannt sind. Ihnen allen bin ich zu großem Dank verpflichtet. Vor allem aber möchte ich meiner Mentorin Beate Hermelin danken, mit der mich eine langjährige Freundschaft verbindet. Die Originalität ihres Denkens und ihr Scharfsinn – sie ist

---

\* Medizinischer Forschungsrat, eine staatlich finanzierte, aber unabhängige Koordinations- und Förderungsinstitution. A. d. Ü.

konsequent unberechenbar, aber von unbeirrbarer Großherzigkeit, oft atemberaubend direkt und stets eine Quelle des Staunens und der Freude – haben mich während der letzten zwei Jahrzehnte inspiriert und getragen. Ich widme dieses Buch Beate, meinem Kollegen Tony Lee wegen seines feinfühligen und disziplinierten Umgangs mit Kindern – man kann ihn mit vollem Recht zu denen zählen, die in der Bibel »das Salz der Erde« heißen –, und außerdem meinem verstorbenen Vater Bob Hobson, denn in das Bild, das ich im folgenden entwerfe, sind auch seine Gedanken und Empfindungen eingeflossen.

# 1 Denk dir nur...

Denken Sie einmal darüber nach, was es mit dem Denken auf sich hat und was für eine außergewöhnliche Sache es ist. Wenn Sie das machen oder auch einfach nur überlegen, ob Sie jetzt weiterlesen sollen, tun sie etwas, das keine Spezies außer der unseren vermag. Mein Buch handelt vom Wesen dieser spezifisch menschlichen Fähigkeit. Genauer gesagt geht es der Frage nach, wie der Mensch im Säuglingsalter fähig wird zu denken. Wir wollen verfolgen, wie die geistige Entwicklung in den ersten Lebensmonaten verläuft, und dabei zu den Wurzeln des menschlichen Denkens vorstoßen. Denn selbst zwei Jahre alte Kinder sind im Denken bereits so fortgeschritten, daß sie die mentalen Leistungen nichtmenschlicher Wesen weit hinter sich gelassen haben. Sie haben nicht nur angefangen zu sprechen und das, was andere sagen, zu verstehen. Sie haben auch bereits begonnen, *über* Dinge nachzudenken, und sind in das Reich der Phantasie eingetreten. Sie haben ihren Platz im Kosmos der menschlichen Kultur eingenommen.

Jemand hat einmal gesagt, daß Kultur im großen und ganzen aus all den Dingen besteht, die wir tun und zu denen Affen nicht in der Lage sind. Wenn wir die Anfänge des Denkens beim Menschenkind nachzuzeichnen versuchen, verstehen wir vielleicht auch die Entwicklung besser, die von unseren Primaten-Vorfahren hin zu den denkenden und redenden Angehörigen der Spezies *Homo sapiens* führte. Das heißt, wenn wir erforschen, wie Kinder fähig werden zu denken, stoßen wir dabei vielleicht auf den Ursprung der menschlichen Kultur.

Die evolutionstheoretische Frage, wie Menschen die im Tierreich einzigartige Fähigkeit zu denken entwickelt haben, eignet sich gut als Ausgangspunkt für unsere Reise, und am Ende des Buches wollen wir noch einmal zu ihr zurückkehren. Zunächst einmal müssen wir definieren, was denn den menschlichen Geist so einzigartig macht. Zweifellos kommen auch bei Tieren bestimmte Formen des Denkens vor, doch sie sind nur ein schwacher Abglanz des phantasievollen und kreativen Denkens, das sich mit der Ankunft des *Homo sapiens* herausgebildet hat. Aus evolutionstheoretischer Sicht ist die entscheidende Frage: Wie konnten zum einen in der Vergangenheit durch die Evolution und wie können zum anderen in der Gegenwart durch die Erfahrungen, die Babys machen, aus Wesen, denen die Fähigkeit zu denken noch fehlt, des Denkens mächtige Wesen werden?

Der erste Teil der Frage, der sich auf die Evolution bezieht, ist schwer zu beantworten, weil sich die Evolution im wesentlichen in einer Reihe kleiner Schritte vollzieht. In der genetischen Ausstattung von Organismen kommt es immer wieder zu kleinen Abwandlungen. Manchmal verschafft eine solche Abwandlung einem Individuum Vorteile, so daß es in der Lage ist, mehr Nachkommen als seine Konkurrenten zu hinterlassen. Nach und nach wird das abgewandelte Merkmal in der Population bestimmend: Ein evolutionärer Fortschritt hat sich vollzogen. Doch wie hätte man sich das im Fall des schöpferischen Denkens und der Sprache vorzustellen? Wir stoßen hier auf ein Problem, das die Wissenschaftler, die auf die angeborene spezifische Sprachbegabung des Menschen abheben, bislang nicht zu lösen vermochten: Woher rührt diese Begabung? Falls wir einen Sprach-Instinkt haben, wie kam es dann, daß die anderen Instinkte, die wir mit unseren nichtmenschlichen Verwandten im Tierreich gemeinsam haben, um diesen Instinkt ergänzt wurden? Oder, um es noch einmal anders auszudrücken: Auf welche psychischen Vorstufen baut das schöpferische Denken auf? Tatsache ist, daß wir bislang noch nicht zurückverfolgen können, welches die entscheidenden evolutionären Schritte waren, die die Entstehung des menschlichen Geistes einläuteten.

Einige Psychologen gehen davon aus, daß die Einzigartigkeit des Menschen in der Errungenschaft der Sprache gründet. Das ist nicht ganz falsch, aber auch nicht ganz richtig. Vor der Sprache war da noch etwas anderes – etwas Grundlegendes, gewissermaßen Primitiveres, mit einem Entwicklungspotential von beispielloser Dynamik, das uns zur Sprache *hintrieb*; etwas, das sich in winzigen Schritten weiterentwickeln konnte, aber dann plötzlich die Denkprozesse entstehen ließ, die unsere mentalen Vorgänge revolutionierten; etwas, das uns (leider) keine fossilen Überreste offenbaren können. Dieses Etwas war der *intensive soziale Kontakt*. Genau die Bindeglieder, die zwischen

## 1. Kapitel

dem Bewußtsein der einen und dem Bewußtsein der anderen Person einen Kontakt – insbesondere einen emotionalen Kontakt – herstellen, ziehen uns zum Denken hin. Einfach gesagt: Die Fundamente des Denkens wurden gelegt, als unsere Primaten-Vorfahren auf dieselbe Art in emotionalen Kontakt zueinander zu treten begannen, wie das zwischen Menschenbabys und ihren Eltern geschieht.

Der zwischenmenschliche Kontakt ist der Unterbau der Sprache. Er liefert nicht nur die Motivation dafür, daß sich Sprache überhaupt entwickelt, sondern sorgt in dem Austausch, der sich zwischen den Individuen vollzieht, für genug – gerade genug – Struktur, so daß sich die Grammatik herausbilden kann.

Meiner Ansicht nach führte also eine Veränderung im interindividuellen Kontakt von Primaten hin zu den Formen des Denkens und der Sprache, die für den Menschen kennzeichnend sind. Die Antwort auf unsere evolutionsgeschichtliche Frage – wie das Denken aus etwas entstehen kann, das weniger als Denken ist – ist in feinen, aber tiefgreifenden Veränderungen zu suchen, die sich in der gewöhnlichen direkten Interaktion zwischen Individuen vollzogen. Denken entsteht also im Grunde nicht aus etwas, das *weniger* als Denken ist, sondern aus etwas, das *anders* als Denken ist. Unsere Vorfahren, die noch nicht der Gattung *Homo sapiens* angehörten, unterschieden sich in der Welt der Primaten von ihren schimpansenähnlichen Genossen dadurch, daß ihre Verbundenheit miteinander tiefer reichte. Das war die Brücke, über die sie zum Denken und zur Sprache gelangten. Dieser wundersame Übergang vollzog sich, so verwunderlich das klingen mag, durch kleinste Veränderungen in *emotionalen* Interaktionen und Beziehungen.

Diese radikale These verlangt nach einer Begründung. Außerdem müssen wir sie zu den Phänomenen der frühkindlichen Entwicklung in Beziehung setzen. Denn auch wenn die Evolution uns Menschen die Grundvoraussetzungen dafür verschafft hat, ein differenziertes Bewußtsein zu entwickeln, muß dennoch jedes einzelne Baby selbst zum Denken und zur Sprache finden. Diese großartigen Fähigkeiten sind nicht einfach irgendwann da, so als lägen sie in unseren Genen fix und fertig bereit. Die Gene liefern dem Kind nur das Rüstzeug dafür, seine Erfahrungen so zu nutzen, daß Sprache und Denken möglich werden. Die Frage ist, welche Arten von Erfahrung einem Baby zugänglich sein müssen, damit dieses Potential sich entfalten kann. Außerdem möchten wir gern wissen, in welcher Weise jenes Rüstzeug auf die Erfahrungen angewandt wird, so daß das Denken entsteht.

Meine Hoffnung ist: Sobald wir sehen, wie ein Baby im zwischenmenschlichen Austausch mit anderen zu denken beginnt, und sobald wir ermittelt haben, welche Aspekte dieses Austausches die entscheidenden sind, können wir uns wieder der evolutionstheoretischen Frage zuwenden, wie die spezifisch zwischenmenschliche Form des Austausches entstanden ist. Mit anderen Worten, wenn wir die geistige Entwicklung des einzelnen Kindes nachzeichnen, gewinnen wir Anhaltspunkte dafür, nach welchen Veränderungen im Laufe der Evolution, auf die die besonderen Eigenschaften von Menschenbabys zurückgehen, wir eigentlich suchen müssen.

Ich würde eigentlich gern sogleich auf die Strategien zu sprechen kommen, die wir auf diesem schwierigen Forschungsgebiet benötigen, um voranzukommen. Doch es gibt noch eine weitere begriffliche Hürde, die wir nicht einfach umgehen können und also besser gleich von Anfang an mit einkalkulieren. Ich sagte, wir würden »sehen«, wie ein Baby im Austausch mit anderen zu denken beginnt. Unser Ziel ist also, zu begreifen, wie im Verlauf dieses Prozesses *der menschliche Geist* entsteht. Wir werden daher zum Verhalten von Kindern, das sich ja auf der körperlichen Ebene abspielt, Beobachtungen zusammentragen, um so dem Denken, das etwas Geistiges ist, auf die Spur zu kommen. Wie können wir die Kluft überbrücken, die die klar umschriebene und greifbare materielle Welt von der immateriellen Welt der Vorstellungen trennt? Ginge es nur darum, daß wir unsere empirischen Methoden auf unsere Theorien abstimmen müssen, wäre das schon schwierig genug. Das Problem reicht aber noch tiefer. Denn ich behaupte, daß *das Kind selbst* das Bedürfnis entwickelt, in der Beziehung zu einem anderen Menschen, die körperlich verankert ist, dessen geistige Dimension zu erfassen. Dieses Bedürfnis ist, so glaube ich, für seine geistige Entwicklung entscheidend, und deshalb bleibt uns keine andere Wahl, als auf das Körper-Geist-Problem einzugehen, mit dem sich die Psychologie und die Philosophie schon so lange herumplagen. Glücklicherweise müssen wir nicht in allen Details klären, wie sich das Bewußtsein oder der Geist zum Körper verhält, aber wir müssen klären, wie Menschen im Zuge ihrer körper-

## 1. Kapitel

Abb. 1  Abb. 2

lichen Interaktionen mit anderen herausfinden, daß diese ein Bewußtsein haben.

Schauen Sie sich Abbildung 1 und 2 an. Das linke zeigt einen Schimpansen, das rechte eine Skulptur von Rodin, *La Pensée* [das Denken, der Gedanke]. Wenn Sie die beiden Bilder eine Weile lang betrachten, welche *Arten* von Unterschieden stellen Sie dann fest? Nehmen wir an, jemand sagt, das Gesicht der nachdenkenden Frau strahle mehr »Tiefe« aus – wäre diese Aussage nicht unmittelbar nachvollziehbar? Eine weitere Frage, die wir nicht beantworten können, aber uns stellen müssen: Wenn wir einmal voraussetzen, daß ein Schimpanse in den Bildern irgendeinen Sinn erkennen könnte, würde er dann sehen (oder fühlen), daß sich das Gesicht eines Artgenossen und das seiner menschlichen Cousine in ihrer »Tiefe« unterscheiden?

Die Evolutionsgeschichte wird nur ein Nebenschauplatz dieses Buches sein. Was erwartet Sie auf dem Hauptschauplatz, auf dem es um die kindliche Entwicklung geht? Ich werde im wesentlichen so vorgehen, daß ich den Verlauf der »normalen« (das heißt typischen) Entwicklung durch das Vergrößerungsglas der abnormen Entwicklung betrachte. Wenn wir Kinder untersuchen, deren Entwicklungsweg sich von dem der meisten anderen unterscheidet, können wir sehr viel

*Denk dir nur...*

darüber lernen, was in der gesunden und optimalen Entwicklung geschieht. Manche Besonderheiten an Kindern werden uns so vertraut, daß wir aus dem Auge verlieren, wie bemerkenswert sie eigentlich sind. Wir verkennen dann, wie wenig wir die Vorgänge, auf denen Entwicklungsfortschritte beruhen, eigentlich begreifen. Bei einem Kind, dessen Entwicklung abnorm verläuft, können wir sehen, wie Aspekte des mentalen Lebens sich gar nicht oder in ungewöhnlicher Form entfalten. Um zu verstehen, warum das so ist, müssen wir uns genau anschauen, wie und warum der Entwicklungsweg sich von dem der meisten Kinder unterscheidet – wobei offenbar wird, wie wenig wir die schrittweisen Veränderungen, die sich üblicherweise vollziehen, bislang durchschauen. Manchmal werden wir langgehegte Vorstellungen aufgeben müssen.

Besonders überraschende Einblicke in die normale Entwicklung hat uns eine Störung verschafft, die erstmals in den vierziger Jahren beschrieben wurde: der frühkindliche Autismus. Der Autismus macht auf eindrucksvolle Weise deutlich, was es bedeutet, zu einem anderen Menschen in Kontakt zu treten, denn er zeigt uns das tragische Bild eines Menschen, dem ein solcher Kontakt nur ansatzweise oder gar nicht gelingt. Dieser Mangel an emotionaler Verbundenheit mit anderen ist an sich schon verheerend, doch er scheint auch bestürzende Auswirkungen auf die Denkfähigkeit des Kindes zu haben – Auswirkungen, aus denen sich umgekehrt erschließen läßt, wie sich im Normalfall das Denken aus zwischenmenschlichen Beziehungen heraus entwickelt.

Was ist Autismus? Autismus ist ein sogenanntes Syndrom, das heißt ein Bündel verschiedener charakteristischer Symptome. Es handelt sich um ein seltenes Krankheitsbild, das bei weniger als einem unter tausend Kindern und ungefähr dreimal so häufig bei Jungen wie bei Mädchen auftritt. Die Symptome sind: eine tiefgreifende und charakteristische Beeinträchtigung in zwischenmenschlichen Beziehungen; eine schwerwiegende Einschränkung der Kommunikationsfähigkeit, die oft auch sprachliche Anomalien einschließt; eine Verarmung der Phantasie, die unter anderem im Spiel zutage tritt; ungewöhnliche monotone Verhaltensweisen und Rituale. Die Frage, die sich der psychologischen Forschung stellt, ist leicht zu formulieren, aber erstaunlich schwer zu beantworten: Warum treten diese Merkmale gemeinsam auf?

## 1. Kapitel

Die Antwort könnte recht einfach ausfallen, wenn für zwischenmenschliche Beziehungen, Kommunikation, schöpferisches Denken und so weiter nur ein bestimmter Teil des Gehirns zuständig wäre. Dann läge die Annahme nahe, daß Autismus durch eine Schädigung dieser Hirnregion verursacht wird. Freilich existiert eine solche Hirnregion nicht. Viele kompetente Wissenschaftler haben vergeblich danach gesucht. Das bedeutet nicht, daß das Gehirn autistischer Menschen einwandfrei arbeitet. Vielmehr weist vieles darauf hin, daß ihre Hirnfunktionen beeinträchtigt sind. Es scheint allerdings keinen einfachen Zusammenhang zu geben zwischen dem, was mit den mentalen Prozessen autistischer Menschen nicht in Ordnung ist, und dem, was mit ihrem Gehirn nicht in Ordnung ist.

Um das Rätsel zu lösen, müssen wir uns anschauen, wie sich das Syndrom des Autismus *im Verlauf der frühkindlichen Entwicklung* herausbildet. Unser erster Schritt wird sein, die grundlegenden Merkmale des Autismus zu bestimmen. Wir suchen dabei nach einer oder mehreren Anomalien der psychischen Funktionen, die gleich beim ersten Auftreten der Störung vorhanden und demnach kein Nebeneffekt einer anderen Anomalie sind. Als nächstes müssen wir dann klären, wie aus diesen grundlegenden Anomalien im Lauf der Zeit die anderen Symptome entstehen. Das heißt, wir sollten uns eigentlich von einer geeigneten Entwicklungstheorie leiten lassen. Das dürfte allerdings einigermaßen schwierig werden, weil keine Entwicklungstheorie standhält, wenn man sie auf den Autismus anzuwenden versucht. Der Verdacht liegt nahe, daß diese Theorien auch den normalen Entwicklungsverlauf nicht richtig abbilden und überdacht werden müssen.

Die Wissenschaftler, die den Autismus erforschen, stehen freilich nicht mit leeren Händen da. Sie haben genetische Ursachenfaktoren aufgedeckt, sie haben festgestellt, daß bestimmte Infektionen des Nervensystems zu Autismus führen können, und sie haben Gehirnregionen ausfindig gemacht, die bei manchen autistischen Kindern Anomalien aufzuweisen scheinen.[1] Allerdings ist man auf eine Vielzahl von Ursachen gestoßen, von denen jede nur in bestimmten Fällen eine Rolle spielt und nur einzelne Ausschnitte des klinischen Gesamtbildes zu erklären scheint. Auch Forschern, die den Schneeballeffekten von Entwicklungs-Anomalien nachgegangen sind, ist es nicht gelungen, eine überzeugende übergreifende Theorie des Autismus zu entwerfen.

*Denk dir nur...*

Wir haben nicht von ungefähr das Gefühl, daß wir kurz davor und doch weit davon entfernt sind, den Autismus zu verstehen. Der Grund ist derselbe, aus dem wir das menschliche Denken zwar in vielen Aspekten zu verstehen scheinen, aber weitgehend ratlos sind, was die Wurzeln des Denkens in der frühkindlichen Entwicklung angeht: Wir sind auf Erklärungen fixiert, die von isolierten Individuen ausgehen. Zum Beispiel stellen wir uns vor, daß sich eine bestimmte pathologische Ursache finden wird, die bei jedem einzelnen autistischen Menschen nachweisbar wäre. Oder wir glauben die Wurzeln des Denkens ergründen zu können, indem wir die Fähigkeiten des einzelnen Kindes untersuchen, Gegenstände in Kategorien zu unterteilen und auf zunehmend komplexe Weise mit ihnen umzugehen, oder indem wir mit immer minuziöseren Computertomographien des Gehirns ergründen, wie sich das Nervensystem des einzelnen Kindes entwickelt. Diese Erwartungen werden sich nicht erfüllen.

Wir müssen anders an die Sache herangehen und uns klarmachen, daß einer der stärksten Einflüsse auf die kindliche Entwicklung das ist, was *zwischen* Menschen geschieht. Anders gesagt, einer der schädlichsten Einflüsse auf die kindliche Entwicklung besteht darin, daß – wie etwa beim Autismus – bestimmte Formen der Interaktion zwischen Menschen nicht zustande kommen.[2]

Was zwischen Menschen vor sich geht, werden wir mit Computertomographien niemals erfassen können. Aus den Farbstrukturen, die wir sehen, können wir zwar auf alle möglichen Vorgänge im Nervensystem schließen, die während einer zwischenmenschlichen Interaktion ablaufen und die ein unabdingbarer Teil des Ganzen sind. Sie stellen aber nur einen Aspekt des viel umfassenderen Gesamtbildes dar. Zu diesem Bild gehört auch ein menschliches Gegenüber und die Art und Weise, wie der eine den anderen erlebt. Hier liegen die Wurzeln des Denkens, in den Vorgängen, die dadurch ausgelöst werden, daß ein Mensch einen anderen wahrnimmt und erfährt. Autismus entsteht, weil bestimmte Dinge, die sonst zwischen Menschen geschehen, nicht möglich sind. Möglicherweise haben wir es mit einer Vielzahl verschiedener Entwicklungsstörungen zu tun, die ein Kind daran hindern, zentrale Aspekte zwischenmenschlicher Beziehungen zu erfahren – so daß es autistisch wird. Oder aber bestimmte Beeinträchtigungen des Kindes kommen damit zusammen, daß der zwischen-

## 1. Kapitel

menschliche Kontakt, den seine Umwelt ihm bietet, unzureichend ist – so daß es autistisch wird. Oder die Lebensumstände des Kindes sind so extrem feindlich, daß es fast ohne jede einfühlsame Zuwendung auskommen muß – und durch diese Entbehrung autistisch wird. In jedem dieser Fälle werden wir den Autismus nur verstehen, wenn wir die gravierenden Auswirkungen untersuchen, die ein Mangel an bestimmten Formen zwischenmenschlicher Erfahrung auf das sich entwickelnde Denken hat.

Der Autismus wird mein wichtigstes Beispiel aus der Psychopathologie, aber nicht das einzige sein.[3] (Psychopathologie ist der wissenschaftliche Begriff dafür, daß wir die normale und die abnorme Entwicklung nebeneinander betrachten.) Aufschlußreich am Autismus ist, was den Kindern einerseits fehlt und über welche Fähigkeiten sie andererseits verfügen. Einige andere Störungen sind deswegen interessant für uns, weil bei den Betreffenden bestimmte Phänomene ungewöhnlich deutlich hervortreten. Zum Beispiel unterstellen manche Erwachsenen mit psychischen Problemen anderen Menschen immer wieder, sie hätten etwas gegen sie oder würden sie manipulieren oder ausnutzen. Natürlich ist solcher Argwohn manchmal gerechtfertigt, oft aber auch nicht. Man könnte solche Vorstellungen und Erfahrungen einfach als verrückt und verdreht abtun, aber in abgeschwächter Form sind ein ähnliches Mißtrauen und ähnliche Verfolgungsideen anscheinend auch bei Erwachsenen vorhanden, die nicht psychisch gestört sind, und treten beispielsweise unter Streß oder in Träumen zutage. Wir müssen uns also mit der beunruhigenden Möglichkeit auseinandersetzen, daß das Abnorme wie in Vergrößerung einen Aspekt des Normalen vorführt.

Warum aber sind diese Vorstellungen und Empfindungen bei manchen Menschen ausgeprägter als bei anderen? Und warum sind bei Menschen, die unter solchen verzerrten Wahrnehmungen und alptraumhaften Erfahrungen leiden, auch die zwischenmenschlichen Beziehungen problembeladener als bei anderen? Gehen diese abnormen Vorstellungen auf traumatische Kindheitserfahrungen zurück? Oder entstehen sie vielmehr dadurch, daß es an guten Erfahrungen mangelt, die etwas potentiell Abnormes in uns zu zähmen vermögen? Oder sind die Ursachen rein genetisch und hängen gar nicht mit der Art der Fürsorge zusammen, die ein Kind erfährt? Über diese Fragen

*Denk dir nur...*

wird heftig gestritten. Viele Psychologen halten es für ausgeschlossen, daß die Entwicklung des Denkens in solchem Maße von Gefühlen abhängen könnte, und aus Sicht vieler Psychiater ist es abwegig, auch nur Spekulationen darüber anzustellen, daß Normalität aus dem sogenannten Abnormen entsteht. Dies alles macht deutlich, warum die Psychopathologie der Entwicklung uns helfen kann, die Grundfragen der geistigen Entwicklung unter einem neuen Blickwinkel zu sehen. Wir entdecken so vielleicht tatsächlich Dinge, die uns bisher entgangen sind.

Die Chancen dafür sind auch deshalb größer, weil uns heute ungemein differenzierte und vielfältige Forschungsmethoden zur Verfügung stehen. Dies ist das nächste Thema, auf das ich nun eingehen möchte. Mir ist klar, daß Sie sich wohl auf tödliche Langeweile gefaßt machen, wenn Sie auch ein paar Seiten über Forschungsmethodik lesen sollen. Ich kann nur sagen: Die Mühe wird sich lohnen. Es ist ein wenig wie das Lernen einer Fremdsprache, das ebenfalls als Plackerei beginnt, dann aber den Horizont erweitert, Befriedigung verschafft und äußerst nützlich ist, um in einem fremden Land zurechtzukommen. Beginnen wir also...

Die erste Methode, auf die ich eingehen möchte, ist die klinische. Ich verwende den Begriff in einem recht weiten Sinne, so wie Jean Piaget, der Vater der modernen Kinderpsychologie, wenn er von *la méthode clinique* sprach. Ich meine damit eine sorgfältige Beschreibung von Einzelfällen, ganz gleich, ob der Ausdruck »klinisch« sich nun darauf bezieht, daß es um psychiatrische Patienten geht, oder darauf, daß in die Beschreibung die ganze forschende Aufmerksamkeit und die Sondierungsstrategien des Klinikers einfließen. Um »normale« oder »behinderte« Menschen, um Erwachsene oder Kinder verstehen zu lernen, gibt es keinen besseren Weg, als einige wenige von ihnen sehr genau zu beobachten und zu studieren.

Es ist unbestreitbar, daß das methodische Beobachten von Säuglingen, von Kindern, deren Entwicklung abnorm verläuft, von Erwachsenen mit psychischen Störungen und auch von Schimpansen und Gorillas sehr viel Aufschluß über den Geist und sein Entstehen geben kann. Detaillierte Schilderungen von psychisch gestörten Menschen können die Aufmerksamkeit schärfen für die erstaunliche Vielfalt der

## 1. Kapitel

menschlichen Psychologie. Ein Beispiel dafür ist der Film *Rain Man*. Dustin Hoffmans kluge und einfühlsame Darstellung eines erwachsenen Autisten öffnete Tausenden die Augen für die außergewöhnliche Mischung von Fähigkeiten und Behinderungen, die manche Autisten aufweisen – und regte sie dadurch an, das Wesen des Menschen unter einem neuen Blickwinkel zu sehen.

Ich möchte beim Thema Autismus verweilen, um zu illustrieren, was die klinische Methode zu leisten vermag. Der US-amerikanische Psychiater Leo Kanner hat 1943 in einem Artikel das Syndrom des Autismus erstmals beschrieben. Die folgende, von mir gekürzte Passage handelt von einem der elf Kinder, bei denen er »autistische Störungen des affektiven [d. h. emotionalen] Kontaktes« feststellte:

**Fall 9:** Charles wurde mit viereinhalb Jahren in die Klinik gebracht. Die Mutter klagte: »Am meisten macht mir zu schaffen, daß ich nicht zu meinem Baby durchdringe.« Als Säugling lag Charles in seinem Bettchen und starrte nur vor sich hin. Mit eineinhalb Jahren fing er an, Spielsachen und Deckel von Flaschen und Gläsern stundenlang rotieren zu lassen. Die Mutter berichtete: »Wenn ich ins Zimmer kam, beachtete er mich nicht, und es gab keine Anzeichen dafür, daß er mich wiedererkannte. Am auffälligsten ist, wie distanziert und unzugänglich er ist. Er läuft, als würde er sich im Dunkeln bewegen, und lebt in einer eigenen Welt, wo man ihn nicht erreichen kann. Er hat keinen Sinn für Beziehungen zu anderen Menschen. Er hatte eine Phase, in der er andere zitierte; von sich aus sagt er nie etwas. Im Gespräch gibt er jeweils nur wieder, was man ihm zuvor gesagt hat. Zunächst sprach er von sich in der zweiten Person, mittlerweile verwendet er manchmal die dritte Person; er sagt dann ›Er will‹ – nie ›Ich will‹... Wenn andere Menschen um ihn sind, schaut er sie nie an. Letzten Juli hatten wir einige Leute zu Besuch. Als Charles hereinkam, wirkte er einfach wie ein Fohlen, das man aus einem Pferch gelassen hat... Er fängt nie von sich aus ein Gespräch an, und die Themen, über die man mit ihm reden kann, sind begrenzt, erstrecken sich nur auf konkrete Gegenstände.«[4]

Dieser bewegende Bericht einer Mutter, die spürte, daß sie nicht zu ihrem Kind durchzudringen vermochte, ist ein eindrucksvoller Beleg für Kanners These, daß autistische Kinder »in die Welt kommen mit einer angeborenen Unfähigkeit, den üblichen, biologisch gebahnten affektiven Kontakt mit anderen Menschen aufzunehmen«. Das Gefühl der emotionalen Verbundenheit, das sich bei uns einstellt, wenn wir in Beziehung zu anderen Menschen treten – ob sie nun Babys, Kinder oder Erwachsene sind –, scheint zwischen dieser Mutter und ihrem Sohn tragischerweise ausgeblieben zu sein. Charles blieb für sie unerreichbar. Er schien ihr oder anderen Menschen keine Aufmerksamkeit zu schenken und sie nicht einmal als Wesen wahrzunehmen, mit denen ein emotionaler Kontakt möglich war: »Er wirkte einfach wie ein Fohlen, das man aus einem Pferch gelassen hat.« Warum kam es nicht zu der Zwiesprache von Herz zu Herz und Bewußtsein zu Bewußtsein, nach der die Mutter sich sehnte? Dem Jungen schien es sogar an einem Bewußtsein seiner selbst zu mangeln, denn weder in seinem Verhalten noch in seinen Worten brachte er sich als Person zum Ausdruck: »Er geht, als würde er sich im Dunkeln bewegen... er sagt dann ›Er will‹ – nie ›Ich will‹...«

Wenn es stimmt, daß autistischen Kindern der emotionale und psychische Kontakt zu anderen Menschen versagt bleibt, wie mag dann wohl die Vorstellung aussehen, die sie sich von Menschen machen? Die vielleicht prägnanteste und eindrucksvollste Äußerung dazu stammt von einem intelligenten Autisten, den der Psychiater Donald Cohen interviewte. Der junge Mann beschrieb, daß in seinen ersten Lebensjahren keine Menschen vorkamen: »Ich wußte wirklich nicht, daß es Menschen gibt, bis ich sieben Jahre alt war. Dann wurde mir plötzlich klar, daß es Menschen gibt. Aber nicht so, wie das Ihnen klar ist. Ich muß mir immer noch in Erinnerung rufen, daß da Menschen sind... Ich könnte nie einen Freund haben. Ich weiß eigentlich wirklich nicht, was ich mit anderen Menschen anfangen soll.«[5]

Selbst wenn ein Autist also erkennt, daß es Menschen gibt, fällt es ihm immer noch schwer, zu ihnen *als Menschen* in Beziehung zu treten. Nur nach und nach dämmert ihm, daß Menschen eine besondere Art von Dingen sind, mit eigenen Empfindungen, Gedanken und Vorstellungen von der Welt. Selbst wenn er das bis zu einem gewissen Grad erkennt, fehlt ihm immer noch die Fähigkeit, wie selbstverständlich zu anderen in Kontakt zu treten.

Die angeführten Fallbeispiele vermitteln ein Gefühl davon, was diese seltene und eigentümliche Störung ausmacht. Nichts ist wichtiger als dieses »Gefühl«, wenn man den Autismus und das, was er uns

## 1. Kapitel

über den normalen Verlauf der menschlichen Entwicklung lehren kann, verstehen will. Doch die Aussagekraft von Fallbeobachtungen ist begrenzt, so facettenreich sie auch sein mögen. Jeder Fall umfaßt so viele spezifische Details, daß es in der Regel unmöglich ist, in der Entwicklung des Individuums genau zu erkennen, was die Ursachen und was die Wirkungen sind. Folglich gerät vieles unter Verdacht, die Störung zu verursachen – von nachteiligen Ereignissen in der frühen Kindheit über Impfstoffe bis hin zu den unvermeidlichen Blessuren, die das Drunter und Drüber des Heranwachsens nun einmal für jeden von uns mit sich bringt. Selbst wenn eine Beobachtungsstudie eine ganze Gruppe von Menschen wie etwa autistische Kinder erfaßt, so daß deutlich wird, welche Merkmale sie gemeinsam haben, kann man immer noch nicht sicher sein, ob ein bestimmter Aspekt des klinischen Störungsbildes nun Ursache oder Wirkung eines anderen ist. Überdies wird der Kern der Störung möglicherweise von der Vielzahl der beteiligten Normabweichungen verdeckt. Zum Beispiel ist nicht leicht herauszufiltern, welche Merkmale nun wirklich für den Autismus kennzeichnend sind und welche eher der geistigen Behinderung entspringen, mit der Autismus oft einhergeht. Ist die mangelnde Ansprechbarkeit eines autistischen Kindes für feine emotionale Signale darauf zurückzuführen, daß seine gesamte geistige Entwicklung verlangsamt ist, oder haben wir es dabei mit einem typischen Merkmal des Autismus zu tun? Um solche Fragen zu klären, sind experimentelle Studien von unschätzbarem Wert.

Viele Menschen haben Vorbehalte gegen Experimente, und das mit gutem Grund. Sie stellen sich vor, daß ein Experimentator Dinge mit einem Menschen oder einem Tier anstellt, die oft unangenehm sind, oder daß er sogar so weit geht, an jemandem »herumzuexperimentieren«. Ich verwende den Begriff in einem anderen, eher fachspezifischen Sinne (wobei dennoch gilt, daß man Studien sehr sorgfältig planen und durchführen muß, damit man die Teilnehmenden nicht ausnutzt). Ich meine damit eine einfache, aber wirkungsvolle Strategie, eine Studie so anzulegen, daß man genau bestimmen kann, worin die eine Gruppe von Individuen sich von einer anderen unterscheidet. Auf diese Weise läßt sich ermitteln, welche Merkmale für eine Störung wie den Autismus tatsächlich typisch und kennzeichnend sind.

*1 Denk dir nur...*

Die Methode ist im Grunde sehr simpel. Als erstes stellen wir zwei Gruppen zusammen. In der einen Gruppe haben wir zum Beispiel fünfzehn autistische, in der anderen ungefähr ebenso viele nicht-autistische Kinder. Wenn wir den zwei Gruppen nun eine Aufgabe oder einen Test vorlegen, entdecken wir möglicherweise Dinge, die uns bis dahin einfach nicht auffielen, fast so, als erkenne man plötzlich die Gestalten, die in Vexierbildern verborgen sind.

Dieser Effekt kommt auf zweierlei Arten zustande. Erstens erkennen wir, worin die Kinder innerhalb einer Gruppe einander ähnlich sind – zum Beispiel daß ihnen bestimmte Aspekte einer Aufgabe leicht- oder schwerfallen. Zweitens werden wir auf Unterschiede zwischen den Gruppen aufmerksam und sehen, in welcher Hinsicht die autistischen Kinder anders sind als die nicht-autistischen. Dieses gleichzeitige Erfassen von Ähnlichkeiten und Unterschieden gibt uns dann die Möglichkeit, tiefer zu ergründen, was das Wesen des Autismus ausmacht.[6]

Das Ganze ist freilich noch ein wenig komplizierter. In gewisser Weise müssen wir uns die Sache so schwer wie möglich machen, um das Optimale aus dem Experiment herauszuholen. Zunächst einmal sollten die Gruppen nicht nur voneinander verschieden, sondern sich auch ähnlich sein. Das mag paradox klingen, aber wenn sie sich in allzu vielen Punkten unterscheiden, können wir nicht sagen, worauf es zurückzuführen ist, wenn sie bei einer Aufgabe unterschiedliche Ergebnisse erzielen. Nehmen wir wieder an, daß wir autistische mit nicht-autistischen Kindern vergleichen, wobei sich die beiden Gruppen aber in ihrem Sprachverständnis unterscheiden. Wir stellen im Experiment fest, daß es den autistischen Kindern schwerer fällt, Bilder von Gesichtern danach zu unterscheiden, ob sie positive oder negative Emotionen zeigen. Nun können wir nicht sagen, ob diese Schwierigkeiten darauf zurückzuführen sind, daß sie autistisch sind, daß sie mehr Mühe haben als die nicht-autistischen Kinder, zu verstehen, was sie tun sollen, oder daß sie aufgrund ihres eingeschränkten Sprachverständnisses ganz allgemein weniger gut denken können. Wir vergleichen also besser autistische und nicht-autistische Kinder, die sich in ihrem Sprachverständnis sowie in einer Reihe weiterer Punkte wie etwa ihrem Alter ähnlich sind. Damit läßt sich ausschließen, daß Testunterschiede zwischen den Gruppen auf Unterschieden im

## 1. Kapitel

Sprachverständnis oder im Lebensalter beruhen. Es ist also wichtig, eine »Kontrollgruppe« nicht-autistischer Kinder zu haben, die in bestimmten Merkmalen mit der Gruppe der autistischen Kinder vergleichbar ist.

Ergänzen können wir diese Forschungsstrategie, indem wir Kontrollaufgaben einsetzen. Nehmen wir wieder an, daß es den autistischen Kindern schwerfällt, Bilder von Gesichtern zu unterscheiden. Wir wissen nicht, ob das Problem für sie speziell darin liegt, daß es um Gesichter geht, oder ob sie ganz generell Schwierigkeiten haben, Dinge in Kategorien einzuteilen. Wir wissen beispielsweise nicht, ob es ihnen genauso schwergefallen wäre, Bilder von Tieren und Möbelstücken zu unterscheiden. Falls wir die These prüfen wollen, daß bei autistischen Kindern die Fähigkeit, Gefühle in Gesichtern zu erkennen, eingeschränkt ist, dann haben wir unser Experiment falsch konzipiert. Im Extremfall läßt es *keinerlei* Schlüsse darauf zu, inwieweit sie imstande sind, in Gesichtern zu lesen. Denn denkbar wäre auch, daß die autistischen Kinder Bilder gar nicht als solche erkennen, ähnlich wie Haustiere nicht wahrnehmen können, daß Bilder etwas darstellen. Es könnte auch sein, daß autistische Kinder im Alltag ohne weiteres in der Lage sind, Gesichtsausdrücke zu entschlüsseln, und nur mit *Bildern* von Gesichtern (und anderen Dingen) schlecht zurechtkommen. Somit würden wir Gefahr laufen, aus den Ergebnissen unseres Experiments völlig falsche Schlußfolgerungen zu ziehen.

Um nicht in diese Falle zu tappen, bauen wir Kontrollaufgaben in das Experiment ein. Damit stellen wir sicher, daß die Unterschiede, die wir zwischen den Gruppen feststellen, auch wirklich auf den Merkmalen beruhen, die wir untersuchen möchten. In unserem Beispiel könnte das eine Aufgabe sein, bei der die Kinder Bilder von Tieren nach Meeres- und Landtieren ordnen sollen. Unser Ziel dabei wäre, nachzuweisen, daß die autistischen Kinder die Kontrollaufgabe genauso gut bewältigen wie die nicht-autistischen Kinder. Dann und nur dann wäre der Schluß zulässig, daß die Schwierigkeiten beim Unterscheiden von Bildern zum einen nur bei autistischen Kindern auftreten und zum anderen nur, wenn die Bilder Gesichter zeigen.

Ein weiteres, für die Aussagekraft eines Experiments entscheidendes Element ist, daß wir bei einer Frage ansetzen sollten, die nach Klärung verlangt, und eine Ahnung (eine Hypothese) haben sollten, wie sich die Sache verhält. Idealerweise steht die eigene Ahnung im Gegensatz zur Ahnung eines anderen, so daß zwei Erklärungen miteinander konkurrieren. Wir legen das Experiment dann so an, daß die Resultate entweder die eine oder die andere Erklärung bestätigen werden. Diese Art, Wissenschaft zu treiben, kann höchst aufregend und nervenaufreibend sein, denn wir verwenden unter Umständen ein halbes Jahr darauf, unsere eigene Hypothese am Ende zu widerlegen. Wir können uns dann aber wenigstens damit trösten, daß der Nachweis uns und nicht dem Konkurrenten gelungen ist.

Als Beispiel möchte ich ein Experiment nehmen, bei dem es um eines meiner Hauptthemen ging, die zwischenmenschlichen Defizite autistischer Kinder. Die Hypothese, die wir überprüfen wollten, leitet sich aus einer Theorie ab, derzufolge im Zentrum des Autismus eine Störung der emotionalen Aspekte des zwischenmenschlichen Kontakts steht. Einfacher gesagt ist die Fähigkeit der Kinder, auf der Gefühlsebene Zugang zu anderen Menschen zu finden, schwer gestört. Laut unserer Hypothese zeigt sich das unter anderem darin, daß autistische Kinder nicht in der üblichen Weise auf die Gefühlsäußerungen anderer Menschen ansprechen. Sie empfinden ein Lächeln oder eine entzückte Stimme offenbar nicht als wohltuend und reagieren auch nicht besorgt, wenn jemand furchtsam dreinschaut oder vor Angst nach Luft schnappt. Um es pointiert zu sagen: Das autistische Kind nimmt ein Lächeln *nicht als ein Lächeln* wahr, sondern als eine verzerrte Miene, und ein angstvolles Keuchen nicht als Gefühlsäußerung, sondern als ungewöhnlichen Laut.

Eine große Schwierigkeit bei der experimentellen Überprüfung solcher Thesen ist, daß das Natürliche und Lebendige von Gefühlsäußerungen leicht verlorengeht. Fotos oder aufgezeichnete Stimmen sprechen uns wesentlich weniger an als Menschen, die wir direkt vor uns haben und die echte Gefühle zum Ausdruck bringen. Überdies läßt sich nicht ohne weiteres sagen, inwieweit Kinder die Bedeutung von Gefühlsäußerungen erfassen. Denn es könnte auch sein, daß sie nur gelernt haben, ein Gesicht mit nach oben weisenden Mundwinkeln als »froh« zu benennen, ohne eine rechte Vorstellung davon zu haben, was das Wort »froh« eigentlich bedeutet. In der Studie, von der ich erzählen will, versuchten Janet Ouston, Tony Lee und ich das Phänomen anhand folgender Aufgabe zu überprüfen: Die Kinder sollten

## 1. Kapitel

den Gesichtsausdrücken Stimmen zuordnen, die dieselbe Emotion zum Ausdruck brachten.[7] Wir vermuteten, daß dies autistischen Kindern weniger gut gelingen würde, weil ihnen das Erfassen emotionaler Signale mehr Schwierigkeiten bereitet als anderen Kindern. Konkurrierende Theorien aber gehen *nicht* davon aus, daß solche Schwierigkeiten, die Bedeutung von Gefühlsäußerungen zu erfassen, die Kernstörung des Autismus ausmachen. Ihnen zufolge würden die autistischen Kinder bei der Aufgabe also nicht anders abschneiden als die nicht-autistischen Kinder, weil es keinen Grund gibt, warum Gefühlsäußerungen schwieriger zu deuten sein sollten als das Erscheinungsbild und die Laute nicht-menschlicher Objekte.

In anderen Experimenten hatten wir Videoaufnahmen von Gesichtern verwendet, damit die Lebendigkeit der Mimik besser erhalten blieb, doch in diesem Fall griffen wir auf Fotos zurück. So konnten wir die Kinder bitten, unter den Fotos eines auszuwählen, das zu der Tonaufnahme paßte. Jedem Kind wurden sechs Fotos vorgelegt (drei davon sind unten abgebildet, mit freundlicher Erlaubnis von Paul Ekman).[8] Sie zeigten stets denselben Mann, dessen Gesicht Freude, Trauer, Ärger, Angst, Überraschung und Ekel ausdrückt. Das Kind sollte jeweils das Foto auswählen, das zu der vom Band vorgespielten Stimme paßte. Die emotionalen Lautäußerungen bestanden zum Beispiel aus einem Ächzen, Nachluftschnappen oder Stöhnen, zum Teil aber auch aus einigen gefühlsbetont gesprochenen Worten. Nach jeder Antwort des Kindes wurde das ausgewählte Foto wieder an seinen Platz gelegt und die nächste Tonaufnahme vorgespielt.

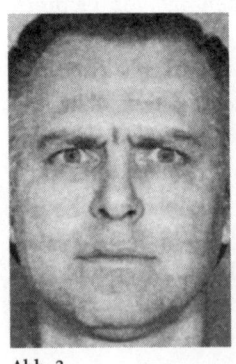 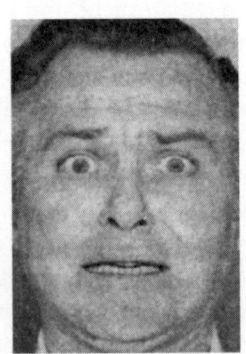 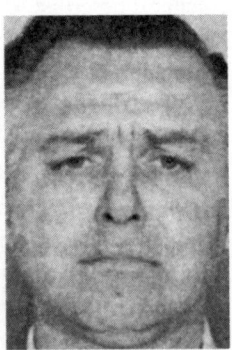

Abb. 3

*Denk dir nur…*

Wir mußten uns nun eine Kontrollaufgabe mit nicht-emotionalen Lauten und Bildern ausdenken, um sicherzugehen, daß der emotionale Gehalt der Aufgabe tatsächlich das entscheidende Moment darstellte. Das Problem dabei war, daß es nichts gibt, das mit einem Gesicht zu vergleichen wäre. Die emotionale Bedeutung eines Gesichts kann durch kleinste Veränderungen komplett umschlagen. Wenn Sie die drei Fotos einmal mit innerer Distanz betrachten, ohne sich emotional berühren zu lassen, werden Sie feststellen, daß die Unterschiede zwischen einem traurigen und einem ärgerlichen Gesicht wirklich erstaunlich gering sind. Wenn Sie sich aber von den Emotionen erneut ansprechen lassen, spüren Sie plötzlich wieder, daß das Wahrnehmen von Traurigkeit in einem Gesicht etwas sehr anderes ist als das Wahrnehmen von Ärger. Hinzu kommt, daß Veränderungen des Gefühlszustandes sich nicht nur in der Mimik, sondern auch im Klang der Stimme niederschlagen. Diese mimischen oder stimmlichen Umschwünge sind stets umkehrbar, das heißt, wir können zwischen Gefühlsäußerungen hin- und herwechseln.

Wir mußten uns einfach mit der Tatsache abfinden, daß diese Eigenschaften sich einzig und allein bei Gefühlsäußerungen finden. Es war also unmöglich, eine einzelne Kontrollaufgabe zu konzipieren, die mit Emotionen nichts zu tun hatte und ansonsten der eigentlichen Aufgabe in sämtlichen Punkten glich. Wir mußten uns mit dem Bestmöglichen zufriedengeben und entwarfen eine Reihe von Aufgaben mit Fotos und Klängen von nicht gefühlsbezogenen Ereignissen und Objekten. Das waren beispielsweise Fotos von sechs Erscheinungsformen einer einzigen Substanz, nämlich Wasser – die Fotos zeigten einen Fluß, einen Wasserfall, einen See, eine Dusche, einen Brunnen und das Meer –, und sechs BBC-Aufnahmen mit entsprechenden typischen Geräuschen. Eine andere Bilderserie zeigte einen auf verschiedene Arten gehenden Mann – er rannte eine Treppe hinunter, ging auf Kieselsteinen, auf einem Gehsteig, auf Schotter, rannte auf einem Gehsteig und ging über Schnee –, und zu jedem Foto gab es wiederum eine passende Tonaufnahme. (Der Gehende war ich selbst. In der Frühe eines kühlen Februartages hatten sich zwei engagierte Wissenschaftler eilig mit einer Kamera aufgemacht, um einen letzten ausreichend großen Flecken schmelzenden Schnees zu finden.) Weitere Serien waren: sechs Vogelarten, sechs elektrische Geräte (darun-

## 1. Kapitel

ter ein Kühlschrank, der das langweiligste Geräusch von sich gab, das man sich nur vorstellen kann), sechs Fahrzeuge (auch ein Milchwagen hat einen ziemlich öden Klang) und sechs Gartengeräte (ich überlasse es ganz Ihnen, sich diese auszumalen). Die Grundidee dabei war: Wenn die autistischen Kinder diese Fotos und Geräusche einander ebenso gut zuordnen konnten wie die nicht-autistischen Kinder, sich aber schwerer taten als sie, zu den Stimmen die entsprechenden Gesichter auszuwählen, dann war die Schlußfolgerung zulässig, daß sie spezifische Schwierigkeiten damit hatten, körperliche Gefühlsäußerungen zu erfassen. In einem zweiten Teil der Studie forderten wir die Kinder auch auf, die Fotos und Klänge zu benennen.

Zum Aufbau unseres Experiments bleibt nur noch zu sagen, daß wir einundzwanzig Paare von autistischen und nicht-autistischen Kindern und Jugendlichen bildeten, die jeweils in ihrem Alter und in den Resultaten bei einem gängigen Sprachtest vergleichbar waren. Die Hauptergebnisse lassen sich kurz und bündig so zusammenfassen: Bei über 75 Prozent der einundzwanzig getesteten Paare tat das autistische Kind sich, im Vergleich mit dem nicht-autistischen Kind, deutlich schwerer mit der Aufgabe, bei der Bilder und Töne direkt mit Gefühlen zu tun hatten, als mit den anderen Aufgaben. Mit anderen Worten, drei Viertel der autistischen Kinder hatten speziell dort Schwierigkeiten, wo es um das Erfassen von Emotionen ging. Im zweiten Teil der Studie konnten sie Fotos und Geräusche recht gut benennen, soweit es nicht um Emotionen ging, während es ihnen bedeutend mehr Mühe bereitete, Fotos von Gesichtern und die entsprechenden akustischen Gefühlsäußerungen zu bezeichnen.[9] Sie waren zum Beispiel recht gut im Erkennen der Vögel und somit in der Lage, ziemlich komplexe Kategorien von Dingen (beziehungsweise Tieren) zu benennen. Beim Bezeichnen von Emotionen aber blieben sie hinter den anderen Kindern zurück.

Ich komme nun zu der dritten Forschungsmethode, die weit umstrittener als die anderen beiden ist. Es handelt sich um die Psychoanalyse.

Die psychoanalytische Methode ist anders, als viele denken. Es geht bei ihr nicht in erster Linie darum, in der Vergangenheit eines Menschen zu wühlen, um Hinweise auf frühe traumatische Geschehnisse auszugraben. Es geht nicht einmal darum, die Gegenwart im Lichte der Vergangenheit zu erklären. Und ganz gewiß geht es nicht darum, aufzudecken, daß hinter allem letztlich die Sexualität steckt. Nein, die Methode ist viel simpler. Der Psychoanalytiker geht in gewissem Sinne vor wie ein Experimentator. Er gestaltet die Situation so ungewöhnlich, daß er Dinge beobachten kann, die ansonsten verborgen bleiben. Er führt kein Experiment mit Kontrollgruppe und Kontrollaufgaben durch, sondern gibt statt dessen ein standardisiertes Arrangement vor, bei dem der Patient zu regelmäßigen Sitzungen kommt und über Dinge redet, die ihm in den Sinn kommen. Das standardisierte Arrangement ist ebenso wichtig wie bei einem Experiment. Die Sitzungen beginnen zu einem bestimmten Zeitpunkt – oder zumindest ist es Aufgabe des Analytikers, zu diesem Zeitpunkt verfügbar zu sein, selbst wenn der Patient nicht erscheint – und enden zu einem bestimmten Zeitpunkt, gewöhnlich nach fünfzig Minuten. Der Patient liegt typischerweise auf einer Couch, so daß er den Analytiker nicht im Blick hat, und der Analytiker wartet und hört aufmerksam zu.

Der Patient hat es mit einem Menschen zu tun, von dem er sehr wenig weiß. Außerdem ist er aufgrund der besonderen Rahmenbedingungen darauf angewiesen, daß der Analytiker respektvoll mit ihm umgeht, also sich ihm weder aufdrängt noch zu sehr von ihm zurückzieht, und zugleich die Probleme des Patienten analysiert – wie immer das aussehen mag. Die Rahmenbedingungen rufen tiefreichende Ängste, Erwartungen und Vorstellungen im Patienten wach, insbesondere Ängste, die mit dem Aufbau einer engen Beziehung mit einem anderen Menschen zu tun haben: Ist dieser Mensch vertrauenswürdig? Weiß er, was er da tut? Ist er nur darauf aus, mir seine Vorstellungen aufzudrängen? Ist er stark genug, meine ungestümen Attacken gegen ihn zu überstehen? Hat er in sich überhaupt Raum für mich? Nicht alle diese Ängste sind dem Patienten bewußt, zumindest zu Anfang nicht, und er hat seine typische Art, wie er mit ihnen fertigzuwerden versucht. Der Patient zum Beispiel, der Angst bekommt, der Analytiker könnte ihn im Stich lassen, pocht auf seine Eigenständigkeit; der Patient, der sich vor seiner eigenen Aggression fürchtet, ist beschwichtigend und überkontrolliert; der Patient, dem die Motive des Analytikers nicht geheuer sind oder der an dessen Fähigkeiten zweifelt, versucht sich einzureden, daß gerade dieser Analytiker besonders fähig sein muß, weil er so bekannt ist. Und so weiter.

## 1. Kapitel

Hinter der psychoanalytischen Therapie steht die Annahme, daß die Beziehungsmuster, die gegenüber dem Analytiker zutage treten, von weitreichender und allgemeiner Bedeutung sind, weil sie sämtliche engen Beziehungen des Patienten beeinflussen und prägen. Dazu gehört auch die Beziehung des Patienten zu sich selbst, die ebenso argwöhnisch, aggressiv, strafend, idealisierend und so weiter sein kann wie seine anderen Beziehungen. Analytiker sprechen von Übertragung und meinen damit, daß der Patient seine tiefverwurzelten Ängste und Abwehrstrategien gegenüber dem Analytiker mobilisiert – Grundmuster, die oft, aber nicht immer in die ersten Lebensjahre zurückreichen. Was der Patient gegenüber seinen Eltern oder Geschwistern oder gegenüber anderen Menschen in der fernen oder nicht so fernen Vergangenheit empfand, empfindet er nun gegenüber dem Analytiker, und die Art und Weise, wie der Patient typischerweise mit diesen Empfindungen und mit engen Beziehungen umzugehen versucht, prägen nun das Geschehen zwischen Patient und Analytiker (die Übertragung).[10] Der springende Punkt ist aber, daß er die Beziehungsmuster jetzt, in der Gegenwart, in der Beziehung mit einer besonderen Person, dem Analytiker, von neuem durchlebt. Ein Hauptziel der Psychoanalyse ist, die Muster zum Vorschein zu bringen.

Für den Analytiker bedeutet das meist harte Arbeit. Seine Aufgabe besteht darin, sich über das, was in jeder Sitzung zwischen ihm und dem Patienten gerade vor sich geht, ein Urteil zu bilden. Er muß deshalb fähig sein, nicht nur wahrzunehmen, wie der Patient sich gerade verhält, sondern auch, welche spezifischen emotionalen Effekte dieses Verhalten in ihm, dem Analytiker selbst, jeweils auslöst. Welche Art von Beziehung versucht der Patient herzustellen? Welche Art von Beziehung oder welche Erfahrungen fürchtet der Patient, so daß er sie zu verhindern versucht? Welche Rollen weist der Patient dem Analytiker zu, welche enthält er ihm vor? Anstatt jeweils reflexhaft auf den Druck zu reagieren, unter den der Patient ihn setzt, muß der Analytiker überlegen, was da vor sich geht. Dies bedeutet unter anderem, daß er oft schwierige, manchmal beängstigende Empfindungen in sich aushalten muß. Anstatt direkt auf den Patienten zu reagieren – indem er sich etwa gegen Kritik verteidigt, Kontra gibt oder entgegenkommend ist und beschwichtigt –, muß der Analytiker die eigenen Gefühle und die Gefühle des Patienten in sich auffangen und bewahren und das, was da geschieht, verdauen, damit ein Nachdenken darüber möglich wird. Durch diese Form des Nachdenkens darüber, wie der Patient zum Analytiker in Beziehung tritt und auf ihn einwirkt, wird es möglich, Klarheit über die Probleme des Patienten zu gewinnen.

Ehe ich ein Beispiel schildere, sollte ich erklären, warum dies alles von Bedeutung ist, wenn wir uns mit den Wurzeln des Denkens befassen wollen. Erstens ist die psychoanalytische Methode, ebenso wie die experimentelle, ein vom Grundprinzip her einfaches, aber wirkungsvolles Erkenntnisinstrument. Jeder, der entsprechend ausgebildet und einigermaßen geschickt ist, kann ein Experiment durchführen, und jeder, der dafür ausgebildet ist und über bestimmte Fähigkeiten verfügt (unter anderem emotionale Fähigkeiten, die allerdings nicht für jeden erlernbar sind), kann Psychoanalyse betreiben; keine der beiden Methoden hat also etwas Rätselhaftes oder Geheimnisvolles an sich. Was die Methode der Psychoanalyse aber zutage fördert, ist manchmal noch überraschender und beunruhigender als die Ergebnisse von Experimenten. Wir stellen fest, daß Geist und Psyche auf komplexere Weise arbeiten, als der gesunde Menschenverstand oder auch die Experimentalpsychologie nahelegen. Insbesondere gibt es Denk- und Beziehungsmuster, die primitiver und irrationaler sind, als wir erwarten würden. Wer die Ursprünge des Denkens darstellen will, muß diese Stile des Denkens und Fühlens mit berücksichtigen. Die Psychoanalyse fügt also dem Puzzle, das die Entwicklung des Denkens erklären soll, wichtige Teile hinzu. Manchmal zeigt sie uns auch, daß wir versucht haben, die Teile falsch zusammenzusetzen.

Die Psychoanalyse spielt auch deshalb eine wichtige Rolle bei der Erforschung des Denkens, weil sie einen ganz bestimmten Aspekt geistiger Funktionen vor Augen führt. Sie macht nämlich deutlich, wie eng der Zusammenhang zwischen dem ist, was *in* einem Menschen vorgeht, und dem, was *zwischen* ihm und einem anderen geschieht, berührt also ein zentrales Thema dieses Buches.

Wir sind es gewohnt, das Denken als etwas zu betrachten, das im Individuum abläuft. Dabei bleibt außer acht, daß das Denkvermögen eines Menschen in starkem Maße vom Einfluß anderer Menschen abhängen kann. Ich meine damit nicht nur, daß sie ihm helfen können, zur Vernunft zu kommen oder korrekter und differenzierter zu denken. Ich will auch sagen, daß die emotionale Präsenz anderer darüber ent-

## 1. Kapitel

scheiden kann, inwieweit er überhaupt zum Denken in der Lage ist. Vor allem wenn wir von Ängsten oder inneren Konflikten geplagt werden, gelingt es uns in Anwesenheit eines verläßlichen, aufmerksamen Menschen viel besser, gründlich über etwas nachzudenken. Das trifft sogar dann zu, wenn er sich mit Ratschlägen zurückhält und unser inneres Ringen einfach wahrnimmt und Verständnis dafür zeigt.

Dieser einfache Sachverhalt ist für die Erforschung der kindlichen Entwicklung ungeheuer bedeutsam. Wir müssen den Einfluß mitbedenken, den die emotionale Zuwendung und das Einfühlungsvermögen der Eltern auf die sich entfaltende Fähigkeit zu denken haben können. Bitte beachten Sie, daß ich von der *Fähigkeit* zu denken spreche. Denn es geht hier nicht nur darum, wie das Denken des Kindes strukturiert ist, sondern auch darum, daß es ihm überhaupt möglich ist, zu denken, oder daß es zum Denken in der Lage ist, wenn Ängste oder Konflikte in ihm mobilisiert werden. Wir werden sehen, daß die psychoanalytische Forschung deutlich macht, welch wichtige Rolle dabei die Eltern oder die zentralen Bezugspersonen des Kindes spielen.

Ich habe ein ganz einfaches Fallbeispiel ausgesucht, um daran das Analysieren der Übertragung zu demonstrieren. Der Patient war ein Mann Mitte Zwanzig, der vor vielen Jahren zu mir zum Aufnahmegespräch kam. Er war an die Klinik überwiesen worden, in der ich damals arbeitete, weil er in seinen zwischenmenschlichen Beziehungen schlecht zurechtkam und unter körperlichen Symptomen litt, die medizinisch nicht zu erklären waren und an denen die Bemühungen verschiedener Ärzte nur wenig hatten ändern können. Vor dem Gespräch hatte er einen Fragebogen ausgefüllt, so daß ich bereits einiges über seine Lebensgeschichte wußte. Das Gespräch fand in einer medizinischen Ambulanz statt, und der Patient lag nicht auf einer Couch, sondern saß mir gegenüber.

Ich werde hier nur auf die ersten zehn Minuten des Gesprächs eingehen. Der Patient traf ein, wir gaben uns die Hand, und ich stellte mich vor und sagte, daß für das Gespräch neunzig Minuten vorgesehen waren. Der Patient erklärte sich einverstanden und machte eine erwartungsvolle Pause. Er sagte, er frage sich, was ich wohl von ihm hören wolle, und schien dann zu verstehen, daß ich ihm keine Fragen stellen würde und er selbst die Initiative ergreifen mußte, um zu sagen, was er für relevant und wichtig hielt. Er stieg auf eine Weise in

*Denk dir nur...*

das Gespräch mit mir ein, als hätte er mich als ebenso fürsorglich wie ermutigend empfunden. Es war, als sei ich bereits ein Vertrauter für ihn. Er erzählte recht angeregt und mit innerer Beteiligung davon, daß er bei einer Reihe anderer Ärzte gewesen war, aber keiner wirklich geholfen hatte. Er stellte es so dar, daß nicht nur die Behandlungen wirkungslos, sondern auch die Ärzte in verschiedener Hinsicht unfähig und unprofessionell gewesen seien und daß ich ihm möglicherweise würde helfen können, nachdem alle anderen gescheitert waren.

Meinem *Gefühl* nach hegte dieser Mann jedoch keinerlei Zuversicht, daß ich ihm würde helfen können. So hatte er zehn Minuten gesprochen, ohne eine Pause zu machen, und zu keinem Zeitpunkt Interesse an dem erkennen lassen, was ich vielleicht zu dem Ganzen zu sagen hätte. Ich kam mir vor, als könnte ich ebensogut eine Fliege an der Wand sein, und sah sehr wenig Chancen, daß es bei ihm ankommen würde, wenn ich etwas anzumerken versuchte. Schließlich entschied ich mich dafür, ihn in seinem immer detaillierteren und verwickelteren Bericht zu unterbrechen, und sagte: »Ich möchte Sie bitten, einen Moment innezuhalten. Sie sprechen zu mir, als hätte ich Ihnen zu Anfang sehr geholfen und als hätten Sie Vertrauen zu mir und würden sich von diesem Gespräch einiges erwarten. Ich frage mich aber, was wirklich vor sich geht.«

Der Patient schaute verblüfft drein und rief dann aus: »Sie meinen, ich soll ehrlich sein?« Ich sagte, ja, ich wolle, daß er ehrlich sei. Im folgenden stellte sich heraus, daß der Patient keineswegs Vertrauen zu mir hatte, sondern bereits überzeugt war, daß auch ich unprofessionell und unfähig sei, und nicht im geringsten erwartete, daß ich bei ihm irgend etwas ausrichten könne.

Nun konnten wir uns damit befassen, daß die Art, in der er sich in unserem Gespräch verhalten hatte, für diesen Mann tatsächlich sehr typisch war. Wenn er mit jemandem zu tun hatte, auf dessen Wohlwollen er angewiesen war, ließ er ihn glauben und redete sich auch selbst ein, daß alles gutgehen würde, doch unter der Oberfläche schwelten in ihm Argwohn und Mißtrauen. In der Beziehung zu mir als einem Psychotherapeuten wiederholte er das vertraute Grundmuster, daß er, wenn sich jemand um sein Wohlergehen bemühte, zunächst gutwillig und fügsam mitmachte und am Ende desillusioniert und enttäuscht von ihm war. Weil ich mich aber nicht darauf

## 1. Kapitel

einließ, mit ihm diese Geschichte erneut durchzuspielen, konnten wir nun darüber *nachdenken*, welche Muster in seinen Einstellungen und Verhaltensweisen zu erkennen waren. Wir konnten uns genau anschauen, was für ein Beziehungsmuster unser Gespräch prägte, und im einzelnen herausarbeiten, was er im Hier und Jetzt der Beziehung zu mir empfand und tat. Gemeinsam wurden wir uns darüber klar, was wirklich vor sich ging. Wir konnten Moment für Moment verfolgen, was der Patient empfand, und uns dann mit diesen Empfindungen beschäftigen. Es wurde deutlich, daß das, was zwischen uns vor sich ging, sehr viel mit den Beschwerden und dem Gefühlsleben des Patienten zu tun hatte.

Das Beispiel soll vor allem veranschaulichen, was es bedeutet, daß der Psychoanalytiker die Übertragung analysiert (wobei Sie vielleicht bemerkt haben, daß meine Arbeit hier eher im Fühlen und Denken als im Reden bestand). Deutlich wird auch, daß die Fähigkeit eines Individuums, über emotional bedeutsame Themen nachzudenken, anstatt ihnen aus dem Weg zu gehen, von der Haltung eines anderen Menschen beeinflußt sein kann. Der Patient war sich zumindest teilweise bewußt, was er tat. Weniger klar war ihm, daß daraus ein Muster sprach, das mit seinen Schwierigkeiten zusammenhing. Manchmal ist Patienten noch weit weniger bewußt, was in einer Sitzung geschieht, und manchmal ist das Geschehen weit komplizierter und aufwühlender. In einer Psychoanalyse gewonnene Erkenntnisse reichen tiefer als Alltagsbeobachtungen und zeigen, wie vielschichtig die Psyche ist. Am wichtigsten ist für uns in diesem Zusammenhang, daß die Psychoanalyse uns Einblick in die Rolle gewährt, die das zwischenmenschliche Erleben für die Entwicklung des Denkens spielt.

Laut denken ist, wie Sie wissen, in der Psychoanalyse von besonderer Bedeutung. Die Psychoanalyse und mit ihr verwandte Psychotherapien werden manchmal als »Redekuren« bezeichnet. Ihre Wirkung beruht zum Teil darauf, daß der Patient sich besser verstehen lernt, indem er Dinge in Worte faßt. Sobald er gedanklich fassen kann, was er tut und fühlt – also Einsicht in die eigenen Verhaltens- und Beziehungsmuster gewinnt –, kann er auf das eigene Leben mehr Einfluß nehmen.

Wenn starke Emotionen vorherrschen, kann das Nachdenken und Reden mit einem anderen Menschen der Schlüssel zur geistigen Gesundheit sein. Als in Shakespeares *Macbeth* Macduff tief erschüttert von der Nachricht ist, daß seine Frau und seine kleinen Kinder auf Anweisung von Macbeth abgeschlachtet wurden, fordert Malcolm ihn auf (Akt IV, Szene 3):

Gib Worte deinem Schmerz: Gram, der nicht spricht,
Preßt das beladne Herz, bis daß es bricht.

Manchmal würde uns vielleicht das Herz brechen, wenn wir nicht denken, nicht Dinge in Worte (also Symbole) fassen und sie jemandem mitteilen könnten, der nachvollzieht, was in uns vorgeht. Das mag uns manchmal sogar den Verstand retten. Wenn sich diese Fähigkeit aber am Lebensbeginn nicht richtig entwickelt, kann das später schlimme Folgen nach sich ziehen.

Ich habe gerade darauf angespielt, wie wichtig das Denken in Symbolen für unser Gefühlsleben ist. Noch größer ist seine Bedeutung für unser geistiges Vermögen. Der Symbolgebrauch ist das entscheidende Kennzeichen des menschlichen Denkens. Die Entstehung des Denkens ist eng damit verknüpft, wie das Kind begreifen lernt, was Symbole sind und was sie zu leisten vermögen. Ich möchte dieses Kapitel daher mit einigen Überlegungen zum Symbolgebrauch beschließen.

Ein Symbol ist zunächst etwas, das für etwas anderes steht. Es trägt und verankert Bedeutung. Das Wortsymbol »Pfeife« zum Beispiel steht für eine reale, konkrete Pfeife. Es kann eine ganz bestimmte Pfeife meinen oder auch nicht, steht aber in jedem Fall für »die Art von Ding, das eine Pfeife ist« oder, wenn man so will, für ein Objekt, dem pfeifenhafte Eigenschaften zukommen. Wenn ich also von einer Pfeife spreche, wissen Sie, daß ich etwas meine, das *auch Ihnen* im Verbindung mit dem Symbol »Pfeife« in den Sinn kommt.

Das mag ein wenig verzwickt klingen, aber haben Sie noch etwas Geduld mit mir. Denn ich habe soeben zu beschreiben versucht, wie eine Vorstellung aus meinem Bewußtsein in das Ihre übermittelt wird. Die Übermittlung geht so vonstatten, daß ich das Symbol für die Vorstellung artikuliere. Die Wirksamkeit dieses großartigen Verfahrens erweitert sich noch ungemein, wenn ich das Symbol »Pfeife« mit anderen Symbolen kombiniere wie etwa in dem Satz »Ich rauche zu viel Pfeife« (was leider zutrifft).

## 1. Kapitel

René Magrittes berühmtes Bild, das eine Pfeife und den Satz »Ceci n'est pas une pipe« (Das ist keine Pfeife) zeigt, macht die Mehrdeutigkeit von Symbolen deutlich. Der Satz auf dem Bild – den wir zunächst unwillkürlich als eine an uns gerichtete Aussage auffassen – scheint zu bedeuten: »Was du siehst, ist keine wirkliche Pfeife, sondern das Bild einer Pfeife.« Die Bedeutungsschichten reichen aber tiefer, denn man kann sich fragen, worauf sich die Liniengebilde, die wir als *Ceci n'est pas une pipe* – »Das ist keine Pfeife« – lesen, eigentlich beziehen (legt zum Beispiel der Rand des Bildes fest, was mit »Das« gemeint ist?). Die Linien müssen auf eine bestimmte Weise interpretiert werden, als Wörter in einem Satz, damit sie eine Bedeutung annehmen. Genauer gesagt, wir müssen sie so auffassen, daß der Künstler sie überhaupt als Wörter gemeint hat und uns mit ihnen außerdem etwas mitteilen wollte.[11] Beim Betrachten des Bildes gehen wir jedenfalls unwillkürlich davon aus, daß jedes dieser Symbole etwas bedeuten soll.

Dieses Beispiel eines Gemäldes mit Worten darauf gibt zu erkennen, was für ein differenziertes und machtvolles Symbolsystem die Sprache ist. Andererseits steht das Bild der Pfeife natürlich auch für einen Gegenstand in der Welt oder zumindest für einen potentiellen Gegenstand. Der mentale Vorgang, den wir Symbolisieren nennen, vollzieht sich auch, wenn ein Kind eine Sache durch eine andere darstellt, zum Beispiel wenn es beim Spielen eine Schachtel zu einem Puppenbett erklärt. Es beschließt, daß das eine für das andere stehen soll. Es macht aus etwas, das ansonsten eine andere oder auch gar keine Bedeutung hat, ein Symbol. Der Schriftzug »pipe« bleibt eine bloße Ansammlung von Strichen, solange wir ihm keinen Sinn zuweisen und ein geschriebenes Wort darin erkennen, und eine Schachtel ist nichts als eine Schachtel, wenn ihr nicht jemand die Funktion zuweist, etwas anderes wie etwa ein Bett darzustellen.

In *Hamlet* (Akt II, Szene 3) finden wir ein weiteres Beispiel. Wann ist eine Wolke nicht nur eine Wolke, sondern auch ein Symbol?

Hamlet: Seht ihr die Wolke dort, beinah in Gestalt eines Kamels?
Polonius: Beim Himmel, sie sieht auch wirklich aus wie ein Kamel.
Hamlet: Mich dünkt, sie sieht aus wie ein Wiesel.
Polonius: Sie hat einen Rücken wie ein Wiesel.
Hamlet: Oder wie ein Walfisch?

*Denk dir nur...*

Polonius: Ganz wie ein Walfisch.
Hamlet: Nun, so will ich zu meiner Mutter kommen, im Augenblick.

Hamlet hätte die Wolke wohl noch als Symbol für verschiedenste Dinge nehmen können, und Polonius hätte sich jeder neuen Sichtweise angeschlossen – doch sobald Hamlet am Ende die Aufmerksamkeit auf etwas anderes richtet, hört die Wolke ganz einfach auf, ein Symbol zu sein. Frei nach Shakespeare: »Denn nichts ist symbolisch, das nicht erst unser Denken dazu macht.«*

Das Begreifen und Benutzen von Symbolen ist integraler Bestandteil der spezifisch menschlichen Formen des Denkens. Deshalb haben wir gute Chancen, auf die Ursprünge des Denkens zu stoßen, wenn wir die Voraussetzungen untersuchen, unter denen sich beim Baby der Symbolgebrauch entfaltet. Wir werden nach Hinweisen darauf suchen, daß das Kind Symbole aus seinen Beziehungen zu anderen Menschen heraus verstehen und verwenden lernt. Aus der These, daß die Wurzeln des Symbolgebrauchs im Zwischenmenschlichen liegen, ergibt sich außerdem die Vermutung, daß eine massive Einschränkung der zwischenmenschlichen Erfahrungen eines Kindes dazu führt, daß es Symbole weniger flexibel und kreativ einsetzen kann. Wir werden sehen, ob diese Vermutung sich bestätigt.

Wir sind nun für unsere Reise vollständig gerüstet. Wir wissen also, wonach wir suchen: nach etwas, das beim menschlichen Säugling dem Denken vorausgeht und bei keiner anderen Spezies vorkommt – vielleicht nach etwas, das seinen Beziehungen zu anderen Menschen eigen ist. Wir wissen, was uns bei der Suche Orientierung geben kann: eine Mischung aus klinischer Psychiatrie, Psychopathologie, Psychoanalyse und ein klein wenig vergleichender Forschung mit Schimpansen. Und wir wissen, welches Ziel wir letztendlich ansteuern: Wir wollen verstehen, wie die angeborene Fähigkeit des Säuglings, auf den Kontakt mit den Eltern anzusprechen, und deren Fürsorge ineinandergreifen, so daß eine zwischenmenschliche Wiege entsteht, in der das symbolische Denken heranreifen kann.

---

* siehe *Hamlet* II, 2, 248: »There is nothing either good or bad but thinking makes it so.« A. d. Ü.

## 2 Ehe das Denken beginnt

Wir müssen ganz an den Anfang gehen – noch vor das Denken zurück. Das Denken wird erst möglich durch das, was vor dem Denken geschieht.

Wissenschaftler und Philosophen scheinen manchmal anzunehmen, das Denken entstehe aus dem Nichts. Eine aktuelle Variante dieser Vorstellung besagt, bestimmte Aspekte oder Mechanismen des Denkens müßten angeboren sein. Diese Annahme ist vollkommen vernünftig, denn natürlich sind bestimmte Komponenten mentaler Funktionen von Geburt an vorhanden, und fast jeder Aspekt des Denkens dürfte auf die eine oder andere Weise von angeborenen Fähigkeiten abhängen. Zu erforschen wäre dann, auf welchen bereits vorhandenen Fähigkeiten eine neue Fähigkeit jeweils aufbaut und welche Entwicklungsprozesse jeweils von der einen zur anderen Fähigkeit hinführen.

Die Behauptung, das Denken sei angeboren, kann ein Unwissen kaschieren. Sie lenkt davon ab, daß wir nicht durchschauen, wie geistige Fähigkeiten eigentlich entstehen. Sie kann sogar unseren Forscherdrang bremsen, denn wenn wir davon ausgehen, das Denken sei angeboren und genetisch vorgegeben, werden weitere Erklärungen überflüssig. Dies ist aber ein Irrtum, denn der Erklärungsbedarf ist immens. Denken ist etwas, das sich über die Zeit hinweg entwickelt, und die spannende Aufgabe besteht darin, diese Entwicklung nachzuzeichnen. Zunächst einmal werde ich auf einige angeborene zwischenmenschliche Fähigkeiten des Säuglings eingehen, die scheinbar (aber nur scheinbar) wenig mit dem Denken zu tun haben.

Ort: Heraklion, Kreta. Ein Entbindungsheim. Ein Kind ist gerade zur Welt gekommen. Ein Psychologe namens Giannis Kugiumutzakis hält sich bereit. Nicht von allen Psychologen kann man sagen, daß sie herzlich und gewinnend sind, von Giannis aber ganz bestimmt. Es gibt wohl niemanden, auf den sein Charme, seine Offenheit und seine Lebendigkeit nicht unwiderstehlich wirken. Diese Eigenschaften

*Ehe das Denken beginnt*

sind durchaus von Belang für das, was ich schildern möchte: eine experimentelle Studie des Nachahmens bei Neugeborenen.[1] Denn Giannis schickt sich an, einem Baby, das nicht älter als fünfundvierzig Minuten ist, also einem buchstäblich Neugeborenen, verschiedene Gesichtsausdrücke vorzumachen.

Mit dem Einverständnis der Verwandten, die das Geschehen auf einem Bildschirm mitverfolgen, legt Giannis das Baby entweder auf ein spezielles Kinderbett oder hält es auf den Armen, je nachdem, wo es sich am wohlsten zu fühlen scheint. Er hat es so arrangiert, daß sein eigenes Gesicht, während die Kamera das Verhalten des Kindes aufzeichnet, dahinter in einem Spiegel zu sehen ist. Er trägt ein schwarzes Hemd, damit sein Gesicht das hellste Objekt im Blickfeld des Babys ist, und hat die Beleuchtung im Raum so angepaßt, daß die Augen des Kindes geöffnet sind. Wenn das Kind ruhig und ohne zu zappeln daliegt, tut Giannis bis zu fünfmal hintereinander eines der folgenden vier Dinge: Er streckt entweder langsam und bedächtig die Zunge vor; er macht den Mund weit auf und schließt ihn wieder; er schließt die Augen und öffnet sie wieder; er gibt Laute von sich. Nach jeder Aktion macht er, mit unbewegtem Gesicht, zehn Sekunden Pause, so daß das Kind Zeit zum Reagieren hat.

Ich habe dies alles im Präsens beschrieben, weil hier etwas ungeheuer Spannendes passiert. Ein Baby, das noch keine Stunde auf der Welt ist, wird gefragt, ob es Interesse an einem anderen Menschen hat und etwas höchst Bemerkenswertes tun möchte: die Handlungen des Gegenübers wahrnehmen und nachahmen. Damit das gelingen kann, muß das Kind in der Lage sein, etwas in den Lautäußerungen und der Mimik eines Menschen zu erkennen, und daraufhin mit dem eigenen Mund oder Gesicht antworten – wobei es sich selbst natürlich nicht sehen kann.

Wie reagierten die Babys? Es dürfte niemanden überraschen, daß sich der angestrebte Zustand aufmerksamer Ruhe bei recht vielen Babys nie einstellte. Weil sie schrien, schläfrig waren oder herumzappelten, war das Experiment nicht durchführbar. Giannis ließ sich davon keineswegs irritieren, denn für ihn stand das Einverständnis des Kindes, daß es mitmachen wollte, an erster Stelle. Er akzeptierte einfach, daß manche Babys seine Einladung ausschlagen würden. Um eine größere Gruppe von Babys zusammenzubekommen, die die Ein-

## 2. Kapitel

ladung annehmen – am Ende waren es 170 –, mußte Giannis insgesamt wesentlich mehr Babys (nämlich 412) einladen.

Ich werde nicht darauf eingehen, wie man bei der Beurteilung der Videoaufnahmen sicherstellte, daß die Interaktionen zwischen Giannis und den Babys möglichst unvoreingenommen ausgewertet wurden. Es genügt hier, wenn ich sage, daß die Kinder nach dem Urteil der Auswerter oft die Art von Verhalten zeigten, die sie gerade bei Giannis gesehen hatten. Wenn er die Zunge herausgestreckt hatte, schob das Baby oft die Zunge bis über die Lippen hinaus vor, um sie dann wieder zurückzuziehen; wenn er den Mund aufgesperrt hatte, öffnete das Baby oft weit die Lippen und formte ein O mit ihnen; wenn er die Augen zugemacht und wieder geöffnet hatte, schloß und öffnete oft auch das Baby, mit einem klar erkennbaren Blinzeln, die Augen; und wenn er ein »Aah« von sich gegeben hatte, tat das Baby oft dasselbe. Die Babys ahmten ihn also nach.

Nun muß man sich auf jedem Gebiet der wissenschaftlichen Forschung sehr davor hüten, die Befunde einer einzelnen Studie überzubewerten. Dies gilt ganz besonders, wenn der Untersuchungsgegenstand etwas so Feines und Flüchtiges ist wie die mimischen Bewegungen eines Babys. Ähnliche Experimente wurden aber auch in den USA und in einigen anderen Ländern durchgeführt, und die Ergebnisse gingen oft in dieselbe Richtung.[2] Es zeigte sich, daß Neugeborene oft sogar emotionale Gesichtsausdrücke imitieren können. Zum Beispiel sahen Säuglinge, die noch keine zwei Tage alt waren, eine Person mit überraschtem, erfreutem und traurigem Gesicht vor sich. Auf die überraschte Miene reagierten sie oft mit geweiteten Augen und geöffnetem Mund; wenn sie ein frohes Gesicht vor sich hatten, zogen sie den Mund in die Breite; und wenn das Gesicht traurig aussah, wurde ihr Mund schmaler, und sie schoben die Lippen vor und runzelten die Augenbrauen. Es war beinahe, als würde sich die jeweilige Miene vom Gesicht des Erwachsenen direkt auf das des Kindes übertragen.

Andererseits liegen Studien vor, bei denen sich die beschriebenen Reaktionen nicht so ohne weiteres einstellten. Manche Forscher sind auch der Auffassung, daß wir es bei den Babys mit automatischen Reflexen auf Reize zu tun haben, die eigentlich nicht für das menschliche Gesicht spezifisch sind: Ein Kugelschreiber, der aus einer Schachtel herausragt, könne dieselbe Reaktion auslösen wie eine her-

*Ehe das Denken beginnt*

ausgestreckte Zunge. Woher soll man also wissen, ob die Babys tatsächlich den *Menschen* imitieren, den sie vor sich haben? Um das zu klären, können wir beispielsweise genauer prüfen, *wie* die Babys nachahmen. Zurück nach Heraklion...

Giannis Kugiumutzakis berichtet folgende Einzelheiten über die Babys, die seine Mimik nachahmten. Erstens waren in der Art, wie sie dem Erwachsenen ihre Aufmerksamkeit zuwandten, zwei Muster zu erkennen. Das häufigere Muster war, daß sie sich offenkundig bemühten, den sich bewegenden Teil des Gesichts genau zu betrachten, und dabei oft interessiert wirkten und die Stirn runzelten. Wenn Giannis Laute von sich gab, drehten manche Babys den Kopf, machten große Augen und zogen die Brauen nach oben. Aus diesem ersten Aufmerksamkeitsmuster schien also intensive Konzentration zu sprechen. Das zweite Muster sah ganz anders aus. Die Kinder blickten das Gesicht nur kurz an und gaben dessen Mimik auf der Stelle wieder.

Die Babys reagierten überdies auf drei verschiedene Arten. Einige imitierten den Laut oder die Mimik sofort und oft überraschend genau. Zum Beispiel machten 75 Prozent der Babys, die das Öffnen des Mundes imitierten, den Mund schon bei ihrem ersten Nachahmungsversuch weit auf. Sie schienen also das Verhalten, auf das sie abzielten, bereits erfaßt zu haben, noch ehe sie den ersten Nachahmungsversuch begannen. Andere Babys unternahmen mehrere Nachahmungsversuche hintereinander, wobei sie dem Vorbild jedesmal näherkamen. Zum Beispiel machten sie, wenn sie das Vorstrecken der Zunge imitieren wollten, mit der Zunge zunächst vorbereitende Bewegungen im Mund. Die dritte Gruppe von Babys unternahm mehrere Versuche hintereinander, die sich aber von dem Vorbild immer weiter entfernten.

Offenbar sind, und das ist bemerkenswert, zumindest manche Neugeborene in der Lage, Handlungen und Gesichtsausdrücke eines anderen Menschen wahrzunehmen und das Wahrgenommene dann in einen Plan für das eigene Handeln und die eigene Mimik zu übersetzen. Sie bemühen sich sehr, ihr Gegenüber nachzuahmen. Giannis gelangt zu dem Schluß, Säuglinge hätten einen elementaren Drang, sich dem Verhalten und in gewissem Sinne auch der inneren Verfassung eines anderen Menschen anzugleichen, weil sie mit einem »motivationalen System« ausgestattet seien, »das sie nach einem anderen Emo-

47

## 2. Kapitel

tionswesen Ausschau halten läßt, mit dem zusammen sie ein kooperatives, wechselseitiges, intersubjektives Spiel spielen können«.

Vielen Wissenschaftlern geht diese Annahme zu weit. Skepsis ist in der wissenschaftlichen Forschung eine lobenswerte Regung, und im vorliegenden Fall ist sie durchaus begründet. Denn die Kluft zwischen der Beobachtung, daß ein Baby ein Gegenüber nachahmt, und der These, es werde von bestimmten Motiven dazu getrieben, den Kontakt mit einem anderen Emotionswesen zu suchen, ist groß. Außerdem sind, wenn wir allein von solchen Studien zur Nachahmung ausgehen, nur recht begrenzte Schlußfolgerungen zulässig. Wir müssen uns also noch anderswo umschauen, um die These zu untermauern oder zu widerlegen, daß Säuglinge bereits in der Lage sind, in kooperative und wechselseitige Beziehung mit anderen Menschen zu treten. Ich möchte Ihnen zunächst Studien mit Kindern vorstellen, die mit zwei oder drei Monaten schon etwas älter sind.

Vor fast drei Jahrzehnten, im Jahr 1974, filmten der US-amerikanische Kinderarzt. T. Berry Brazelton und seine Kollegen Säuglinge, die zum einen einen Menschen und zum andern einen Gegenstand vor sich hatten.[3] Sie gingen der Frage nach, ob Säuglinge eine angeborene Tendenz haben, zu Menschen in spezifischer Weise in Verbindung zu treten. Sie filmten vier Wochen alte und etwas ältere Babys beim direkten, entspannten Kontakt mit der Mutter. Außerdem filmten sie die Babys, während ein an einer Schnur hängender kleiner Spielzeugaffe knapp in ihre Reichweite kam und wieder weggezogen wurde.

Wenn der Affe sich näherte, wirkten die Kinder gefesselt, ja wie gebannt. Sie starrten ihn an, und im Gesicht und an Armen und Beinen konnte man kleine Zuckungen sehen. Wenn der Affe in Reichweite kam, öffneten sie den Mund, als wollten sie ihn darin aufnehmen, und die über sechs Wochen alten Kinder machten überdies mit den Händen ruckhafte Bewegungen auf das Objekt zu. Es baute sich schrittweise ein Zustand starker, gespannter Aufmerksamkeit auf und erreichte einen Höhepunkt, um sodann plötzlich damit zu enden, daß das Baby sich abwandte und mit Armen und Beinen zappelte. Nur bei Säuglingen, die älter als vier Monate waren, gab es keinen derart abrupten Übergang von der Aufmerksamkeit zum Sichabwenden, und die Reaktionsmuster waren weniger ruckhaft.

*Ehe das Denken beginnt*

Wenn ein Kind mit seiner Mutter interagierte, sahen die Zyklen von Aufmerksamkeit und Abwendung ganz anders aus. Die Phasen von Interesse und Wegschauen waren kürzer und gingen fließender ineinander über. Augen und Gesicht hellten sich auf, während das Baby die Mutter anschaute und ihr Arme und Beine entgegenstreckte. Wenn die Mutter hierauf einging, reagierte das Kind seinerseits flüchtig und andeutungsweise mit Lächeln, Grimassen und Lauten sowie mit fließenden Bewegungen der Hände und Füße. Oft mündete die vermehrte körperliche Aktivität auch in Lautäußerungen, und das Lächeln wurde stärker, sobald die Mutter es erwiderte. In der Regel klang die kurze Phase, in der das Kind ganz aufgeregt war, nach und nach wieder ab, und es schaute weg, um die Reizfülle der Begegnung mit der Mutter bewältigen zu können. Einfühlsame Mütter stimmten ihr Verhalten die ganze Zeit über auf diese Zyklen von Kontaktaufnahme und Rückzug ab.

In letzter Zeit sind viele Studien hinzugekommen, die die Besonderheiten der Interaktion zwischen Mutter und Baby dokumentieren. Ein zwei Monate altes Kind vermittelt oft den Eindruck, daß es sich bemüht, mit der Mutter in Verbindung zu treten, während die Mutter ihrerseits versucht, ihren Interaktionsstil den Bedürfnissen des Kindes anzugleichen. Colwyn Trevarthen stellt das im folgenden anschaulich dar:

Sobald eine Mutter zu ihrem Baby zu sprechen beginnt, werden ihre Bewegungen gleichmäßig und verhalten. Sie spricht leiser und sanfter, ist hochkonzentriert, und das Warten und Beobachten nimmt bei ihr ebensoviel Raum ein wie das Sprechen. Ihre Sprechweise verändert sich durchgängig, hin zu der gleichförmigen, an Wiederholungen reichen Struktur und der rhythmischen, fragenden Satzmelodie der sogenannten »Babysprache«. Oder die Mutter wird aktiv, reagiert spielerisch oder beginnt das Kind zu necken, mit rhythmischen, akzentuierten Bewegungen des Kopfes, des Rumpfes und des ganzen Körpers, oder streckt die Hände aus, um das Kind zu berühren... Typisch ist, daß das Baby die Mutter direkt nachahmt... Kurzgefaßt: Die Reaktionen von Müttern auf ihre zwei Monate alten Babys sind ermunternd, konzentriert, bestätigend, deutend und in hohem Maße unterstützend.[4]

## 2. Kapitel

Oft sind die Reaktionen der Mutter so eng auf die des Kindes abgestimmt, daß »das Verhalten der beiden in völligem Einklang miteinander ist, so als würden sie miteinander tanzen«.[5] Trevarthen beschreibt das intersubjektive Geschehen zwischen Kind und Mutter und zeigt, wie ihre Erfahrungen miteinander verkoppelt sind: Das Verhalten des Kindes bringt nicht nur sein eigenes Bewußtsein und sein Wollen zum Ausdruck, sondern ist auch auf das Verhalten und Erleben eines anderen Menschen abgestimmt. In Bewegungsmustern von Rumpf und Extremitäten des Kindes scheinen sich innere Zustände wie Abscheu oder Freude zu äußern, die die Mutter dann erfaßt und deutet. Mit sechs Wochen ist das Kind in der Lage, Blickkontakt zu halten, so daß ein starker Anreiz zum zwischenmenschlichen Kontakt hinzukommt.

Wir müssen uns klarmachen, daß wir es nicht mit isolierten Verhaltenssegmenten, sondern mit durchgängigen Mustern des Aufeinander-Bezogenseins zu tun haben. In einer frühen Darstellung der direkten Interaktion zwischen drei Monate alten Babys und ihren Müttern beschreiben Edward Tronick und seine Kollegen eine typische Abfolge verschiedener Phasen.[6] Zu Beginn ergreift eine Seite die Initiative. Zum Beispiel zieht die Mutter die Aufmerksamkeit des Kindes auf sich, indem sie in sein Blickfeld tritt und mehrmals seinen Namen sagt, oder das Baby gibt Laute von sich. Dann kommt eine Phase, in der beide sich aufeinander einstellen. Die Miene des Kindes ist dabei neutral oder hellt sich auf, die Stimme der Mutter wird weicher, und sie lächelt. Es folgt eine Begrüßung, bei der das Baby lächelt und Arme und Beine bewegt und die Mutter lebhafter wird. Die nächste Phase ist ein spielerischer Dialog. Bei der Mutter wechseln sich kurze Abschnitte des Sprechens mit Pausen ab, das Kind gibt Laute von sich, die Mutter reagiert mimisch oder mit weiterem Sprechen, und so weiter. Die Schlußphase der Sequenz besteht darin, daß das Kind mit neutralem oder auch ernüchtertem Gesichtsausdruck wegschaut. Damit ist der emotionale Kontakt unterbrochen – so lange, bis eine Seite wieder die Initiative ergreift und ihn erneut herstellt.

In der Entwicklungspsychologie wird heftig darüber gestritten, welche Rollen Baby und Mutter bei solchen Begegnungen zukommen. Laut der einen Extremposition, die zum Beispiel von Trevarthen und Kugiumutzakis vertreten wird, will das Baby von Anfang an kommunizieren und verfolgt die Absicht, zu seinem Gegenüber in Beziehung zu treten. Den Gegenpol bildet die Auffassung, das Verhalten der Mutter vermittle uns zwar den Eindruck, hier finde ein Dialog statt, wir hätten in Wirklichkeit aber eine kommunikative Einbahnstraße vor uns. Das Kind spiele keine aktive Rolle, sondern verhalte sich nur auf eine Weise, der die Mutter eine zwischenmenschliche Bedeutung zuschreiben könne. Es versuche keineswegs, in Kontakt zu einem anderen Menschen zu treten oder sich auf ihn einzustellen. Ich für meinen Teil neige der Sichtweise zu, die Tronick und seine Kollegen elegant wie folgt formuliert haben: »Was die eine Seite tut, ist niemals *Ursache* dessen, was die andere tut. Die Töne, die ein Musiker spielt, sind nicht Ursache des nächsten Tons, den der andere Musiker spielt. Ebensowenig ist das, was die Mutter tut, Ursache dafür, daß das Baby sie begrüßt oder ihr seine Aufmerksamkeit zuwendet, und umgekehrt. Sie sind vielmehr an einem wechselseitigen Tun beteiligt.« Im Kern heißt das, daß beide ihr Handeln auf das Feedback abstimmen, das sie von ihrem Gegenüber bekommen – und daß es sich tatsächlich um einen wechselseitigen Austausch handelt.

Einige der überzeugendsten Belege dafür, daß die Wechselseitigkeit nicht nur eine scheinbare ist, leiten sich aus Situationen ab, in denen der reibungslose Verlauf der Interaktion zwischen Erwachsenen und Babys gestört wird. Eine solche Situation entsteht zum Beispiel, wenn man das ansonsten flüssige Hin und Her der Interaktion bewußt durchbricht. Ed Tronick und seine Kollegen haben auch hier Pionierarbeit geleistet und die frappierendste Variante eines solchen Eingriffs eingehend untersucht: die Still-face-Situation.[7] Diese experimentelle Strategie umfaßt drei Phasen. In der ersten interagiert die Mutter ganz normal von Angesicht zu Angesicht mit ihrem Kind. In der zweiten Phase folgt sie dann einer Anweisung, eine unbewegte Miene oder ein Pokerface aufzusetzen und nicht auf das Kind zu reagieren. In der letzten Phase kehrt sie zum für sie natürlichen Muster der Interaktion mit dem Kind zurück. In der Regel dauert jede Phase zwei oder drei Minuten. Die Interaktion wird auf Video aufgezeichnet, damit unabhängige Beurteiler das Verhalten des Babys später sorgfältig und präzise einschätzen können.

Die Still-face-Situation wurde bei Babys zwischen zwei und neun Monaten erprobt. Schon bei einem zwei Monate alten Baby stellen sich oft dramatische Wirkungen ein. Wenn die Mutter nicht mehr auf das Kind anspricht, wird es stiller und wirkt beklommen. Es starrt die Mutter an, lächelt flüchtig und blickt von ihr weg. Dann schaut es beispielsweise abwechselnd zu ihr hin und wieder weg und sondiert offenbar ihr Verhalten. Gelegentlich lächelt es vorsichtig, scheint aber immer weniger davon überzeugt zu sein, daß es die Interaktion wieder in Fluß bringen kann. Wenn auch seine weiteren Versuche scheitern, zieht es sich mit verzagtem Gesichtsausdruck zurück, und Gesicht und Körper orientieren sich von der Mutter weg. Es gibt auf und bleibt abgewandt.

Tronick beschreibt als typische Abfolge einer Still-face-Situation, daß das Kind zunächst ernster wird, mißtrauisch wirkt, zu prüfen scheint, was mit der Mutter los ist, wiederholt versucht, sie aus ihrer Unbewegtheit herauszuholen, und sich schließlich zurückzieht. Das Kind spielt also eine erkennbar aktive Rolle, denn es wandelt je nachdem, ob von der Mutter ein Feedback kommt oder nicht, sein kommunikatives Verhalten ab. Es scheint auf der Hand zu liegen: Das Kind sucht *tatsächlich* den Kontakt mit dem Gegenüber und erwartet ihn; es nimmt das Ausbleiben des Kontakts *tatsächlich* wahr; es bemüht sich *tatsächlich*, den Kontakt wiederherzustellen, und muß dann mit den unangenehmen Empfindungen zurechtkommen, die eine scheinbar verfügbare, aber partout nicht reagierende Mutter in ihm auslöst.

In neueren Untersuchungen haben sich Forscherinnen wie Nina Kogan und Alice Carter auf die unterschiedlichen Formen konzentriert, in denen Kinder auf die dritte, die Erholungsphase reagieren.[8] Dabei zeigte sich, daß die viermonatigen Babys einfühlsamer Mütter nach der Pokergesicht-Phase im allgemeinen keine Mühe haben, den Kontakt wieder aufzunehmen. Ihre Aufmerksamkeit bleibt auf die Mutter und ihr nun wieder einladendes Verhalten gerichtet.

Das Baby einer weniger einfühlsamen Mutter dagegen wendet sich nach dem Ende der Pokergesicht-Phase oft von ihr ab oder scheint sie zurückzuweisen. Es ist viel leichter zu kränken oder zu verunsichern. Offenbar hängt also die Fähigkeit des Kindes, die eigenen Gefühlsregungen zu regulieren, von der emotionalen Verfügbarkeit der Mutter ab. Allgemeiner gesprochen scheint der Verhaltensstil der Eltern großen Einfluß darauf zu haben, wie das Kind mit Gefühlen umgeht. Es braucht möglicherweise die Hilfe der Mutter oder einer anderen

*Ehe das Denken beginnt*

Bezugsperson, um Erregung, Angst oder Aggression unter Kontrolle zu halten oder um Impulse, das Umfeld zu erkunden, und Impulse, sich zurückzuziehen, gegeneinander auszubalancieren. Jedenfalls bleiben Babys von einfühlsameren Müttern auch unter Streß flexibel und aufnahmebereit, während Kinder, die weniger gut unterstützt werden, von der Pokergesicht-Phase stärker irritiert sind.

Wir sollten uns aber hüten, ein Idealbild von einfühlsamen Müttern, Vätern, Großmüttern und so weiter aufzubauen. Das Leben ist nicht leicht, und zwischenmenschliche Beziehungen verlaufen nur selten über einen längeren Zeitraum hinweg reibungslos. Wie Tronick selbst betont, ist es ganz normal, daß zwischenmenschliche Interaktionen einmal abreißen; entscheidend ist, wie gut es gelingt, solche Unterbrechungen zu beheben.[9] Wir haben gesehen, wie ein Kind in der Still-face-Situation versucht, die Mutter zur Kontaktaufnahme zu bewegen, und dann ernüchtert reagiert und seine Emotionen durch Rückzug reguliert, indem es wegschaut und sich selbst tröstet. Im Alltag unternimmt es wahrscheinlich die ganze Zeit über weniger auffällige Anstrengungen, die Wirkung von zwischenmenschlichen Ausrutschern seines Gegenübers abzumildern. Die Frage ist, ob wiederholte und gravierendere Fehlschläge in der wechselseitigen Interaktion mit den Bezugspersonen dauerhafte und möglicherweise schädliche Effekte nach sich ziehen – insbesondere dann, wenn das Kind keine Hilfe dabei bekommt, Kummer und innere Konflikte zu bewältigen.

Interaktionen können unter anderem mißlingen, weil das Timing nicht stimmt: Tänzer treten sich auf die Zehen, Musiker kommen aus dem Takt. Man kann jemanden auf amüsante Weise verunsichern, indem man ihn fragt: »Was ist das Wichtigste bei einem Witz?«, und ihm, wenn er gerade antworten will, ins Wort fällt: »Das Timing!« Der Scherz funktioniert, weil schlechtes Timing beunruhigend, ja verstörend sein kann. In der Still-face-Situation kommt es zu einer nachhaltigen Störung des Kontakts, weil ein Mensch auf sein Gegenüber nicht mehr anspricht. Ebenso kann auch schlechtes Timing die zwischenmenschlichen Interaktionen eines Babys stören.

Lynne Murray und Colwyn Trevarthen untersuchten dies, indem sie zwei- und dreimonatige Babys vor einem Fernsehgerät plazierten.[10] Auf dem Bildschirm war die Liveaufnahme der Mutter zu sehen, die in Richtung des Babys blickte. Sie saß in einem anderen

## 2. Kapitel

Raum vor einer Kamera und hatte selbst einen Bildschirm vor sich, auf dem ihr das Live-Bild ihres Babys zugespielt wurde. Dies mag sich nach einem höchst künstlichen Arrangement anhören, doch Mutter und Baby waren in der Lage, über Video einen überraschend natürlichen und flüssigen Kontakt zueinander aufzubauen – das heißt, bis die Störung ins Spiel kam. Zwischen dem, was an beiden Enden der Videoverbindung geschah, wurde nun eine Verzögerung von nur dreißig Sekunden eingebaut. Das Baby sah jetzt auf dem Monitor die Reaktionen der Mutter darauf, wie es sich jeweils eine halbe Minute zuvor verhalten hatte. Diese Reaktionen waren keineswegs unangenehm. Sie waren nur auf einen anderen Zeitpunkt gemünzt und harmonierten nicht mit dem, was das Baby momentan zum Ausdruck brachte. Die Verzögerung löste beim Baby erhebliches Unbehagen aus. Oft wandte es sich vom Bild der Mutter weg, um dann nur noch kurze Seitenblicke auf den Bildschirm zu werfen. Ganz anders reagierte das Kind, wenn die Mutter bei synchroner Bildübertragung lediglich zur Seite schaute. Es war also nicht deshalb irritiert, weil es den Eindruck hatte, daß die Mutter es an Aufmerksamkeit mangeln ließ oder keinerlei Reaktion zeigte, sondern weil die Interaktion aus dem Takt war.

Wir können daraus schließen, daß Säuglinge nicht in dem bunten, schwirrenden Wirrwarr leben, das der Psychologe William James sich vorstellte. Selbst ganz kleine Babys haben ein strukturiertes Innenleben, und dieses Innenleben äußert sich in Verhaltensweisen, die von Geburt an darauf ausgerichtet sind, mit dem Verhalten anderer Menschen ineinanderzugreifen.

Ein letztes Beispiel für dieses Ineinandergreifen soll untermauern, wie wesentlich das emotionale Zusammenspiel zwischen Baby und Erwachsenen ist. Die Situation, die in der folgenden Studie hergestellt wurde, mag einem künstlich vorkommen, wenn man sie mit einigen der bislang geschilderten Beobachtungen zur Mutter-Kind-Interaktion vergleicht. Sie rückt aber bestimmte Fähigkeiten des Kindes in den Blickpunkt, durch die ein Eingehen aufeinander überhaupt erst möglich wird. Genauer gesagt hebt die Studie hervor, wie schon ganz kleine Kinder Gefühlsäußerungen eines Gegenübers sowohl wahrnehmen als auch erwidern.

Jeanette Haviland und Mary Lelwica beobachteten, wie zehn

*Ehe das Denken beginnt*

Wochen alte Kinder auf ihre Mütter reagierten.[11] Die Mütter wurden angewiesen, in der Interaktion mit ihren Babys verschiedene Emotionen zum Ausdruck zu bringen. Wenn aus Gesichtsausdruck und Stimme der Mutter Freude sprachen, ließ auch das Kind Freude und Interesse erkennen und machte weniger Mundbewegungen. Brachte die Mutter Traurigkeit zum Ausdruck, wurde das Kind stiller, und seine Mundbewegungen nahmen zu. Wenn die Mutter sich ärgerlich gebärdete, wirkte auch das Kind ärgerlich, und seine Körperbewegungen wurden verhaltener. Es stellte sich also heraus, daß die Gefühlszustände von Kindern, die nur zehn Wochen alt waren, sich je nach den Gefühlsäußerungen ihrer Mütter veränderten.

Schon in den ersten Lebensmonaten geht das Wahrnehmen von Emotionen also sogleich mit emotionalen Reaktionen einher. Hätten die Kinder keinerlei Reaktionen gezeigt, so hätten wir das als Anzeichen dafür deuten können, daß sie die Gefühlsäußerungen überhaupt nicht wahrzunehmen vermochten. Aus ihren Reaktionen scheint aber hervorzugehen, daß sie tatsächlich die Gefühlsäußerungen eines Gegenübers wahrnehmen und daß diese Wahrnehmung in ihnen Gefühle auslöst. Diese einfache Beobachtung ist von großer Tragweite dafür, wie wir uns den Brückenschlag zwischen dem Bewußtsein zweier Menschen vorzustellen haben. Das Wahrnehmen von Gefühlen, das sogleich selbst Gefühle auslöst, ist keineswegs auf Äußerungen von Freude oder Traurigkeit beschränkt, sondern spielt durchweg eine Rolle, wenn das Kind zu anderen Menschen in Kontakt tritt.

In diesem Kapitel möchte ich die Entwicklung des Kindes nur bis zum achten oder neunten Lebensmonat verfolgen. Es hat dann die erste der drei Stufen erklommen, die vom innigen Kontakt mit den Eltern in den ersten Wochen hin zu der Revolution führen, die der Beginn des Denkens in der Mitte des zweiten Lebensjahres bedeutet.

Schauen wir, an welchen Punkt ein halbjähriges Kind in seinen Beziehungen zu anderen Menschen gelangt ist. Es ist nach wie vor ein klarer Unterschied zwischen diesen Beziehungen und den Beziehungen des Kindes zu Gegenständen erkennbar. Zuweilen scheint das Kind nun sogar weniger am Kontakt mit anderen interessiert als daran, die Welt dadurch zu erkunden, daß es zum Beispiel mit einem Gegenstand auf den Boden hämmert oder an ihm saugt – manchmal zum Kummer und Verdruß der Eltern, die gern seine Aufmerksamkeit auf sich ziehen würden. Aber natürlich ist seine Verbindung zu ihnen weiterhin innig. Aus experimentellen Untersuchungen, in denen die Eltern-Kind-Interaktion gestört wurde, geht hervor, daß die Interaktion weiterhin dynamisch ist (eine unbewegte Miene des Gegenübers findet beim Kind nach wie vor wenig Anklang), daß sie reibungsloser verläuft, wenn das Gegenüber vertraut ist (ein Kind akzeptiert ungewöhnliche Verhaltensweisen eher bei seiner Mutter als bei Fremden), und daß das Handeln der Erwachsenen gut auf das des Kindes abgestimmt ist.

Welche Entwicklungen werden also durch die bemerkenswerten Fähigkeiten von Babys, das Verhalten eines Gegenübers wahrzunehmen und darauf zu reagieren, in Gang gesetzt? Wenn alles gut läuft, entfalten sich zunehmend facettenreiche und beglückende Formen der wechselseitigen Einfühlung. Ich werde mich hier nur auf eine besonders interessante und aufschlußreiche Form des Kontakts konzentrieren – das strukturierte Spiel. Mit »strukturiertem Spiel« ist ein Spiel gemeint, das zwar keinen strengen formalen Regeln folgt, aber durchaus bestimmte Muster erkennen läßt. Vertraute Beispiele sind Guck-Guck- oder Versteckspiele, »Geht ein Mann die Treppe rauf...« oder »Das ist der Daumen, der schüttelt die Pflaumen...«. Der US-amerikanische Entwicklungspsychologe Jerome Bruner hat aufgezeigt, daß solche Spiele einem »Format« mit festgelegten Rollen folgen und daß Gesten und Laute, die die Handlungen begleiten, ihren festen Platz darin haben.[12] In gewisser Weise schaffen die Spiele eine Art Grundgerüst für die frühe Kommunikation zwischen Kind und Eltern. Sie zeichnen sich durch regelmäßige und vorhersagbare Handlungen und Ereignisse aus – wie zum Beispiel das Verschwinden und Wiederauftauchen von Gegenständen – und geben dem Kind die Möglichkeit, eine nach und nach immer aktivere Rolle einzunehmen. Gegen Ende des ersten Jahres fängt das Kind schließlich an, sich mit dem Erwachsenen in den jeweiligen Rollen abzuwechseln.

Zwischen sechs und acht Monaten beginnt sich das Kind auf die regelmäßigen Muster der Spiele einzustellen. Die Muster geben eine Struktur vor, die es ihm ermöglicht, vertraute Spielzüge zu erwarten und innerlich vorwegzunehmen – *und* mit seinem erwachsenen Gegenüber zu kommunizieren und sich an der Interaktion zu freuen.

*Ehe das Denken beginnt*

Außerdem erlaubt das Grundmuster Variationen über ein Thema. So kann die Mutter ihr Verschwinden beim Guck-Guck-Spiel immer wieder neu gestalten, etwa indem sie es mit vorbereitenden Lauten und spannungssteigernden Gesten ankündigt. Die Spiele machen das Kind mit wichtigen Aspekten der Kommunikation vertraut und schaffen eine Art Grundgerüst für den späteren Spracherwerb. Das Kind kann sich in diesem Alter zwar noch nicht zu einem gemeinsamen Thema äußern, aber es kann bei einem Spiel mittun und jeweils, wenn der nächste Spielschritt ansteht, zur Mutter hochblicken und sie anlächeln – was laut Bruner bereits eine Art Kommentar ist (»Wir tun das hier gemeinsam«). Dies ist nur möglich, weil beide ihre Aufmerksamkeit dem Spiel zuwenden, gemeinsam handeln und in einer Situation, die eine bestimmte Struktur vorgibt, in emotionalem Kontakt zueinander stehen. Baby und Mutter bereiten gemeinsam den Übergang zur Sprache vor.

Es besteht also kein Zweifel, daß Kinder schon von den ersten Lebensmonaten an in hohem Maße auf andere Menschen ansprechen – auf die Eltern, die Geschwister, die Großeltern, auf alle anderen, die sich um sie kümmern, und sogar auf Fremde. Sie suchen von Anfang an aktiv die Begegnung mit anderen Menschen. Ihr soziales Leben intensiviert sich so rasch, daß es schon für achtmonatige Babys eine Quelle der Freude und der Bestätigung ist, und sie genießen auch die gegenseitigen Neckereien, die dazugehören. Das Kind wird in einen wahren Strudel aus emotionalen Anreizen und Impulsen hineingezogen. Dieser Strudel reißt es, wie wir sehen werden, schließlich aus seiner Selbstbezogenheit heraus, so daß die Prozesse des Denkens in Gang kommen können.

Nehmen wir aber einmal an, daß es Babys gibt, die anders sind, die nicht in diesem Maße auf zwischenmenschlichen Kontakt eingestellt und hungrig darauf sind, denen die Gefühlsäußerungen eines Gegenübers nicht faszinierend und bedeutungsvoll erscheinen und auf die der Tanz aus menschlichen Gesten und Lauten erheblich weniger Anziehung ausübt als auf andere Kinder. Wie haben wir uns ein solches Kind vorzustellen? Und wie würde seine Entwicklung sich von der anderer Kinder unterscheiden? Ich habe bereits angedeutet, daß es solche Kinder gibt und daß die Einschränkung ihrer Kontaktfähigkeit viel weiterreichende Folgen hat, als man zunächst erwarten würde. Sie werden später unter frühkindlichem Autismus leiden. Der Autismus bildet eine Kontrastfolie, von der sich das, was zwischen einem nichtautistischen Kind und seinem Gegenüber geschieht, deutlich abhebt.

Ich habe bewußt nicht von autistischen Babys gesprochen, sondern davon, daß solche Kinder später unter frühkindlichem Autismus leiden *werden*. Denn merkwürdigerweise wird die Diagnose Autismus selten schon im ersten Lebensjahr gestellt. Die Experten sind sich sogar uneinig, ob denn Kinder, die später als autistisch eingestuft werden, in den ersten Lebensmonaten anders als andere Kinder sind. Sicherlich gibt es Fälle, in denen in den ersten Monaten wenig Grund zur Sorge besteht, und manchmal scheint ein fatales Ereignis wie eine Gehirnentzündung oder eine andere Krankheit das sich normal entwickelnde Kind in ein Kind zu verwandeln, das die Fähigkeit eingebüßt hat, sich ganz auf den Kontakt mit anderen einzulassen. In anderen Fällen allerdings haben wir schlicht und einfach keine Ahnung, warum die Entwicklung entgleist.

Meiner Ansicht nach entsteht Autismus daraus, daß der zwischenmenschliche Kontakt, wie wir ihn zwischen sich normal entwickelnden Kindern und ihren Eltern beobachten können, auf eine bestimmte Weise gestört ist. Die Abnormität läßt sich, mit anderen Worten, darauf zurückführen, daß einem Kind bestimmte Fähigkeiten abgehen oder sich falsch entwickeln – vor allem Fähigkeiten, die mit vorsprachlicher Kommunikation und emotionalem Kontakt zu tun haben. Ich kann nicht sagen, warum die Störung im Säuglingsalter nicht stärker auffällt, aber ich glaube, daß sie fast immer schon da ist. Wenn man genau genug hinschaut, erkennt man bereits zu Beginn des zweiten Lebensjahres kleine, aber unheilverkündende Anhaltspunkte.

Eine Kollegin von mir, Dawn Wimpory, ist klinische Psychologin und interessiert sich insbesondere für Musiktherapie. Sie hat ein feines Gespür für die frühesten, tiefverwurzelten Grundmuster von Körperrhythmen und zwischenmenschlicher Interaktion. Dawn interviewte in ihrer Erziehungsberatungsstelle Eltern von kleinen Kindern, die dorthin überwiesen wurden, weil in ihren Beziehungen und ihrer Kommunikation mit anderen etwas nicht zu stimmen schien.[13] Schwierigkeiten dieser Art können vielfältige Gründe haben und beispielsweise auf einer allgemeinen geistigen Entwicklungsverzögerung beruhen. Letzten Endes weist nur ein kleiner Teil der Kinder die Kombination aus klinischen Merkmalen auf, die die Diagnose Autismus rechtfertigen. Die Interviews fanden statt, als die Kinder zwischen 32 und 48 Monaten alt waren und man noch keine Diagnose gestellt hatte. Als die Eltern nach dem Verhalten ihres Kindes in den ersten zwei Lebensjahren befragt wurden, war ihre Erinnerung also noch verhältnismäßig frisch (die Fragen bezogen sich auf das Alter von einem halben Jahr bis zu zwei Jahren) und noch nicht durch die Lektüre von Büchern verzerrt, die sie nach einer Diagnosestellung vielleicht gelesen hätten. Außerdem fragte die Interviewerin sie auf eine freundliche Art sowohl nach den Fortschritten als auch nach den Schwierigkeiten, die sie bei ihrem Kind im Säuglingsalter beobachtet hatten, und half ihrem Gedächtnis nach, indem sie sich nach dem Verhalten des Kindes in bestimmten Situationen erkundigte. Um zum Beispiel zu ermitteln, wie das Kind beim Spielen Kontakt zu den Eltern aufnahm, fragte die Interviewerin unter anderem: »Wenn er mit seinen Spielsachen beschäftigt war, freute er sich dann, wenn Sie dazukamen und mitmachen wollten, oder empfand er das als störend und spielte lieber allein?« »War Spielzeug nötig, wenn Sie mit ihm spielen wollten? Konnten Sie ihn auch ohne Spielsachen bei Laune halten, zum Beispiel im Bus oder im Wartezimmer eines Arztes?«

Aus den Angaben der Eltern ging hervor, daß Kinder, bei denen später Autismus diagnostiziert wurde, sich als Babys erheblich weniger auf den Kontakt zu anderen Menschen eingelassen hatten als andere Kinder. Es gab auch einige Auffälligkeiten, was die nonverbale Kommunikation anging. *Von keinem einzigen autistischen Kind*, aber von mindestens der Hälfte der anderen Kinder wurde berichtet, daß sie häufig intensiven Blickkontakt aufgenommen, mit den Eltern im Spiel die Rollen getauscht und mittels Lauten mit ihnen kommuniziert hatten. Unter den autistischen Kindern fanden sich auch weniger, die ihre Eltern begrüßt oder ihnen zugewinkt hatten, die die Arme ausgestreckt hatten, wenn sie hochgehoben werden wollten, die Wut und Verdruß gegen andere gerichtet oder andere gern in ihr Spiel einbezogen hatten. Bei jedem dieser Punkte war klar, daß der zwischenmenschliche Kontakt mehr oder weniger eingeschränkt gewesen war.

Erinnern wir uns, wie facettenreich und komplex das Wechselspiel zwischen dem sich normal entwickelnden Kind und seinen Eltern ist

## 2. Kapitel

und wie fein abgestimmt und ausdrucksvoll ihr Eingehen aufeinander in Handlungen, Gesten und Lauten wirkt. Erst im Kontrast dazu kann man ermessen, wie stark autistische Kinder beeinträchtigt sind und was bei ihnen alles fehlt. Am Autismus wird besonders deutlich, was zum zwischenmenschlichen Kontakt eines Kindes normalerweise alles dazugehört.

Vor kurzem sind einige Beobachtungsstudien erschienen, die direkte Hinweise darauf liefern, daß die emotionale Ansprechbarkeit autistischer Kinder schon recht früh eingeschränkt ist. In einer Studie mit zwanzigmonatigen Kindern, die Tony Charman und seine Kollegen durchführten, spielte ein Forscher zusammen mit einem Kind mit einem Spielzeughammer und einem Plastikgegenstand, auf den man hämmern konnte.[14] In einem Moment, in dem das Kind gerade den Gegenstand berührte, tat der Forscher so, als würde er sich mit dem Hammer auf den Daumen hauen. Er ließ von dem Gegenstand ab und jammerte zehn Sekunden lang mit schmerzverzerrtem Gesicht. Dann faßte er sich wieder und gab dem Kind zu verstehen, daß der Finger nicht mehr weh tat. Das Ganze wurde auf Video aufgezeichnet, und bei der Auswertung schätzte man im nachhinein ein, ob das Kind in den betreffenden zehn Sekunden das Gesicht oder die Hand des Forschers anschaute oder aufhörte, mit dem Gegenstand zu spielen. Außerdem wurde geprüft, ob das Gesicht des Kindes Anzeichen von Sorge oder Beunruhigung erkennen ließ. Die Auswertung ergab bei keinem einzigen der zehn autistischen Kinder eine besorgte Miene, aber bei vier von neun Kindern mit Entwicklungsverzögerung und bei 13 von 19 sich normal entwickelnden Kindern. Außerdem blickten sechs der zehn autistischen Kinder nicht einmal das Gesicht des jammernden Forschers an, obwohl es ihm doch schlecht zu gehen schien. Die beiden anderen Gruppen verhielten sich deutlich anders, denn jedes der Kinder blickte dem Erwachsenen ins Gesicht. Während die Hälfte der nicht-autistischen Kinder von dem Plastikgegenstand abließen und auf die Hand des Forschers schauten, berührten die meisten der autistischen Kinder nach wie vor den Gegenstand, und nur zwei von ihnen schauten zu seiner Hand hin.

Ehe wir uns wieder der Entwicklung des Denkens zuwenden, müssen wir mehr Klarheit darüber gewinnen, was unter zwischenmensch-

*Ehe das Denken beginnt*

lichem Kontakt und insbesondere unter gegenseitiger Einfühlung und emotionalem Austausch zu verstehen ist, also unter Vorgängen, die für zwischenmenschliche Beziehungen von der Wiege bis zur Bahre typisch sind. Reine Verhaltensbeschreibungen genügen uns dabei nicht – wir müssen sozusagen ins Innere dieser Phänomene vorstoßen. Es mag zunächst verwunderlich erscheinen, daß wir zu diesem Zweck ältere autistische Kinder und sogar autistische Jugendliche betrachten, aber auf diesem Weg gewinnen wir, wie sich zeigen wird, nicht nur ein plastisches Bild von den grundlegenden Vorgängen, durch die Menschen aller Altersstufen normalerweise in Verbindung zueinander treten, sondern beginnen auch einige Mechanismen zu verstehen, auf denen diese Vorgänge beruhen. Im folgenden möchte ich Sie mit einer überraschend neuartigen Sichtweise der Formen, in denen das Kind mit anderen in Kontakt tritt, bekannt machen. Die neuartigen Aspekte leiten sich genau daraus ab, daß sich die betreffenden Formen des Kontakts manchmal nicht entwickeln und selbst Jahre nach dem Ende des Säuglingsalters noch fehlen können. Die Herangehensweise erinnert an jene Zeitraffer-Filme von Anthropologen, in denen wir die Personen im Gespräch mit den Köpfen ruckeln und mit den Armen zappeln oder wie Ameisen durch die Straßen einer Stadt wuseln sehen. Die ungewohnte Perspektive läßt etwas hervortreten, das einem sonst zu vertraut ist, als daß es auffallen würde.

Nehmen wir das wichtigste Element des zwischenmenschlichen Kontakts: die Verbindung zwischen dem subjektiven Erleben eines Menschen und dem subjektiven Erleben eines anderen. Es folgt ein zweites Fallbeispiel aus Kanners früher Beschreibung des Autismus. Der sechs Jahre alte Frederick kommt zum ersten Mal in Kanners Klinik:

Eine Krankenschwester führte ihn ins Sprechzimmer des Psychiaters und ging sogleich wieder. Seine Mimik war angespannt, etwas ängstlich und erweckte den Eindruck von Intelligenz. Er wanderte einige Augenblicke lang ziellos im Raum herum, wobei nichts darauf hinwies, daß er die Anwesenheit der drei Erwachsenen registrierte. Dann setzte er sich auf die Couch, stieß unverständliche Laute hervor und legte sich unvermittelt hin, wobei die ganze Zeit ein gleichsam verträumtes Lächeln auf dem Gesicht lag... Er ließ sich leicht von Gegenständen fesseln und zeigte im Spiel mit

## 2. Kapitel

ihnen Konzentration und Ausdauer. Menschen schien er als unwillkommene Eindringlinge zu betrachten, denen er so wenig Beachtung schenkte, wie sie das zuließen. Wenn er zu einer Reaktion gezwungen wurde, fiel sie kurz aus, und er vertiefte sich sogleich wieder in seine Beschäftigung mit Gegenständen. Streckte man die Hand vor ihn hin, so daß er sie unmöglich ignorieren konnte, spielte er kurz mit ihr, als sei sie ein gesondertes Objekt.[15]

Daß ein menschliches Wesen sich derart wenig auf andere einläßt, ist äußerst ungewöhnlich. Und es ist kein Wunder, daß zahlreiche Autoren behaupten, das autistische Kind scheine andere Menschen zu behandeln, als seien sie Möbelstücke. Denn genauso kann sich das anfühlen – daß man wenig mehr als ein Tisch oder ein Stuhl für sie ist. Wie an Fredericks Reaktion auf eine menschliche Hand zu sehen ist, scheint ein autistisches Kind zu einem Menschen oft nicht anders in Beziehung zu treten als zu einem Ding. Die Vorstellung ist beunruhigend, daß das Kind andere Menschen auch wie Dinge *erlebt*. Sie ist wahrscheinlich auch überzogen, denn wie wir sehen werden, ist autistischen Kindern durchaus bewußt, daß Menschen sich durch einige besondere Eigenschaften auszeichnen. Wenn wir allerdings nachzuvollziehen versuchen, wie Frederick wohl die Welt sieht, fällt uns auf, wie wenig Bedeutung andere Menschen für ihn zu haben scheinen.

Bei den meisten von uns sind bestimmte Formen des zwischenmenschlichen Austauschs bereits im Kindesalter ausdifferenziert und bilden das ganze weitere Leben hindurch die Grundlage unserer Beziehungen zu anderen. Es gibt eine universelle Körpersprache, elementarer als die gesprochene Sprache, die eine *mentale* Verbindung zwischen Menschen knüpft. Dieses Instrument des zwischenmenschlichen Kontakts ist bereits wirksam, ehe das Kind denkt oder zumindest ehe das symbolische Denken einsetzt, durch das der schöpferische Umgang mit Vorstellungen möglich wird. Bei autistischen Menschen aber scheint die Körpersprache nicht richtig zu funktionieren.

Ich habe gesagt, daß die psychischen Vorgänge, die wir betrachten wollen, dem Denken vorausgehen. Dies gilt in einem dreifachen Sinne. Erstens bilden sie sich im ersten Lebensjahr heraus, noch bevor das kreative symbolische Denken einsetzt. Zweitens gehen sie dem Denken auch in dem Sinne voraus, daß sie bei uns Erwachsenen rasch

*Ehe das Denken beginnt*

und automatisch ablaufen, ohne daß wir sie uns bewußtmachen müßten. Drittens kann man sie als Vorläufer des Denkens betrachten, die auch im Tierreich zu finden sind: Wir können mit Lebewesen kommunizieren, die nicht zu symbolischem Denken imstande sind, etwa mit Hunden. Die betreffenden Kommunikationsvorgänge werden im allgemeinen weitgehend von den älteren und tieferen Teilen unseres Gehirns gesteuert und nicht von den jüngeren äußeren Schichten (dem Neokortex), die auf komplexere mentale Operationen spezialisiert sind.

Man könnte sich daher fragen, warum wir uns überhaupt mit dieser sozusagen frühkindlichen Stufe der Kommunikation beschäftigen sollen. Warum soviel Aufhebens um das machen, was dem Denken vorausgeht? Letztlich geht es uns ja darum, das dem Menschen eigene kreative Denken zu erklären – also genau die mentalen Vorgänge, die es ohne die jüngeren Teile des Gehirns gar nicht gäbe.

Der Einwand ist triftig, läßt aber einen entscheidenden Aspekt außer acht, nämlich wie ein Kind dahin kommt, die jüngeren Hirnbereiche für das symbolische Denken zu *nutzen*. Wenn einem Kind die Erfahrung des zwischenmenschlichen Kontakts weitgehend verwehrt bleibt, erweisen sich die komplizierten »Schaltkreise« des Neokortex als ungefähr so nützlich wie Computer-Hardware, die mit unzureichender Software bestückt ist. Das Gehirn ist dann zwar immer noch zu spektakulären Leistungen imstande, die aber eher eintönig wirken, und es bringt kein kreatives symbolisches Denken hervor. Dies ist es, grob gesagt, was beim Autismus geschieht.

Viele bezweifeln allerdings, daß eine Beeinträchtigung des zwischenmenschlichen Erlebens derart grundlegend für die Entstehung des Autismus ist. Beweisen ließe sich die These nur, wenn man das, was ich intersubjektiven Kontakt nenne, mit wissenschaftlich objektiven Methoden *messen* könnte. Das einzige Meßinstrument aber, mit dem sich zwischenmenschlicher Kontakt erfassen läßt, ist der notgedrungen subjektive Blickwinkel eines Menschen (der nicht objektiv und somit vermeintlich unwissenschaftlich ist). Ein Mensch kann *spüren*, daß in der Beziehung zu einem autistischen Gegenüber etwas fehlt. Es ist, als hätte er einen Wechselbalg vor sich oder ein Wesen aus einer anderen Welt. Diese Erfahrung aber fällt durch das Raster rein naturwissenschaftlicher Methoden hindurch.

## 2. Kapitel

Mein Kollege Tony Lee und ich haben 1998 einen Aufsatz mit dem Titel »Hallo und Auf Wiedersehen: Eine Untersuchung zum sozialen Kontakt beim Autismus« veröffentlicht.[16] Ich erwähne den Titel, weil er eine Vorgeschichte hat, die plastisch zeigt, wie leicht es in der Wissenschaft geschehen kann, daß man im Streben nach Objektivität die subjektive, persönliche Dimension des Lebens ausblendet und die körperliche und die geistige Dimension der Kommunikation auseinanderreißt. Ich werde auf die Vorgeschichte des Titels zurückkommen, nachdem ich die Studie geschildert habe.

Wir zeichneten auf Video auf, wie Kinder und Jugendliche eine ihnen unbekannte Person (diese Rolle übernahm ich, weil ich die betreffenden Schulen seit langem nicht mehr besucht hatte) grüßten und sich später von ihr verabschiedeten. Wir wollten Aspekte der menschlichen Interaktion erfassen, die dem Denken in dem Sinne vorausgehen, daß sie in der Regel schon früh im Leben vorhanden sind und keine Überlegung erfordern und unwillkürlich ablaufen. (Sie erinnern sich vielleicht, daß in Dawn Wimporys Studie von den nicht-autistischen Kindern mit Entwicklungsstörungen berichtet wurde, daß sie im Babyalter die Eltern begrüßt und ihnen zugewinkt hatten.) Bei Susan, einer leicht entwicklungsbehinderten Jugendlichen, die nicht unter Autismus leidet, beobachteten wir folgendes.

Sie kam mit Tony zusammen in den Raum, und er stellte mich ihr vor. Susan nahm sofort Blickkontakt zu mir auf, lächelte spontan und sagte unaufgefordert: »Hallo, Peter.« Während wir auf die andere Seite des Klassenzimmers gingen, hielt sie die ganze Zeit Blickkontakt und lächelte, bis sie am Tisch mir gegenüber Platz nahm. Kurz bevor sie sich hinsetzte, suchte sie noch einmal meinen Blick. Als ich ihr dann am Ende zu verstehen gab, daß unsere Begegnung zu Ende war, drehte sich Susan zunächst unbeholfen von mir weg, schien ein wenig unsicher zu sein, was sie sagen sollte, äußerte ein kurzes »Danke« und schob ihren Stuhl unter den Tisch. Sie wandte sich bereits von mir weg, als ich »Auf Wiedersehen« sagte, und sie antwortete zwar mit einem »Tschüs«, drehte sich dabei aber nicht noch einmal zu mir hin. Als ich ihr, während sie hinausging, noch einmal Auf Wiedersehen sagte, wandte sie sich lächelnd um, sagte »Tschüs« und winkte kurz.

*Ehe das Denken beginnt*

Marilyn ist genauso alt wie Susan und verfügt über vergleichbare Fähigkeiten, leidet aber unter Autismus. Sie warf mir nur einen ganz kurzen Blick zu, als sie den Raum betrat, und schaute dann weg. Als Tony sagte: »Das ist Peter«, schaute sie noch eine weitere Sekunde weg, blickte mich dann an, ohne daß sich ihre unbewegte Miene änderte, und äußerte ein kurzes und tonloses »Hmm«, mit dem sie meine Anwesenheit zur Kenntnis nahm. Dann schaute sie zur Seite und hielt, die Hände vor sich verschränkt, den Blick weiterhin abgewandt, während sie zum Tisch ging. Sie setzte sich hin, ohne mich anzuschauen, und hielt den Blick dann auf ihren Schoß gerichtet. Die ganze Zeit über war kaum ein emotionaler Kontakt mit Tony oder mir zu spüren. Als Marilyn dann gesagt bekam, daß unsere Begegnung zu Ende war, stand sie ziemlich abrupt auf, ohne Blickkontakt zu mir herzustellen, und machte, während sie sich zum Gehen wandte, erst dann eine Geste in meine Richtung, als ich mein erstes, recht nachdrückliches »Auf Wiedersehen« sagte. Die Geste bestand indes nur darin, daß sie mit der Linken hinter ihrem Rücken unbestimmt in meine Richtung wedelte – es sah nur ansatzweise nach einem Winken aus, vor allem weil sie dabei von mir wegschaute –, und ihr »Tschüs« klang ziemlich matt und als würde sie durch die Nase sprechen. Auf mein zweites, abschließendes »Auf Wiedersehen« hin drehte sie nur ganz leicht den Kopf, sagte noch einmal leise und fast ausdruckslos »Tschüs« und streckte, was wohl als Winken gemeint war, das rechte Handgelenk steif hinter sich weg. Sie war sich offensichtlich bewußt gewesen, daß ich anwesend war, aber ich hatte dennoch das Gefühl, daß sie mich als Person kaum wahrgenommen hatte.

In den Videoaufzeichnungen fiel noch etwas anderes auf, nämlich wie unterschiedlich ich mich verhielt. Ich versuchte mich so natürlich wie möglich zu geben. Doch so sehr ich mich auch bemühte, gelang mir das im einen Fall nicht so gut wie im anderen. Gegenüber Susan wirkten meine Stimme und meine Gesten mehr oder weniger locker und schwungvoll, und man konnte sehen, daß in unserer Begegnung eine gewisse Dynamik und Gegenseitigkeit mitschwang, von der der Austausch zwischen uns getragen schien. Gegenüber Marilyn aber wirkten meine Gesten kalkuliert. Ich ging weniger aus mir heraus, war zögerlicher in meinen Versuchen, Kontakt aufzunehmen, und mein »Auf Wiedersehen« klang gezwungen. Es war offenkundig, daß ich mein Bestes tat, um entspannt und entgegenkommend zu sein. Es wollte mir aber nicht gelingen, weil mein Gegenüber mir nicht entgegenkam. Damit ein zwischenmenschlicher Kontakt zustande kommt, müssen eben *beide* Seiten mitmachen.

In unserer Studie verglichen wir 24 autistische und 24 nicht-autistische Kinder und Jugendliche. In der Eröffnungsphase des Experiments äußerten nur etwa halb so viele Autisten wie Nicht-Autisten spontan einen Gruß. Eine beträchtliche Anzahl der Autisten grüßte mich nicht einmal auf eine entsprechende Hilfestellung hin. Sämtliche Nicht-Autisten nahmen Blickkontakt auf, während er bei einem Drittel der Autisten ausblieb. 17 der Nicht-Autisten lächelten, aber nur sechs der Autisten. In der Abschiedsphase nahm die Hälfte der Nicht-Autisten Blickkontakt auf und äußerte einen Abschiedsgruß; von den Autisten taten das nur drei. Nicht einmal halb so viele Autisten wie Nicht-Autisten winkten, wenn ich zum zweiten Mal »Auf Wiedersehen« sagte, und außerdem wirkte das Winken merkwürdig unkoordiniert und schlaff. Der wesentliche Punkt aber ist nicht, daß bei den Autisten bestimmte Verhaltenselemente fehlten – man kann den emotionalen Kontakt zu anderen Menschen auf vielerlei Arten herstellen –, sondern daß in diesem Fehlen etwas zum Ausdruck kam, das tiefer ging und mit ihrem eingeschränkten intersubjektiven Erleben zu tun hatte. Deshalb trug unser Aufsatz, als wir ihn zur Publikation einreichten, den Titel: »Hallo und Auf Wiedersehen: Eine Untersuchung zum zwischenmenschlichen Kontakt beim Autismus«.

Dem Redakteur, der mit unserem Manuskript befaßt war, mißfiel der Titel, und er wünschte sich einen neutraleren, der sich auf das Begrüßungs- und Abschieds-»Verhalten« der Kinder beziehen sollte. Glücklicherweise hatten wir bei der Auswertung der Videobänder aber noch einen anderen Aspekt berücksichtigt. Wir hatten unsere Beurteiler nämlich gebeten, sich die Begrüßungsphase, die bis zu dem Zeitpunkt ging, als sich das Kind an den Tisch setzte, daraufhin anzuschauen, wie intensiv der persönliche Kontakt des Kindes zu mir war. Es zeigte sich, daß die Beurteiler in ihren Einschätzungen, die sie unabhängig voneinander trafen, weitgehend übereinstimmten. 14 Nicht-Autisten, aber nur zwei Autisten wurden in die Gruppe mit dem intensivsten Kontakt eingestuft, und nur zwei Nicht-Autisten, aber 13 Autisten kamen in die Gruppe des schwächsten Kontakts. Das hieß, wir konnten mit gutem Recht darauf beharren, daß unsere Beobachtungen sich nicht auf reine Verhaltensdaten reduzieren ließen. In dem beobachteten Verhalten kam etwas zum Vorschein, das sich mit wissenschaftlichen Meßmethoden nicht gut erfassen ließ, aber zum Verständnis zwischenmenschlicher Beziehungen und autistischer Defizite beitragen kann. Weil wir die Bedenken des Redakteurs respektierten, schlugen wir einen etwas weniger provokativen Titel vor, in dem nun nicht vom zwischenmenschlichen, sondern vom sozialen Kontakt die Rede ist. Wenigstens waren wir nicht gezwungen, unser Experiment zu einer »Verhaltensstudie« zu erklären.

Man muß eigentlich nur kurz überlegen, um zu begreifen, daß es in der Studie um mehr ging als nur um Verhalten – nämlich unter anderem darum, wie die Kinder und Jugendlichen einen anderen Menschen *wahrnahmen*. Die Autisten ließen kein Interesse an dem Fremden erkennen; viele von ihnen schauten ihn nicht an, und daß er da war und sich mit ihnen beschäftigte, schien in ihnen keine Gefühlsreaktionen auszulösen. Nehmen autistische Kinder andere Menschen überhaupt *als Menschen* wahr, in deren Verhalten Gefühle zum Ausdruck kommen? Anders gefragt: Blicken Autisten sozusagen unter die Oberfläche, so daß sie die Gefühle wahrnehmen können, die den Gefühlsäußerungen anderer zugrunde liegen?

Gefühle und andere Aspekte unseres Innenlebens treten nicht nur im Gesicht und in der Stimme zutage. Nirgends wird das anschaulicher als in den Skulpturen Rodins, von dem wir im ersten Kapitel bereits das in körperliche Form gegossene *Denken (La Pensée)* gesehen haben. Sommerville Story beschreibt, wie sich in Rodins Atelier gleichzeitig mehrere Aktmodelle umherbewegten oder eine Ruheposition einnahmen. »Er schaute sie fortwährend an und war daher stets vertraut mit dem Schauspiel sich bewegender Muskeln... und lernte, den emotionalen Ausdruck sämtlicher Teile des Körpers zu lesen. Das Gesicht gilt üblicherweise als der einzige Spiegel der Seele und die Lebendigkeit seiner Züge als einzige Hervorkehrung des Seelenlebens. In Wirklichkeit aber gibt es keinen Muskel des Körpers, der nicht Gedanken und Gefühl zum Vorschein bringt.«[17]

Ein letztes Mal in diesem Kapitel wenden wir uns nun dem Autismus zu, um Fragen nachzugehen, die für das Verständnis von elemen-

## 2. Kapitel

Abb. 4

taren zwischenmenschlichen Vorgängen – in diesem Fall von Wahrnehmungsvorgängen, die einen emotionalen Kontakt ermöglichen – von grundlegender Bedeutung sind. Denn ob autistische Menschen ebenso wie wir die Emotionen spüren, die aus Gesten wie denen von Rodins Skulptur sprechen, läßt sich durchaus nachprüfen.

In Zusammenarbeit mit meinen Kollegen Derek Moore und Tony Lee führte ich Kindern und Jugendlichen Videoaufnahmen von Menschen vor, die nur durch Lichtpunkte dargestellt waren.[18] In Abbildung 4 sehen Sie vier Standbilder aus einer Sequenz mit einer Person, die umhergeht. Wir hatten reflektierende Punkte an Extremitäten und Rumpf der Person angebracht und bei gedämpftem Licht gefilmt, wie sie verschiedene Arten von Bewegungen ausführte. Wenn die Person sich bewegte, waren auf dem Bildschirm also nur Lichtpunkte zu sehen. Beim Gehen machten die Lichtpunkte an den Beinen die Schritte mit, und die an den Armen schwangen entsprechend vor und zurück. Die Standbilder lassen nur erahnen, daß man eine gehende Person vor sich hat, doch bei der Videoaufzeichnung kann man sich dem Eindruck nicht entziehen, daß da tatsächlich jemand geht.

Der schwedische Psychologe Gunnar Johansson hat in den frühen 1970er Jahren gezeigt, daß wir, wenn wir solchen sich bewegenden Punkten zuschauen, die Punkte selbst so gut wie gar nicht sehen.[19] Wir nehmen *mittels* der Punkte einen Menschen wahr. Wir sind uns dabei völlig sicher, daß wir einem Menschen zusehen, der etwas tut. Johansson wies nach, daß wir die sich bewegenden Punkte nur für sehr kurze Zeit sehen müssen, um einen Menschen darin zu erkennen. Die Erkenntnis stellt sich nicht allmählich und durch Anstrengung, sondern rasch und wie von selbst ein. Die Darstellung ist also zum einen zwar realitätsfern, weil uns ja im Alltag Menschen nie in

Gestalt von Lichtpunkten begegnen, scheint zum anderen aber etwas Natürliches an sich zu haben, vermutlich weil unser Wahrnehmungssystem auf eine abstrakte, für Menschen charakteristische Kombination aus Gestalt und Bewegung eingestellt ist, die (erstaunlicherweise) in diesen künstlichen Lichtreizen eingefangen ist. Es ist, als würden die Punktmuster einen Hirnmechanismus für das Erkennen von Menschen ansprechen. Wir müssen nicht überlegen oder einen bewußten Entscheidungsprozeß durchlaufen – wir sehen den Menschen ganz einfach vor uns.

Es stellt sich die Frage, ob ein solcher Hirnmechanismus schon in den ersten Lebensmonaten vorhanden ist. Vielleicht ist er sozusagen in unser Nervensystem eingebaut, so daß schon ein Säugling Menschen erkennen kann, ohne nachdenken zu müssen. Wir können wohl davon ausgehen, daß er fähig sein muß, Menschen wahrzunehmen, *bevor* sich das Denken bei ihm entwickelt. Man hat nun Experimente durchgeführt, bei denen man Babys Videoaufnahmen der beschriebenen Art zeigte.[20] Die Methode besteht darin, jeweils zu prüfen, ob das Kind lieber das eine oder das andere Muster sich bewegender Lichtpunkte anschaut. Das bevorzugte Punktmuster, so nimmt man an, weckt sein Interesse, und es sieht eine Bedeutung darin. Es zeigte sich, daß fünfmonatige Kinder eher auf das Lichtpunkt-Video eines gehenden Menschen als auf ein Video mit sich zufällig bewegenden Lichtpunkten schauen. Dies ist allerdings nicht der Fall, wenn der gehende Mensch so präsentiert wird, daß die Bilder zum Beispiel auf dem Kopf stehen und dadurch keinen Sinn mehr ergeben. Offenbar sind also schon ganz kleine Kinder für die Bewegungen von Menschen sensibilisiert.

Wir entschlossen uns deshalb, anhand solcher Lichtpunkt-Videos zu prüfen, wie autistische Kinder bestimmte emotionale Aspekte anderer Menschen erfassen. Wir wollten sehen, inwieweit ihre Wahrnehmung dabei den für uns selbstverständlichen Mustern folgt. Aufgrund der ungewöhnlichen Form der Darbietung war allerdings nicht auszuschließen, daß sie die emotionalen Aspekte der Videos nicht spontan, sondern eher vom Intellekt her entschlüsseln würden. Wir entschieden uns, die Fähigkeit der Kinder, Emotionen und andere innere Vorgänge wahrzunehmen, mit der Fähigkeit zu kontrastieren, Handlungen wie Graben oder Schieben wahrzunehmen. Dies war ein durchaus ehrgeiziges Vorhaben, denn wir wußten ja nicht, ob autistische Menschen in den Lichtpunkt-Bildern *überhaupt* irgendeine Bedeutung erkennen würden. Laut einigen Theorien sind autistische Kinder nicht in der Lage, Reize zu einem Gesamtmuster zu integrieren, so daß sie dazu neigen, nur die Teile einer Sache zu sehen, anstatt sie als Ganzheit wahrzunehmen. Es war durchaus denkbar, daß die autistischen Kinder überhaupt nicht imstande sein würden, in den sich bewegenden Lichtpunkten Menschen zu erkennen. In diesem Fall würden wir auch nicht nachweisen können, daß sie subtile zwischenmenschliche Signale nur in einem bestimmten Ausschnitt wahrnahmen.

Im ersten Teil unserer Studie stellte sich erfreulicherweise heraus, daß fast alle Teilnehmenden in der Lage waren, in den Lichtpunkten Menschen zu erkennen. Der Gruppe der Autisten gelang dies ebensogut wie der Gruppe der Nicht-Autisten, die über vergleichbare sprachliche Fähigkeiten verfügte. Viele der Kinder brauchten eine Videoaufnahme nur eine Fünftelsekunde lang zu sehen, um zu erfassen, daß die Lichtpunkte an einen Menschen geheftet waren. Es bestand daher kein Zweifel, daß die autistischen Kinder, was diesen sehr grundlegenden Aspekt der Personerkennung anging, unsere sich bewegenden Lichtpunkte ohne Mühe entziffern konnten.

Wir führten ihnen nun jeweils fünf Sekunden lange Sequenzen (ohne Ton) vor, in denen eine Person Gesten der Überraschung, Trauer, Angst, Wut oder Freude zeigte. In der Überraschungs-Sequenz ging die Person vorwärts, blieb plötzlich stehen, zuckte mit zur Seite ausgestreckten Armen zurück und stieß dann einen erleichterten Seufzer aus. In der Trauer-Sequenz ging sie in gebeugter Haltung vorwärts, hielt inne und seufzte; sie hob langsam die Arme und ließ sie wieder zur Seite hin sinken; schließlich ließ sie sich auf einen Stuhl fallen und stützte den Kopf in die Hände. Die Angst-Sequenz zeigte eine Person, die zusammenschreckte und bebte. Die wütende Person gestikulierte ärgerlich mit den Armen und stampfte mit dem Fuß auf den Boden. In der Freude-Sequenz tanzte und hüpfte sie. Erwachsene, denen wir diese Videosequenzen vorgeführt hatten, ordneten die Gesten zu 100 Prozent korrekt zu. Abbildung 5 zeigt vier Standbilder aus der Trauer-Sequenz.

Zu den Kindern sagten wir: »Du wirst jetzt ein paar kurze Filme sehen, in denen sich eine Person bewegt. Ich möchte, daß du mir

*Ehe das Denken beginnt*

Abb. 5

etwas zu dieser Person sagst. Sag mir, was da geschieht.« Die Anweisungen und Hilfestellungen waren mit Bedacht so formuliert, daß sie sich nur auf das konkrete Geschehen bezogen und nicht auf Gefühle oder Handlungen. Wir erwarteten, daß die autistischen Kinder im Vergleich zu den nicht-autistischen eher dazu neigen würden, die konkreten Handlungen anstatt die emotionale Verfassung der Person anzusprechen.

Tatsächlich sagten die nicht-autistischen Kinder, bis auf eines, bei mindestens einer der fünf Filmsequenzen spontan etwas über den Gefühlszustand der Person, und die meisten von ihnen taten dies bei zwei oder mehr Sequenzen. Dagegen gaben von den 13 autistischen Kindern zehn *kein einziges Mal* einen – zutreffenden oder unzutreffenden – Kommentar zur emotionalen Verfassung der Person ab. Es war nicht so, daß sie überhaupt nicht reagiert hätten. Vielmehr konnten sämtliche Kinder in jeder der Filmsequenzen eine Bedeutung erkennen und äußerten sich auch dazu. Die autistischen Kinder sprachen aber weniger die Empfindungen der Person an als deren Bewegungen und Handlungen.

An den Reaktionen der autistischen Kinder läßt sich ablesen, wie sie gestische Gefühlsäußerungen einer Lichtpunkt-Figur, die ja kein Gesicht hat, wahrnehmen und erleben. So sagten sie über die traurige Person: »Sie geht und setzt sich auf einen Stuhl«, »geht und wedelt mit den Armen und macht einen Buckel«, »geht und wedelt mit den Armen und kniet sich hin... legt die Hände vors Gesicht«. Die Angstsequenz beschrieben sie so, daß die Person »dasteht und sich dann rückwärts bewegt«, »auf den Zehenspitzen steht... rückwärts geht«, »rückwärts geht... irgendwie zusammenzuckt«. Zu der wütenden Person hieß es: Sie »tanzt zu irgendeiner Musik... klatscht ein wenig in die Hände«, »geht und rennt und schüttelt die Arme«, »geht und nickt mit dem Kopf«. Fast keine dieser Angaben war falsch. Es ist nicht falsch, nur das Handeln eines Menschen und nicht seine emotionale Verfassung wahrzunehmen und zu kommentieren. Außerdem beschrieben auch die nicht-autistischen Kinder häufig die konkreten Handlungen der Person. Der Unterschied zwischen den Gruppen aber bestand darin, daß die Kinder der nicht-autistischen Gruppe recht häufig die Gefühlsäußerungen ansprachen, während es in der autistischen Gruppe nur wenige zu geben schien, die die Gefühlsäußerungen überhaupt registrierten.

Wir haben gesehen, wie früh ein Baby einen intensiven und mit starken Emotionen verbundenen Kontakt zu anderen Menschen aufnimmt. Dies ist möglich, weil es dafür gerüstet ist, deren Verhalten und Gefühlsäußerungen wahrzunehmen, darauf zu reagieren und seine Rolle im Tanz der zwischenmenschlichen Kommunikation einzunehmen. Von den ersten Lebensmonaten an nimmt es Menschen *als Menschen* wahr. Es legt ihnen gegenüber nicht nur koordinierte Verhaltensmuster an den Tag, sondern tritt in emotionalen Kontakt mit ihnen.

Bei Kindern, die unter Autismus leiden, ist das anders. Wir wir in den Studien mit autistischen Babys, Kindern und Jugendlichen gesehen haben, sind sie in erheblichem Maße in ihrer Fähigkeit beeinträchtigt, die Aufmerksamkeit auf andere Menschen auszurichten, sich für sie zu interessieren, auf sie anzusprechen und, was vielleicht der wichtigste Punkt ist, emotionalen Kontakt zu ihnen aufzunehmen. Es ist, als würde ihnen all das fehlen, was bei anderen wie selbstverständlich vorhanden ist und den aktiven und lebendigen zwischenmenschlichen Austausch ermöglicht.

Mit einem anderen in emotionalem Kontakt zu stehen ist *gleichbedeutend* damit, daß man ihn als einen Menschen erlebt. Durch diese Art der Verbundenheit sind Säuglinge wie auch ältere Kinder oder Erwachsene in der Lage, Menschen von Dingen zu unterscheiden. Ich meine damit nicht nur, daß sie Menschen als die eine Art von Dingen und Gegenstände als die andere Art von Dingen begreifen. Wenn es nur darum ginge, könnte sich ein Säugling an einer Reihe von äußerlichen Kriterien orientieren und prüfen, wie groß das betreffende Objekt ist, ob es Arme und Beine hat, ob es sich von selbst bewegt,

*Ehe das Denken beginnt*

und so weiter. Ich meine etwas, das tiefer geht. Durch das emotionale Verbundensein mit anderen entdeckt das Kind, *was für ein »Ding«* ein Mensch ist: eines, mit dem es Empfindungen und Erfahrungen teilen und mit dem es sich verständigen kann.

> Kann ich sehn, wie andre klagen,
> Und nicht selber Sorge tragen?
> Kann ich andrer Kummer sehn,
> Ohne drum nach Trost zu gehen?
>
> Kann ich sehn, wie fällt die Träne,
> Ohne daß ich Anteil nähme?
> Kann ein Vater ohne Gram
> Sehen seines Kindchens Harm?
>
> Kann die Mutter, sitzt sie bei,
> Sorglos hör'n des Säuglings Schrei?
> Nein, nein! niemals kann das sein!
> Niemals, niemals kann das sein!
>
> William Blake, Lieder der Unschuld, »Des anderen Leid«
> *(Songs of Innocence, »On another's sorrow«)*

Blake beharrt darauf, daß wir die Gefühlsäußerungen anderer nicht wahrnehmen können, ohne selbst mit Gefühlen zu reagieren. Wir sprechen in einer Weise auf die Gefühlsäußerungen an, die elementarer ist als das Denken. Doch nehmen wir an, daß einem Menschen diese Ansprechbarkeit abgeht. Und nehmen wir überdies an, daß dieser Mangel bei ihm schon sehr früh im Leben vorhanden ist, so wie manche Kinder blind geboren werden oder früh erblinden. Würde er dann Menschen *als Menschen* wahrnehmen und erleben? Wenn ihm der direkte Zugang zum Innenleben anderer versperrt ist, wie kann er dann überhaupt zu der Einsicht gelangen, daß Menschen ein Bewußtsein haben? Wie stark wäre sein Denken beeinträchtigt? Ich habe Formen des zwischenmenschlichen Kontakts beschrieben, die schon vor dem Denken stattfinden. Könnte es sein, daß sie das *Fundament* des Denkens legen?

## 3 Der Anfang des Denkens

Im vorangegangenen Kapitel haben wir gesehen, wie intensiv der Kontakt eines Babys zu anderen Menschen bereits sein kann. In diesem Kapitel werden wir uns damit befassen, was das Denken eigentlich ist, und insbesondere damit, wie wir *an* Dinge denken. Wenn wir zum Beispiel an den britischen Premierminister Tony Blair denken, können wir ihn für aufrichtig halten oder für einen Meister im Umgang mit der Medienmaschinerie oder vielleicht auch für beides. Das Wichtige beim Denken *an* ihn ist, daß wir imstande sind, die Vorstellung von der Person des Premierministers im Geiste festzuhalten, um ihr dann dieses oder jenes Merkmal zuzuschreiben. Wie bildet sich diese Art des Denkens im emotionalen Austausch des Babys mit anderen Menschen heraus?

Die Antwort ist in einem ägyptischen Altarrelief aus dem Jahr 1345 v. Chr. enthalten. Darauf ist zu sehen, wie die drei Kinder von Echnaton und Nofretete zum Gesicht der Mutter oder des Vaters blicken und mit dem Finger zeigen. Sie teilen mit den Eltern Erfahrungen, die sie mit der Welt machen.

Zwischenmenschliche Beziehungen erschöpfen sich natürlich nicht in Lächeln, Koselauten und anderen zärtlichen oder weniger liebevollen Gesten, wie sie Eltern und Kind austauschen. In ihnen geht es in erster Linie darum, Erfahrungen miteinander zu teilen, sich in den anderen einzufühlen und in wechselseitigen emotionalen Kontakt zu treten, aber auch zum Beispiel darum, Standpunkte auszutauschen, sich über dies und jenes einig oder uneinig zu sein oder sich gemeinsam über etwas zu amüsieren. Wir wollen herausarbeiten, wie ein Baby und ein Gegenüber so in Kontakt treten, daß das *Thema* der Kommunikation etwas Drittes ist, ob nun ein Gegenstand oder ein Ereignis. Denn dann wird klarer, wie das Baby schließlich so weit kommt, daß es *an* etwas denken kann.

Die ersten Anzeichen dafür, daß die Beziehungen des Babys zu anderen Menschen sich erweitern wie auch vertiefen, sind um seinen

*Der Anfang des Denkens*

ersten Geburtstag herum zu beobachten. Colwyn Trevarthen spricht vom Stadium der sekundären Intersubjektivität, das auf das primäre Stadium der intersubjektiven Verbundenheit folgt.[1] Die Bezeichnungen sind etwas sperrig, treffen aber den Kern der Sache: den Brückenschlag zwischen dem subjektiven Erleben des Babys und dem subjektiven Erleben eines anderen Menschen. Trevarthen beschreibt diesen Brückenschlag genau richtig, nämlich als einen emotionalen Vorgang. Das maßgebliche Merkmal der sekundären Intersubjektivität ist, daß ein Gegenstand oder Ereignis ins Blickfeld *zwischen* zwei Menschen rückt, so daß sie darüber kommunizieren können. Anders gesagt, die Interaktionen des Babys mit anderen Menschen beginnen sich auf die gemeinsame Umgebung zu beziehen. Das Baby fängt an, der Mutter seine Puppen zu zeigen, mit Gesten nach Süßigkeiten zu verlangen, sich zu weigern, die Schlüssel wieder herzugeben, sich daran zu orientieren, wie die Mutter auf bestimmte Dinge reagiert, und so weiter.

Das Kind ist also mittlerweile in der Lage, die Aufmerksamkeit nicht nur *entweder* auf ein Objekt *oder* auf eine Person zu richten, sondern auch auf die Beziehung der Person zu dem Objekt. Die Art und Weise, wie das Baby sein Gegenüber erlebt, ist umfassender geworden. Es bekommt mit, daß das Gegenüber nicht nur mit ihm, sondern zugleich auch mit Gegenständen und Ereignissen in der Umgebung in Beziehung steht. Es nimmt wahr, daß der andere Dinge wahrnimmt. Anders gesagt, ihm wird bewußt, daß sein Gegenüber ein Bewußtsein hat. Es beginnt sich dafür zu interessieren, was der andere mit Dingen tut und welche Empfindungen er mit ihnen verbindet.

Wir sollten uns indes vor einer Überinterpretation hüten und uns nicht zu der Annahme verleiten lassen, das Baby würde bereits verstehen oder *denken*, daß sein Gegenüber ein Bewußtsein und ein eigenes Erleben hat. Beobachten können wir nur, daß das Baby auf eine neue Weise zu anderen in Beziehung tritt und auf sie reagiert, und das ist eindrucksvoll genug.

Wichtig ist auch, daß wir den Blick nicht auf das »Ding« verengen, das in den Interaktionen jeweils gezeigt, erbeten oder vorenthalten wird. Die Verschiebung in der Wahrnehmung des Babys, das gegen Ende des ersten Lebensjahres auf das aufmerksam wird, was andere wahrnehmen, scheint sich ganz allmählich und unauffällig zu vollzie-

## 3. Kapitel

hen. Die Studien von Vasu Reddy, einer früheren Studentin Trevarthens, machen dies anschaulich. Reddy untersuchte, wie Babys ihre Eltern necken und mit ihnen herumalbern.[2] Sie schildert zum Beispiel das spielerische Geben und Nehmen zwischen der neun Monate alten Shamini und ihrem Vater. Shamini blickte plötzlich konzentriert ihren Vater an und bot ihm, wie schon zuvor, einen Gegenstand an. Als er aber die Hand ausstreckte, kniff sie die Augen zusammen und zog den Gegenstand zurück. Mit einem breiten Lächeln drehte sie sich weg. Dann blickte sie wieder zu ihm hin. Der Vater lachte und ging auf das Necken ein, indem er »Du, gib her, gib her, gib her« sagte und die Hand noch weiter ausstreckte. Dies führte zu einer Wiederholung der Szene.

Reddy erläutert dazu, daß Shamini ein Als-ob-Angebot macht. Sie scheint zu begreifen, welche Handlung ihr Vater von ihr erwartet, und durchkreuzt diese Erwartung spielerisch. Bei dieser Art des Neckens gibt das Baby Absichten zu erkennen, die nicht ernst gemeint sind. Es bietet nur scheinbar etwas an. Wie sein Vergnügen am Kokettieren und Späßetreiben zeigt, ist ihm nun bewußt, daß die Aufmerksamkeit eines anderen Menschen darauf gerichtet ist, was es tut. Es genießt diese Aufmerksamkeit.

Ich bin mir aber nicht sicher, ob die Formulierung, dem Baby sei »bewußt, daß die Aufmerksamkeit eines anderen Menschen darauf gerichtet ist, was es tut«, einem neunmonatigen Kind wirklich angemessen ist. Viele Psychologen würden sie zweifellos gutheißen. Ich frage mich aber, ob die Wörter »bewußt« und »Aufmerksamkeit« für das, worum es uns hier geht, nicht zu flach und abstrakt sind. Bei neun Monate alten Babys wie Shamini haben wir eine neue Art des emotionalen Kontakts vor uns, die auch die Haltungen des Gegenübers einbezieht. Dem Kind macht es Freude, Laute von sich zu geben, die eine amüsierte Reaktion hervorrufen, und es ergötzt sich daran, die Eltern zu provozieren, indem es sich herausfordernd und frech anschickt, etwas »Verbotenes« zu tun. Es verfolgt fasziniert ihre emotionale Reaktion, die nicht nur ganz allgemein ihm selbst gilt, sondern direkt auf sein Tun zielt. Wenn also Shamini sich der auf sie gerichteten Aufmerksamkeit des Vaters bewußt ist, dann ist dieses Bewußtsein nur ein Aspekt eines intensiven Kontakts, der sich sowohl auf der körperlichen als auch der psychischen Ebene abspielt. Wir

*Der Anfang des Denkens*

sollten daher genau überlegen, damit wir nicht Babys in Begriffen beschreiben, die besser auf Erwachsene passen. Denn dann würden wir möglicherweise die Vorstufen übersehen, aus denen die erwachsenen Formen der Erfahrung überhaupt erst entstehen.

In einem ersten Schritt nimmt das Baby also wahr, daß ein Erwachsener ihm zugewandt ist. Dieses Gewahrwerden geschieht spätestens ab dem Alter von zwei Monaten. Als nächstes erfaßt das Baby, wie wir das bei Shamini gesehen haben, daß die Aufmerksamkeit von Erwachsenen auf sein Tun gerichtet ist. Schließlich beginnt das Kind, auch auf solche Handlungen und Haltungen eines Erwachsenen Bezug zu nehmen, die nicht direkt auf das Kind selbst oder auf den Erwachsenen selbst zielen, sondern auf etwas Drittes außerhalb. Mit diesem Schritt ist das Stadium der sekundären Intersubjektivität erreicht.

Vor kurzem haben meine Kollegen und ich begonnen, Veränderungen zu erforschen, die sich am Ende des ersten Lebensjahres vollziehen. Wir beschäftigen uns damit, wie das Baby die materiellen Eigenschaften von Dingen begreift.

Nehmen wir Annie, ein reizendes kleines Mädchen, das wir erstmals im Alter von knapp acht Monaten testeten. Annie saß im Hochstuhl an einem Tisch neben ihrer Mutter. Unsere Versuchsleiterin Rosa saß ihnen gegenüber. Sie sagte: »Magst du mit mir spielen?« Auf diese Einladung hin blickte Annie auf und lächelte. Rosa ließ ein paar große Plastikschlüssel an einer Kordel vor Annie, aber außerhalb ihrer Reichweite baumeln und sagte: »Schau mal, was ich da habe.« Annie blickte auf die Schlüssel, lächelte, streckte die Arme zur Seite hin weg und klatschte erwartungsvoll mit beiden Händen auf den Tisch. Rosa plazierte nun die Schlüssel nahe bei sich und legte die Kordel quer über den Tisch, so daß sie gerade in Annies Reichweite war. Annie patschte mit der rechten Hand neben der Kordel auf den Tisch, versuchte sie zu packen und blickte kurz zu den Schlüsseln hinüber. Dann senkte sie beide Hände auf die Kordel und schaffte es mit einiger Mühe, sie mit der linken Hand zu packen. Sie zog recht gezielt daran, bis die Schlüssel in Reichweite waren. Dann griff sie sofort nach den Schlüsseln und schüttelte sie. Rosa sagte lachend: »Toll!«, und Annies Mutter lächelte stolz. Nicht jedes Baby, das hatte Rosa zuvor angedeutet, ist mit acht Monaten so weit, daß es einen Gegenstand als

## 3. Kapitel

Mittel einsetzen kann, um an einen anderen zu kommen. In diesem Fall war die Kordel das Mittel, um die Schlüssel zu sich herzuziehen.

Als nächstes prüften wir, ob Annie klar war, daß ein Gegenstand auch dann noch existiert, wenn er verdeckt wird. Rosa schwenkte ein buntes Stofftier vor Annie und legte es außer Reichweite auf ein Handtuch. Dann bedeckte sie das Stofftier mit einem Tuch. Sie schob alles zu Annie hin, so daß das Handtuch, aber nicht das verdeckte Stofftier in ihrer Reichweite war. Beim Anblick des Stofftiers hatte Annie aufgeregt reagiert, aber sobald es verdeckt war, ließ ihr Interesse sofort nach. Obwohl sie die Aufgabe mit Kordel und Schlüsseln gemeistert hatte, nahm sie das Handtuch nicht zu Hilfe, um das verdeckte Spielzeug zu sich herzuziehen.

Bei einer weiteren auf Gegenstände bezogenen Aufgabe stellte Rosa zwei Tassen umgekehrt auf den Tisch und zeigte Annie ein Spielzeughäschen. Annie blickte interessiert auf das Häschen, das Rosa vor ihr hin- und herschwenkte. Rosa sagte, das Häschen werde sich jetzt verstecken, und legte es unter eine der Tassen. Dann schob sie beide Tassen auf Annie zu und sagte: »Wo ist es?« Wieder waren wir überrascht, als Annie tapsig nach der Tasse langte, unter der das Häschen versteckt war, und es darunter hervorholte. Als das Häschen aber nun unter die andere Tasse gelegt wurde, entschied sich Annie erneut für die Tasse, die sie auch beim ersten Mal gewählt hatte, und es war nicht festzustellen, ob ihr klar war, wo sich das Häschen tatsächlich befand. Offenbar überstieg es ihr Fassungsvermögen, daß das Häschen unter einer bestimmten Tasse weiterexistierte.

In einer zweiten Version der Aufgabe legte Rosa eine Murmel in eine Schachtel und schüttelte diese, so daß die Murmel darin rasselte. Dann holte sie die Murmel heimlich heraus und gab die Schachtel Annie. Annie nahm sie, drehte sie in der Luft hin und her und begann dann darauf herumzukauen. Sie machte keine Anstalten, sie weiter zu untersuchen. Wäre die Murmel weiterhin dort gewesen, wo Rosa sie zunächst hingetan hatte, dann hätte sie noch in der Schachtel sein müssen – doch das schien Annie nicht zu begreifen. Bei einer Wiederholung der Aufgabe geschah dasselbe: Annie suchte nicht nach der verschwundenen Murmel.

Die auf Menschen bezogenen Interaktionsaufgaben waren von ganz anderer Art. Bei der ersten öffnete Rosa ein Seifenblasen-Röhrchen und tauchte die Schlaufe am Ende des Stabes ein. Annie sah aufmerksam zu. Rosa drehte sich zur Seite und ließ eine kleine Gruppe von Seifenblasen in die Luft steigen. Annie war völlig gebannt. Sie folgte den Seifenblasen mit dem Blick, während sie zu Boden sanken, lehnte sich mit staunender Miene vor und streckte die Arme zur Seite weg. Als die Seifenblasen fort waren, blickte sie ein wenig ernüchtert drein und richtete den Blick auf den Stab, den Rosa bewegungslos in der Hand hielt. Sie schaute kurz weg, dann wieder zu dem Röhrchen und dem Stab hin und klatschte etwas halbherzig zweimal mit den Händen auf den Tisch. Dann blickte sie wieder auf den Boden. Sie unternahm keinen Versuch, Rosa dazu zu bewegen, daß sie noch einmal Seifenblasen steigen ließ, obwohl ihr das einige Augenblicke zuvor so viel Freude bereitet hatte. Nach kurzer Pause ließ Rosa noch einmal Seifenblasen steigen, und Annie reagierte genauso wie zuvor.

Bei der zweiten Aufgabe, mit der wir prüfen wollten, inwieweit Annie schon in der Lage war, jemand anderen zu etwas aufzufordern, verwendeten wir ein Spielzeugkarussell. Rosa stellte es außerhalb von Annies Reichweite hin und setzte es in Gang, indem sie einen Knopf auf der Oberseite drückte. Annie strahlte und streckte die Arme von sich. Als das Karussell langsamer wurde, lehnte sie sich vor, und ihre eine Hand drehte sich vor und zurück. Als das Karussell zum Stehen kam, blickte sie es weitere zwei oder drei Sekunden konzentriert an, schaute dann aber weg. Sie lächelte kurz ihrer Mutter zu, fixierte das Spielzeug noch einmal ein oder zwei Sekunden lang und blickte dann wieder weg. Nachdem Rosa sich vergewissert hatte, daß von Annie sicher keine Aufforderung mehr zu erwarten war, ließ sie das Karussell wieder laufen und gab es Annie, die vergnügt damit spielte.

Als nächstes nahm Rosa freundlichen Blickkontakt mit Annie auf, drehte dann den Kopf nach links, richtete die Augen auf ein Bild an der Wand und sagte: »Schau mal, da!« Sie blickte wieder Annie an und wiederholte dann das Ganze. Annie aber hielt den Blick auf Rosas Gesicht gerichtet. Schließlich senkte Annie den Blick auf den Boden, zu der Seite hin, auf die auch Rosa geschaut hatte, machte aber ganz offenbar keine Anstalten, dorthin zu blicken, wo Rosa hingeblickt hatte.

Diese Aufgabe wurde im folgenden variiert. Rosa lenkte Annies Aufmerksamkeit auf ihr Gesicht, schaute dann nach rechts, streckte den rechten Arm aus, zeigte mit dem Finger und sagte: »Schau mal,

## 3. Kapitel

da!« Annie verlagerte den Blick so weit, wie Rosas vorgestrecktes Handgelenk reichte, ließ ihn dort einen Augenblick ruhen und schaute wieder zurück zu Rosas Gesicht. Dann verlor sie das Interesse. Nichts wies darauf hin, daß ihr Blick dem auf die gemeinsame Umgebung deutenden Arm folgen würde.

Bei einer anderen Interaktionsaufgabe rollte Rosa einen handgroßen Gummiball von der einen Hand in die andere, schaute Annie an und sagte: »Magst du mit mir spielen?« Annie nahm Blickkontakt auf und klatschte auf den Tisch. Rosa rollte den Ball auf sie zu, und Annie nahm ihn mit beiden Händen hoch. Dabei rollte er ihr über den Arm und zur Seite hin weg. Rosa holte sich den Ball wieder und rollte ihn noch einmal behutsam zu Annie hin. Annie nahm ihn hoch, und Rosa streckte bittend die Hände aus. Annie schien den Ball für einen Augenblick loslassen zu wollen, hielt ihn dann wieder fest und schaute kurz auf Rosas ausgestreckte Hände – aber dabei blieb es. Rosa holte sich den Ball wieder und unternahm noch einen Versuch, aber Annie machte nie Anstalten, den Ball zurückzurollen.

Die Interaktionsaufgaben endeten mit einer Phase, in der Mutter und Kind miteinander spielten. Mittendrin erklang in einer Ecke des Raumes ein Glöckchen. Annie hielt inne, lächelte und hob die Augen von den Spielsachen, aber nur, um geradeaus zu schauen. Annies Mutter rutschte ein »Was ist denn das?« heraus, aber Annie wandte sich geradewegs wieder ihren Spielsachen zu.

Schließlich nahm die Mutter Annie aus ihrem Hochstuhl, und das Mädchen war nun auf dem Boden mit einem Spielzeug beschäftigt. Die Mutter stand auf und setzte sich neben sie auf einen Stuhl. Aus einem Versteck am Boden tauchte ein ferngesteuertes Spielzeugauto auf und sauste auf Annie zu, um dann vor ihr rückwärts und vorwärts zu fahren. Annie schaute das Auto aufmerksam an, nur um sich dann wieder etwas irritiert mit dem Spielzeug zu beschäftigen. Nur einmal schaute sie zur Mutter hin, nämlich als diese die Sitzposition änderte. Annie vergewisserte sich nicht bei ihr, ob das Auto nun bedrohlich oder harmlos war.

Als Annie dreizehn Monate alt war, konnten wir sie noch einmal testen. Einige Entwicklungsschritte, die im folgenden deutlich werden, hatte sie schon eine Weile zuvor bewältigt. An ihrem Verhalten können wir ablesen, wieviel sich seit dem letzten Testtermin verändert hatte.

Annie saß wieder am selben Tisch und sah in ihrem blauen Kleidchen kaum mehr wie ein Baby aus. Das Gesicht war schmaler geworden, und das blonde glatte Haar war vom Gesicht zurückgekämmt. Als Rosa die Plastikschlüssel an der Kordel vor ihr baumeln ließ, streckte Annie sofort die linke Hand danach aus. Rosa spannte die Kordel über den Tisch bis zu Annie hin, die die Kordel mit einer Hand packte und die Schlüssel zu sich heranzog. Sie betrachtete sie einige Augenblicke lang – um sie dann wieder Rosa anzubieten. Bei der nächsten Aufgabe wedelte Rosa wieder verlockend mit dem Stofftier herum, ehe sie es auf ein Handtuch legte, es mit einem Tuch zudeckte und das Handtuch in Annies Reichweite schob. Annie blickte auf die Stelle, wo das Stofftier versteckt war, nahm Blickkontakt zu Rosa auf und zog dann in einer gezielten Bewegung das Handtuch zu sich her und hob das Tuch hoch. Ohne daß Annie das bemerkte, rutschte das Stofftier neben ihr auf den Boden, und sie schien perplex zu sein, als sie es nicht wie erwartet unter dem Tuch vorfand. Als das Ganze wiederholt wurde und Annie das Stofftier nun unter dem Tuch entdeckte, griff sie entzückt danach.

Annie war sich eindeutig im klaren darüber, daß Gegenstände auch dann weiterexistieren, wenn sie nicht mehr zu sehen sind. Als Rosa das Häschen unter einer Tasse versteckte, legte Annie sehr gezielt die Hand darauf, schaute zu Rosa hoch, hob die Tasse an und holte das Häschen hervor. Als das Häschen unter der anderen Tasse versteckt war, schien Annies Interesse zunächst eher Rosa zu gelten als der Frage, welche Tasse sie hochheben mußte. Bei einem weiteren Durchgang aber traf sie die richtige Wahl. Bei der nächsten Aufgabe gab Rosa ihr wieder die Schachtel, aus der sie zuvor heimlich die Murmel herausgeholt hatte. Annie nahm die Schachtel in die Hände, blickte zu Rosa hinauf und lugte dann neugierig hinein. Sie wirkte überrascht, daß die Murmel nicht darin war, schaute zu Rosa, blickte auf den Tisch unter der Schachtel, als würde sie dort die Murmel suchen, richtete schließlich den Blick wieder auf Rosa und gab ihr die Schachtel zurück.

Als Rosa das Seifenblasen-Röhrchen nahm, ließ Annie starkes Interesse erkennen. Sie schaute den ersten Seifenblasen diesmal mit

## 3. Kapitel

recht ernster Miene zu. Als Rosa nicht gleich wieder neue Seifenblasen erzeugte, schien Annie ein wenig gespannt zu sein, was passieren würde, lächelte ihre Mutter an, blickte zurück zu dem Röhrchen und dann zu Rosas Gesicht hinauf. Rosa wartete ein wenig und ließ dann wieder Seifenblasen steigen. Annie sah ihnen zu, wie sie außer Sicht schwebten, und sobald sie fort waren, schaute sie wieder zu Rosa und kicherte, als sei sie sich ihrer Freude an dem Geschehen bewußt und wolle sie mit Rosa teilen. Dann blickte sie wieder zu der Stelle hin, wo die Seifenblasen verschwunden waren, schaute zu Rosa und seufzte. Aus irgendeinem Grund forderte sie Rosa nicht auf, das Ganze zu wiederholen.

Als Rosa aber bei der zweiten Variante dieser Aufgabe das Karussell in Gang setzte, kam von Annie eine klare Aufforderung. Zunächst lehnte sie sich vor, den linken Arm ausgestreckt, und deutete mit dem Zeigefinger auf das Karussell. Dann zog sie die Hand zurück, streckte nun den rechten Arm in Richtung Rosa (ohne auf etwas zu zeigen, aber mit gespreizten Fingern) und blickte ihr bittend in die Augen. Als Rosa nicht reagierte, wich Annie mit enttäuschter Miene zurück, schaute wieder das Karussell an und versuchte, es mit der linken Hand selbst zu erreichen. Das gelang ihr nicht, und sie wandte sich nach rechts zu ihrer Mutter und versuchte, an deren Hand zu kommen. Die Mutter streckte sie ihr entgegen, und Annie versuchte, die Hand zu dem Karussell hinzuziehen, und schaute dann Rosa an. Nach zwei derartigen vergeblichen Versuchen blickte Annie ihre Mutter an, und Rosa gab ihr schließlich das Karussell.

Die nächste Aufgabe sollte wieder zeigen, ob Annie Rosas Blick folgen würde. Als Rosa sich nach rechts wandte, zu einem Teddybär auf einem Regal hochschaute und sagte: »Siehst du den Teddybär? Schau mal, da!«, blieben Annies Augen zunächst auf Rosas Gesicht geheftet. Rosa wiederholte das Ganze, und nun drehte sich Annie in einer klar erkennbaren Bewegung, um ganz nach rechts in die Richtung von Rosas Blick zu schauen – wenn auch nicht nach oben zu dem Teddy hin. Nach kurzem Zögern streckte sie auch den Zeigefinger aus und schaute wieder direkt zu Rosa hin.

Eine weitere Aufgabe bestand darin, daß Rosa nach rechts auf etwas zeigte. Annie richtete den Blick zunächst auf die ausgestreckte Hand und dann wieder auf Rosas Gesicht. In dem Augenblick aber, als

*Der Anfang des Denkens*

Rosa die Hand zurückzog, schaute Annie spontan wieder zur selben Seite hin, zu einer Stelle nahe der, auf die Rosa gezeigt hatte, und weit jenseits von Rosas Hand. Während Annie noch immer in diese Richtung blickte, wiederholte Rosa die Zeigebewegung, und Annie fokussierte ihren Blick entsprechend der Zeigerichtung. Man konnte sehen, wie der Blick zwischen dem Zielpunkt und Rosas ausgestrecktem Finger hin- und herwanderte. Dann schien Annie selbst ein Zeigen in dieselbe Richtung anzudeuten.

Als sie den Gummiball von Rosa bekam, nahm sie ihn in beide Hände und schaute zu Rosas Gesicht auf. Rosa bat um den Ball, und Annie blickte ihn wieder an und schubste ihn vorwärts in Rosas Richtung. Rosa rollte ihn wieder zu Annie, die ihn mit munterem Lachen zurückschubste.

Es folgte die Phase, in der Mutter und Baby zusammen spielten und das Glöckchen erklang. Beim ersten Mal zeigte Annie überhaupt keine Reaktion. Beim zweiten Mal unterbrach sie ihr Spiel, schaute in die Richtung, aus der der Klang kam, und gab ein deutliches, helles »Aah« von sich (so als würde sie den Klang kommentieren). Gleich darauf hob sie die rechte Hand mit ausgestreckten Fingern, als wolle sie auf etwas zeigen, zog den Arm zurück, während sie immer noch in dieselbe Richtung blickte, und wandte sich dann wieder ihrem Spiel zu. Eigentlich war das einzige Element, das noch fehlte, ein Hinaufschauen zur Mutter, um die Erfahrung mit ihr zu teilen.

Schließlich spielte Annie wieder auf dem Boden. Als ihre Mutter sie auf den Teppich neben die Spielsachen setzte, nahm sich Annie eine Puppe. Die Augen auf die Puppe in ihren Händen gerichtet, stand sie vom Boden auf. In diesem Augenblick sauste geräuschvoll das ferngesteuerte Auto heran. Eigentlich sollte es kurz vor Annie zum Stehen kommen, aber weil sich der Lenker des Autos diesmal weniger geschickt anstellte, fuhr es an Annie vorbei. Sobald sie das Auto hörte, blickte sie auf, schaute es kurz an und wandte sich sofort zur Mutter hin. Annie lächelte kurz und machte »Oh«, so als wolle sie Interesse und leichtes Staunen zum Ausdruck bringen. Als die Mutter nur einen Sekundenbruchteil später reflexhaft ihrerseits »Oh« machte, hatte Annie den Blick bereits wieder auf das Auto gerichtet. Sie sah, wie es losfuhr, warf die Puppe zur Seite und setzte, erst unsicher tappend, dann entschlossen krabbelnd, dem Auto nach.

## 3. Kapitel

Was können wir diesen Beobachtungen entnehmen? Als acht Monate altes Baby nimmt Annie freudig Kontakt zu der Versuchsleiterin Rosa auf und beginnt während dieses Kontakts, Objekte in ihrer Umgebung zu untersuchen und sich mit ihnen zu beschäftigen. Sie teilt aber die Erfahrungen, die sie dabei mit ihrer Umgebung macht, noch nicht mit einem anderen Menschen. Wenn sie etwas möchte, wendet sie sich nicht an andere, damit sie ihr helfen; wenn ihr etwas Freude macht, schaut sie nicht zu anderen hin, um die Freude mit ihnen zu teilen; wenn sie mit etwas Neuem konfrontiert ist, prüft sie nicht, wie ihre Mutter darauf reagiert. Sie geht nicht auf die Versuche von Erwachsenen ein, Erfahrungen mit ihr zu teilen oder durch Zeigen ihre Aufmerksamkeit auf etwas zu lenken. Sie ist auch zu der einfachsten Form des »Erst machst du es, dann mach ich es«, das zum Beispiel nötig ist, damit ein Ball zwischen zweien hin- und herwandern kann, noch nicht in der Lage.

Vier bis fünf Monate später hat sich vieles geändert. Annie kann nun andere bitten, etwas für sie zu tun, sie kann Gegenstände anbieten, auf sie zeigen und dem Blick oder dem Zeigen anderer folgen. Sie beteiligt sich an Spielen, bei denen die Rollen hin- und herwechseln. Sie schaut andere nicht nur an, um ihre Erfahrungen mit ihnen zu teilen, sondern auch, um besser abschätzen zu können, ob etwas gefährlich ist. Mit unseren Aufgaben ist es uns gelungen, einige, aber nicht alle Elemente dieses Übergangs von der primären zur sekundären Intersubjektivität zu fassen. Wie wir sehen werden, gibt es um den ersten Geburtstag herum Hinweise darauf, daß die Beziehungen des Babys zu anderen Menschen sich in starkem Maße verändern. Im Gefolge dieser Entwicklungen vollziehen sich, *durch andere Menschen*, auch im Verhältnis des Kindes zur nicht-menschlichen Welt grundlegende Wandlungen.

Ich möchte hier auf die neugewonnene Fähigkeit des Babys abheben, die emotionalen Reaktionen, die andere Menschen gegenüber Dingen und Ereignissen zeigen, wahrzunehmen und in eigene Reaktionen umzusetzen. Eine in Colorado durchgeführte Studie zur sogenannten visuellen Klippe macht dies sehr anschaulich.[3] Die Vorrichtung wirkt auf den ersten Blick wie ein zugefrorenes Planschbecken, weil eine durchsichtige Scheibe darübergelegt ist. Die eine Hälfte unter der Abdeckung sieht wie fester Untergrund aus, doch in der

*Der Anfang des Denkens*

Mitte der Fläche geht es an einer Kante unter der Scheibe senkrecht abwärts (wie am Rand einer Klippe). Auf der Scheibe kann das Kind den Abgrund gefahrlos überqueren. In der Studie wurden zwölfmonatige Kinder auf die augenscheinlich sichere Seite der Konstruktion gesetzt. Jenseits des Abgrunds, in einigen Metern Entfernung, stand jeweils die Mutter mit einem verlockenden Spielzeug.

Einige der Babys krabbelten los, auf die Mutter und das Spielzeug zu, doch als sie an den Rand der Klippe kamen, hielten sie inne und schauten die Mutter an. Wenn die Mutter jeweils ein heiteres Gesicht machte, stießen 14 der 19 Kinder auf die Scheibe über dem Abgrund vor; blickte sie dagegen ängstlich drein, wagte sich keines der Kinder weiter. Wenn die Mutter eine ärgerliche Miene aufsetzte, krabbelten nur zwei von 18 Kindern über den Klippenrand hinaus, und 14 zogen sich sogar an ihren Ausgangspunkt zurück.

Die Kinder versuchten nicht nur herauszufinden, welche Haltung die Mutter zu dem Geschehen einnahm, sondern konnten deren Gefühlsäußerung auch zu der Situation in Beziehung setzen, um dann in Fühlen und Handeln dementsprechend zu reagieren. Sie erkannten, daß die Gefühlsäußerung der Mutter in bezug auf die gemeinsam wahrgenommene Situation etwas zu bedeuten hatte, und dadurch veränderte sich für die Kinder selbst die Bedeutung der Situation. Man könnte sagen, sie reagierten auf die Welt-aus-Sicht-eines-anderen. Wenn die visuelle Klippe für die Mutter zum Beispiel beunruhigend war, dann war sie auch für das Kind beunruhigend.

Diese Deutung wäre fragwürdig, wenn sie nur auf der einen Studie gründen würde. Es könnte zum Beispiel auch sein, daß die Haltung der Mutter nur die allgemeine Stimmung des Babys beeinflußt und daß es nicht annimmt, die Gefühlsäußerung der Mutter würde auf etwas Bestimmtes zielen. Man kann aber zeigen, daß es hier um etwas Spezifischeres geht. Was das Kind gegenüber dem Objekt oder Ereignis empfindet, verändert sich, wenn es die Haltung der Mutter wahrnimmt. Es wird nicht einfach nur zuversichtlich oder verzagt oder zurückhaltend. Es erfaßt auch, auf welches Objekt die Gefühlsäußerungen der Mutter sich richten, und verändert die eigenen Empfindungen gegenüber diesem Objekt.

Die folgende Studie von Robin Hornik und ihren Kollegen macht dies noch deutlicher.[4] Zwölfmonatige Kinder bekamen nacheinander

## 3. Kapitel

drei Spielsachen gezeigt. Bei jedem äußerte die Mutter in Mimik, Stimme und Gestik eine andere Emotion. Sie schien es zu mögen, sich davor zu ekeln oder eine neutrale Haltung einzunehmen. Die Kinder reagierten auf die Spielsachen entsprechend unterschiedlich. Zum Beispiel gaben sie sich weniger mit dem Spielzeug ab, das die Mutter mit Ekel betrachtet hatte. Dagegen gab es keine Hinweise darauf, daß sich das Spielen mit anderen verfügbaren Spielsachen oder die allgemeine Stimmung der Kinder in nennenswerter Weise verändert hätte. Im zweiten Testdurchgang legte die Mutter gegenüber denselben drei Spielsachen eine neutrale Haltung an den Tag. Die Kinder mieden weiterhin das Spielzeug, auf das die Mutter zuvor mit Ekel reagiert hatte, oder spielten weniger damit. Sie schienen also verstanden zu haben, daß die Gefühläußerungen des ersten Testdurchgangs sich jeweils auf nur ein bestimmtes Spielzeug bezogen hatten.

Es wird hoffentlich deutlich, was ich damit meine, daß das Baby *durch* andere Menschen lernt und auf die Welt-aus-Sicht-eines-anderen reagiert. Zunächst reagiert das Kind auf die Welt nur aus seinem eigenen Blickwinkel. Zum Beispiel findet es ein Spielzeug verlockend. Dann nimmt es wahr, daß seine Mutter zu dem Spielzeug eine angewiderte oder furchtsame Haltung einnimmt. Die Reaktion der Mutter besagt, daß das Spielzeug wohl doch nicht so verlockend ist. Es verliert nun an Reiz für das Kind. Die Bedeutung des Spielzeugs hat sich aufgrund der Bedeutung verändert, die es für einen anderen Menschen hat.

Wir erleben hier, wie beim zwölf Monate alten Baby eine Kopernikanische Wende einsetzt. Nikolaus Kopernikus entdeckte, daß die Erde nicht der Mittelpunkt des Universums ist, wie die Menschen nur allzu gern geglaubt hatten: Unsere kleine Welt ist nur einer unter mehreren Planeten, die sich um die Sonne drehen, und was wir unmittelbar wahrnehmen, ist nur ein kleiner, enger Ausschnitt aus einer umfassenderen Realität. Mit etwa einem Jahr macht das Baby eine ähnliche Entdeckung. Die Welt ist nicht einfach eine Welt-für-mich, die Bedeutung hat, weil sie in mir bestimmte Empfindungen auslöst oder weil ich in ihr bestimmte Dinge tue. Die Welt hat auch Bedeutung für andere, und diese Bedeutung kann die Bedeutung verändern, die die Welt für mich hat.

Ich sage lediglich, daß hier eine Wende *einsetzt*, denn das Kind be-

*Der Anfang des Denkens*

greift zunächst nicht vom Intellekt her, daß die Welt auch für andere eine Bedeutung hat. Die Entdeckung vollzieht sich nicht im Denken, sondern im Handeln und Fühlen. Ich glaube, daß das Kind sich und sein Verhältnis zu anderen nur begreifen lernen kann, weil es erlebt, wie es auf andere reagiert, das heißt wie es ihren Blickwinkel mitvollzieht und davon beeinflußt wird, wie sie auf Dinge reagieren. Das Kind beginnt in seinem Handeln und Fühlen Rollen zu übernehmen und gelangt so auf einen Weg, der schließlich zu der schmerzlichen, aber aufregenden Einsicht führen wird, daß es nicht der Mittelpunkt des Universums ist. Es wird noch einige Monate dauern, bis der Groschen fällt und das Kind dies begreifen und denken kann – aber ist der Groschen dann gefallen, verändert sich alles.

Welche weiteren Entwicklungen vollziehen sich gegen Ende des ersten Lebensjahres? Nehmen wir das Spiel, bei dem ein Ball hin- und hergerollt wird. Das Kind ist nun fähig, von der empfangenden Rolle in die gebende Rolle zu wechseln. Der Austausch ist wechselseitig geworden. Es ist in solchen Interaktionen jetzt auch in der Lage, die Initiative zu übernehmen. Jerome Bruner beschreibt eingehend, wie das Weg-Da!-Spiel, bei dem ein Gegenstand verschwindet und wieder auftaucht, sich bei Kindern zwischen sechs und 14 Monaten entwickelt.[5] Etwa um den ersten Geburtstag herum beginnen Kinder, Einladungen zum Spiel nicht nur anzunehmen, sondern auch zu äußern. Dieser wichtige Übergang kann einem leicht entgehen, wenn man nicht genau hinschaut. Das Kind versetzt sich also nun in die Position der Mutter oder des Vaters, indem es die Art von Handlung ausführt, die es in der Interaktion bis dahin an ihnen beobachten konnte. Zuvor ging die Einladung nur von den Erwachsenen aus, aber jetzt kann sie auch vom Kind ausgehen.

Klingt diese Interpretation überzogen? Betrachten wir andere Beispiele dafür, daß das zwölf Monate alte Kind andere Menschen in dieser besonderen Weise nachahmt.[6] Es fängt an, Widerstreben und Trotz durch Kopfschütteln zu äußern, und setzt auch andere durch Konvention festgelegte Gesten ein, etwa wenn es jemanden umarmt, ihn mit »Hallo!« begrüßt oder ihm zum Abschied winkt. Meine Tochter Amy gab mit etwa zwölf Monaten jedesmal, wenn ich dabei war, eine Dose Bier aufzumachen, im Ton der Vorfreude ein »Mm« von sich. Sie hatte sich also die Handlung eines anderen Menschen zu

## 3. Kapitel

eigen gemacht und sie in ihr Repertoire aufgenommen. Es war, als hätte sie begriffen: Wenn der Erwachsene das tun kann, kann ich das auch. Sie fing beispielsweise auch an, den Telefonhörer ans Ohr zu halten. Zur selben Zeit nahm sie auch auf die Wünsche, Haltungen und Absichten anderer in verschiedener Weise Bezug – etwa indem sie sich sträubte oder folgsam war –, in derselben Weise, wie Mutter und Vater auf ihre eigenen Bezug genommen hatten.

Wir beschreiben hier nicht nur, *was* in dieser Entwicklungsphase geschieht, sondern auch, *wie* es geschieht. Das Kind übernimmt zunächst die Rollen anderer Menschen, indem es sie nachahmt und sich ihre Haltungen zu eigen macht. Es tut das automatisch in dem Sinne, daß es wie selbstverständlich dazu neigt – vorausgesetzt natürlich, es ist in der richtigen Stimmung und interessiert, und der Kontakt zu den anderen ist eng genug. Nur weil es von Natur aus so auf andere anspricht, wird es schließlich begreifen können, was Rollen und Perspektiven sind. Das Kind nimmt die Perspektive anderer zunächst nicht absichtsvoll ein – das heißt, es versucht nicht bewußt, sich in andere hineinzuversetzen. Das geschieht erst später, im zweiten Lebensjahr, wenn es sich gezielt dafür entscheidet, andere Perspektiven einzunehmen. Vorläufig wird das Kind von anderen gleichsam innerlich bewegt, und dies ist möglich, weil es von Geburt an dafür gerüstet ist, sich in dieser Weise bewegen zu lassen.

Die erste Stufe besteht also darin, daß das Kind von den Handlungen und Haltungen anderer beeinflußt wird. Daß es dazu motiviert und fähig ist, liegt daran, daß es die Handlungen und Haltungen anderer beobachtet und an dem, was es da beobachtet, *innerlich beteiligt ist*. Es nimmt andere Menschen nicht in der Weise wahr, wie es Autos oder Gebäude wahrnimmt. Von anderen beeinflußt zu werden ist ein Strukturmerkmal des Menschen – ein Merkmal, durch das sich sein Wesen verändert.

Es lohnt sich, an diesem Punkt zu verweilen, weil er ein Leitmotiv der gesamten frühen Entwicklung ist. Am Ende des ersten Jahres hat das Kind tatsächlich die Intention, Handlungen nachzuahmen, etwa wenn es ein Spielzeug vermeidet, vor dem die Mutter sich anscheinend geekelt hat. Es hat aber nicht – noch nicht – die Intention, sich in ein Gegenüber hineinzuversetzen. Der Grund dafür ist einfach: Es »erkennt« die mentale Haltung des anderen Menschen nur in dem

*Der Anfang des Denkens*

Sinne, daß es ihn anschauen und einen emotionalen Bezug zu seiner Haltung herstellen oder genügend Elemente seines Handelns wahrnehmen kann, um es zu imitieren. Dieses »Erkennen« schließt nicht ein, daß es sich den anderen als Menschen mit einem eigenen Innenleben *denken* kann. Die Fähigkeit hierzu bildet sich erst in den folgenden sechs bis neun Monaten heraus.

Am Ende des ersten Jahres ahmt das Baby also eifrig die Erwachsenen nach, bringt der Mutter Dinge, um sie ihr zu zeigen und Erfahrungen mit ihr zu teilen, und lernt, was Dinge bedeuten und wozu sie dienen, indem es beobachtet, wie die Eltern auf sie reagieren und sie benutzen. Das Erkunden der Welt ist nun ein Abenteuer, an dem es sich mit und durch andere erfreuen kann. Das hebt auch der US-amerikanische, unter anderem an der Universität Leipzig tätige Entwicklungspsychologe Michael Tomasello hervor, der auf diesem Forschungsgebiet Pionierarbeit leistet.[7] Trotz alledem ist das Kind aber noch nicht imstande, etwas gedanklich zu fassen, das über das unmittelbare Hier und Jetzt hinausgeht. Es kann nicht über die Vergangenheit nachsinnen oder überlegen, was die Zukunft wohl bringt. Es kann auch nicht über mögliche Handlungsalternativen nachdenken. Es kann, einfach gesagt, noch nicht im eigentlichen Sinne denken.

Wie also kann das unauffällige, aber beständige Hin und Her des Fühlens und Handelns, das zwischen Baby und Eltern abläuft, zu einer Wiege werden, in der sich das Denken entwickelt? Wie kann der Kontakt zu anderen Menschen Geist und Psyche des Babys aus den Beschränkungen des Hier und Jetzt lösen und die Tür ins grenzenlose Reich der Vorstellungskraft aufstoßen? Eine Mutter wiegt ihr Kind nicht nur in den Armen, sondern auch in ihrem Blick und ihrem Bewußtsein. Das Geschehen zwischen ihnen ist nicht statisch, sondern ein komplexes Wechselspiel voller Bewegung und Dynamik. Doch welche Aspekte des frühen zwischenmenschlichen Kontakts sind es im einzelnen, die die Voraussetzungen dafür schaffen, daß Denken und Phantasie des Kindes sich zu entfalten beginnen?

Die Frage läßt sich besser beantworten, wenn wir eine klare Vorstellung davon haben, in welchen Formen das Denken im zweiten Lebensjahr seinen Anfang nimmt. Etwas nur abstrakt abzuhandeln ist stets problematisch, und dies gilt ganz besonders, wenn wir uns mit etwas so wenig Greifbarem wie der Entwicklung des Denkens

## 3. Kapitel

beschäftigen. Das gezielte Beobachten von Babys hat den großen Vorteil, daß man geradezu sehen kann, wie das Denken in ihrem Verhalten Gestalt annimmt. Bei älteren Kindern und Erwachsenen sind die Denkvorgänge oft verborgen und weit nach innen verlagert, doch bei Kindern, die gerade sprechen lernen, liegen sie näher an der Oberfläche und sind leichter zugänglich.

Wir haben hier den letzten der drei Entwicklungsschritte vor uns, die zur Fähigkeit des Denkens hinführen. Im ersten Schritt nahm das Baby Kontakt zu einem anderen Menschen auf, um mit ihm zu interagieren. Im zweiten Schritt begann es, die Haltung zu erfassen, die der andere zu Dingen und Ereignissen einnahm, und sich von ihr beeinflussen zu lassen. Jetzt möchte ich in die Mitte des zweiten Lebensjahres gehen, um den dritten und letzten Schritt zu betrachten, der eigentlich mehr ein Sprung als ein Schritt ist.

Drei Aspekte der Entwicklung sind hier von besonderem Interesse für uns. Der erste ist, daß sich im Handlungsrepertoire des Kindes ein neues und spannendes Element zu zeigen beginnt, das symbolische Spiel. Das zweite Element besteht darin, daß das Kind eine neue Form des Bewußtseins von sich selbst und anderen Menschen entfaltet. Der dritte Aspekt ist die wundersamste aller geistigen Errungenschaften des Kindes – die Entstehung der Sprache. Eng verwoben mit diesen drei Entwicklungen sind Veränderungen, die sich im Einfühlungsvermögen des Kindes und seiner Ansprechbarkeit für andere Menschen vollziehen. Es wird keine leichte Aufgabe sein, genauer herauszuarbeiten, wie die Veränderungen in der zwischenmenschlichen Sphäre mit den Fortschritten der Denkfähigkeit zusammenhängen, die sich in Spiel, Selbst-Bewußtheit und Sprache zeigen. Wie folgen all diese Schritte, durch die sich das Denken aufbaut, im einzelnen aufeinander und bedingen einander?

Ich fange beim symbolischen Spiel an.[8] Soweit ich mich erinnere, war James, unser erstgeborenes Kind, etwa eineinhalb Jahre alt, als er einmal in seinem Hochstuhl an der Ecke des Küchentisches saß und mit einem Löffel spielte. Er schaute den Löffel an, und seine Augen funkelten. Er schaute mich an, und die Augen funkelten noch ein wenig mehr. Er schaute wieder den Löffel an. Dann gab er, mit schelmischer und entzückter Miene (als wollte er sagen: »Du denkst also, du

## Der Anfang des Denkens

kennst mich schon in- und auswendig?«), durch Gesten und Laute zu verstehen, daß das nun... ein Auto sei. Es war, als hätte er unsere Welt verwandelt – und das hatte er ja tatsächlich. Er hatte eine alternative Wirklichkeit geschaffen, in die ich dann (sobald ich im Bilde war) mit ihm eintrat. Und er wußte, was er da tat. Er gab vor, daß ein Löffel ein Auto war.

So-tun-als-ob ist ein mentales Geschehen, das eine komplexe Form selbstreflexiven Bewußtseins voraussetzt. James wußte, daß er die eine Sache eine andere bedeuten ließ. Ihm war auch (so glaube ich) klar, daß die neue Bedeutung, die er dem Löffel gab, für mich nicht unmittelbar ersichtlich sein würde. Ihm schien bewußt zu sein, daß wir beide einen Löffel und nicht ein Auto vor uns hatten – doch wir konnten jeder für sich oder beide zusammen beschließen, uns zu dem Löffel *wie zu einem Auto* zu verhalten, damit das Als-ob-Spiel möglich wurde. Der Gedanke an ein Auto ließ sich von einem wirklichen Auto abtrennen, und der reale Löffel ließ sich von dem abtrennen, was er im Spiel werden sollte. Der Auto-Gedanke ließ sich auf den Löffel-Gegenstand übertragen, so daß dieser zu einem Gedanken-Auto wurde.

Hätte James den Löffel mit einem Auto verwechselt oder den Löffel einfach Dinge tun lassen, ohne wirklich ein Auto in ihm zu sehen, dann hätte es sich nicht um ein Als-ob-Spiel gehandelt. Dieser einen kleinen Geschichte, die von einem alles andere als objektiven Beobachter stammt und schon geraume Zeit zurückliegt, läßt sich nicht mit Sicherheit entnehmen, was da vor sich ging. Und tatsächlich herrscht unter Wissenschaftlern große Uneinigkeit darüber, ab welchem Punkt man bei Kindern im eigentlichen Sinne von symbolischem Spiel sprechen kann. Es hängt zum Teil von den Kriterien ab, anhand deren man entscheidet, ob das Kind ein Ding so einsetzt, daß es für ein anderes steht. Letzte Woche sah ich zum Beispiel, wie ein 15 Monate altes Mädchen sich eine Windel holte und sie seinem Teddybär anlegte. Manche würden sagen, die Koseworte und gelegentlichen Zurechtweisungen, mit denen der Teddy bedacht wurde, seien einfach damit zu erklären, daß andere zuvor auf ähnliche Weise mit dem Mädchen umgegangen seien; wir wüßten nicht, inwieweit der Teddy für das Kind ein menschenähnliches Wesen darstellt und es diese Vorstellung von dem kuscheligen Stoffgebilde zu trennen weiß. (Ich frage mich, ob diese Skepsis nicht in die Irre geht, selbst wenn sie

## 3. Kapitel

zum Teil ihre Berechtigung hat.) Jedenfalls wird es noch einige Wochen oder gar Monate dauern, bis dieses Mädchen beginnt, ihren Teddy Dinge »tun« zu lassen, und bis in ihrem Spiel ein Objekt an die Stelle eines anderen tritt.

Gegen Ende des zweiten Lebensjahres aber geben viele Kinder in dem, was sie sagen, oder in ihrem Suchen nach geeigneten Utensilien zu erkennen, daß sie Als-ob-Szenen im voraus planen. Ein Kind sagt beispielsweise »trinken«, bevor es nach einer Tasse greift und sie an die Lippen ihrer Puppe führt, oder es legt seine Puppe ins Bett und sucht nach einem Stück Papier, das als Bettdecke dienen soll. Die Forschungsbefunde sprechen dafür, daß Kinder in der zweiten Hälfte des zweiten Lebensjahres nicht nur zu verstehen beginnen, wie in ihrem eigenen Spiel eine Sache für eine andere stehen kann, sondern auch auf das Als-ob-Spiel eines Erwachsenen eingehen können.

Ich habe angedeutet, daß das So-tun-als-ob nichts ist, das zufällig passieren kann. James hätte den Löffel nicht zum Auto erklären können, ohne das auch zu intendieren. Er entschied, und das ist der Kern des Als-ob, daß das eine Ding für das andere stehen soll. Falls James wußte, daß er etwas für etwas anderes ausgab, folgt daraus, daß er sich über einen komplexen Zusammenhang seines eigenen mentalen Handelns bewußt war. Kann es wirklich sein, daß ein Kind von noch nicht zwei Jahren sich seiner selbst und seiner Fähigkeit, die Bedeutung von Dingen nach Belieben zu ändern und zum Beispiel einen Löffel ein Auto bedeuten zu lassen, bewußt ist? Kann ihm außerdem wirklich schon bewußt sein, daß anderen Menschen ihrerseits sein Als-ob-Spiel bewußt ist? Das alles wird uns plausibler erscheinen, wenn wir weitere Indizien dafür finden, daß die Selbst-Bewußtheit des Kindes sich vertieft hat.

Vor über sechzig Jahren machte die Pionierin der Entwicklungspsychologie Charlotte Bühler zur Selbst-Bewußtheit des Kindes folgende Beobachtungen:

Das folgende Experiment ist sehr aufschlußreich. Der Erwachsene verbietet dem Kind, ein Spielzeug zu berühren, das in Reichweite des Kindes ist. Dann wendet er sich ab oder verläßt kurz den Raum. Alle ein- oder zweijährigen Kinder gehen davon aus, daß das Verbot in dem Augenblick aufgehoben ist, sobald der Kontakt mit dem Erwachsenen unterbrochen wird,

*Der Anfang des Denkens*

und beschäftigen sich mit dem Spielzeug. Wenn der Erwachsene plötzlich wiederkommt, legen 60 Prozent der Kinder im Alter von 1;4 [1 Jahr; 4 Monate] und 100 Prozent der Kinder im Alter von 1;6 größte Verlegenheit an den Tag, werden rot und wenden sich dem Erwachsenen mit ängstlicher Miene zu. Von 1;9 an versuchen sie, das Geschehene wieder gutzumachen, indem sie das Spielzeug rasch an seinen Platz zurückbringen. Ab zwei Jahren versuchen sie, einen Grund für ihren Ungehorsam anzugeben, indem sie beispielsweise behaupten, das Spielzeug gehöre ihnen. Ein über zwei Jahre altes Kind bringt in Beziehungen zu Erwachsenen seinen Willen zum Ausdruck, beharrt auf dem, was ihm zusteht, und gibt besitzergreifende Impulse zu erkennen.[9]

Wir alle wissen, daß Trotzattacken vor allem im sogenannten »schrecklichen zweiten Jahr« des Kindes häufig sind, doch meist sind sie schon einige Zeit vorher aufgetreten. Der Trotz macht einen wichtigen Aspekt deutlich, nämlich wie das Kind sich im Verhältnis zu anderen begreift. Es sieht andere Menschen als Gegner, Rivalen oder auch Verbündete, die ihre eigenen Motive dafür haben, daß sie zum Beispiel einen Gegenstand an sich nehmen oder zurückhaben oder das Kind zu etwas bewegen wollen. Es erkennt, daß sie die Welt auf ihre eigene Weise und mit eigenen Empfindungen erleben.

Rekapitulieren wir: Schon in den ersten Lebensmonaten nimmt das Baby Menschen als eine besondere Art von »Ding« wahr. Gegen Ende des ersten Jahres wird an seinem Verhalten deutlich, daß es Menschen als Wesen mit einer subjektiven Dimension begreift. Wenn es ihnen zum Beispiel Gegenstände zeigt, bekundet es damit ein Interesse an dem, was in ihnen vorgeht. Es ist in einer neuen Weise auf sein Gegenüber ausgerichtet. Mit etwa anderthalb Jahren scheint das Kind nun eine Vorstellung davon zu haben, daß das Gegenüber eine Person mit ihren je eigenen Wünschen, Empfindungen und Absichten ist. Wenn es aus dem Babyalter herauswächst, nimmt es die Bedeutung der Welt-aus-Sicht-des-anderen mit neuer Schärfe und Klarheit wahr. Es reagiert nicht einfach auf die invidiuelle Perspektive eines anderen, die sich in dessen Handlungen und Gefühlsäußerungen offenbart. Es scheint auch zu *verstehen*, was das Wesen einer solchen Perspektive ist, und sogar, was es bedeutet, daß eine Person jeweils ihre ganz eigene Perspektive hat.

## 3. Kapitel

Es gibt vielfältige Hinweise darauf, daß sich um die Mitte des zweiten Jahres herum in der Selbst-Bewußtheit des Kindes einschneidende Veränderungen vollziehen. Jerome Kagan berichtet von einem Experiment, bei dem zu Kindern, die mit Spielsachen beschäftigt waren, die Mutter und ein Versuchsleiter hinzustießen.[10] Der Versuchsleiter führte drei Handlungen vor, die der Reifestufe der Kinder entsprachen – bei Kindern knapp unter zwei Jahren zum Beispiel drei kurze Szenen mit Puppen –, und sagte dann: »Jetzt bist du dran mit Spielen.« Die Kinder bekamen zwar keine Anweisungen, was sie tun sollten, schienen aber davon auszugehen, daß sie den Versuchsleiter nachahmen sollten. Sie reagierten, wenn sie über eineinhalb Jahre alt waren, vor allem aber, wenn ihr zweiter Geburtstag bevorstand oder gerade vorbei war, verschreckt. Sie klammerten sich an die Mutter, ließen von ihrem Spiel ab oder weinten gar. Nach einigen Minuten aber hatten sie sich gefangen und wandten sich von der Mutter ab und wieder dem Spiel zu. Im Spiel ahmten sie die zuvor vorgeführten Handlungen oft genau oder in Bruchstücken nach und lächelten dabei.

Kagan interpretiert diese Beobachtungen so, daß Kinder sich mit eineinhalb Jahren *verpflichtet* zu fühlen beginnen, die Handlungen des Versuchsleiters nachzuahmen, und zugleich merken, daß es ihnen schwerfallen wird, den Maßstäben zu genügen, die er mit seinen Handlungen setzt. Kagan führt Belege dafür an, daß Kinder in der Mitte des zweiten Lebensjahres auch andere Arten von Maßstäben im Sinn haben, die sich zum Beispiel an ihren Reaktionen auf Gegenstände mit »Makeln« und an häufig benutzten Wörtern (»kaputt«, »schmutzig«, »kann nicht«, »schwierig«) ablesen lassen. Das Kind orientiert sich in seinem Handeln offenbar an einer inneren Perspektive – an einer Reihe von Anforderungen und Ansprüchen, von denen abhängt, wie es sein Handeln erlebt und einschätzt. Das Einnehmen einer Perspektive ist nun fest in das Bewußtsein des Kindes eingebunden, so daß es von Vorstellungen beeinflußt wird, was es tun sollte oder was geschehen sollte.

Diese neue Entwicklung hat mannigfache Auswirkungen. Charlotte Bühler schrieb, daß das Kleinkind, das vorausplant und an seinen Zielen festhält, damit die Fähigkeit beweist, sich selbst zu bewerten. Wenn das Kind sich anstrengt und eine Aufgabe bewältigt, etwa ein Puzzle, lächelt es, weil es sein Ziel erreicht hat. Es eignet sich nicht nur

## Der Anfang des Denkens

Maßstäbe an, die mit Billigung und Mißbilligung der Erwachsenen verknüpft sind, sondern hat auch Maßstäbe, an denen es die eigenen Ziele und Leistungen mißt.

Diese Schlußfolgerungen werden durch Studien von Jerome Kagan gestützt, in denen Kleinkinder zu Hause beim Spiel mit ihren Müttern beobachtet wurden. Das Hauptaugenmerk lag darauf, wie die Kinder von sich selbst sprachen und zum Beispiel persönliche Fürwörter oder Namen in Verbindung mit einem Objekt verwendeten – »mein Buch«, »Mary Buch« – oder sich auf ihr eigenes Handeln bezogen, etwa wenn sie beim Klettern »hoch« oder beim Essen »Mary essen« sagten. Mit etwa 18 Monaten waren solche selbstbeschreibenden Äußerungen noch nicht festzustellen, doch zwischen 19 und 24 Monaten nahmen sie stark zu, und drei Monate später waren komplexe Aussagen wie »Ich mach das selber« oder »Das kann ich nicht« darunter. Die Häufigkeit solcher selbstreflexiven Äußerungen am Ende des zweiten Lebensjahres zeigt, daß das Kind nun, da ihm sein Tun auf eine neue Weise bewußt ist, das Bedürfnis hat, sein eigenes Verhalten zu kommentieren.

Die Selbsteinschätzung des Kleinkinds wird auch daran ersichtlich, wie es mit seinem Spiegelbild umgeht. Der klassische (von Gordon Gallup entwickelte) Test besteht darin, die Reaktion des Kindes auf sein Spiegelbild zu beobachten, nachdem man ihm zuvor, ohne daß es das mitbekam, einen Punkt auf Nase oder Stirn gemalt hat.[11] Schon neun- bis zwölfmonatige Kinder freuen sich, wenn sie sich im Spiegel sehen, aber erst mit etwa 15 Monaten beginnen sie, mit der Hand den Punkt auf der Nase oder der Stirn zu berühren. Bei Kindern unter 15 Monaten kommt es noch selten vor, daß sie vor dem Spiegel herumalbern, sich zieren oder verlegen sind, doch bei eineinhalbjährigen Kindern ist das schon recht häufig. Um diese Zeit herum fangen Kinder auch an, vor dem Spiegel Grimassen zu schneiden, die Zunge herauszustrecken oder zu verfolgen, wie ihr Gesicht am Rand des Spiegels verschwindet und wieder erscheint.

Ein Kind bemerkt im Spiegel also schon recht früh, wenn sein Aussehen verändert wird. Wie das Kokettieren und das Verlegensein (aber auch das Bewundern des eigenen Bildes) zeigen, hat es eine Vorstellung davon, daß es sozusagen in diesem Körper lebt, den es sieht, und außerdem das potentielle Objekt der Bewertung durch andere Men-

## 3. Kapitel

schen ist. Es bezieht sich somit in seinem Selbstbild und Selbsterleben darauf, wie ein Gegenüber es aus seiner Perspektive sehen und erleben könnte. Ihm liegt etwas daran, wie andere über es denken beziehungsweise welche Haltung sie zu ihm einnehmen. Wir sehen hier erneut, daß Perspektiven nicht nur etwas sind, das das Kind bei anderen feststellt. Perspektiven sind auch ureigener Bestandteil des Bewußtseins. Denn das Kind nimmt zum einen direkt Bezug auf die Haltungen, die andere ihm gegenüber einnehmen, zum anderen findet dieses Bezugnehmen auch in ihm selbst, innerhalb seines Bewußtseins statt.

Ich habe gesagt, daß das Kind Menschen auch immer stärker als eigenständige Personen wahrnimmt. Die Forschungsarbeiten von Martin Hoffman bieten dafür einige anschauliche Beispiele.[12] Er schildert, wie ein elfmonatiges Mädchen ein anderes Kind hinfallen und weinen sah. Zunächst starrte es das Kind an, das sich weh getan hatte, und sah aus, als würde es gleich selbst zu weinen anfangen. Dann steckte es den Daumen in den Mund und legte den Kopf in den Schoß der Mutter, so wie sie das immer machte, wenn ihr selbst etwas weh tat. Ein etwa gleichalter Junge lutschte am Daumen, wenn er bekümmert war, und zupfte sich dabei mit der anderen Hand am Ohr. Wenn er jemand anderen sah, der betrübt war, tat er dasselbe. Als er jedoch zwölf Monate alt war, geschah etwas Neues. Angesichts der traurigen Miene seines Vaters sah er selbst bekümmert drein und lutschte am Daumen, während er den Vater am Ohr zupfte.

Bei etwas älteren Kindern läßt sich verfolgen, wie sie das, was zu ihnen gehört, von dem zu trennen beginnen, was zu anderen gehört, und zwar sowohl in einem psychischen als auch in einem körperlichen Sinn. Als ein fünfzehn Monate alter Junge namens Michael sich mit einem Freund um ein Spielzeug stritt, fing der Freund an zu weinen. Michael schien beunruhigt und ließ das Spielzeug los, aber der Freund weinte immer noch. Michael hielt inne, nahm dann seinen Teddybär und bot ihn dem Freund an. Als auch das nichts half, ging Michael nach einer kurzen Pause nach nebenan, holte die Schmusedecke seines Freundes und brachte sie ihm. Nun hörte der Freund zu weinen auf. Michael hatte herausgefunden, wie sich der Freund mit etwas trösten ließ, das *für diesen selbst* wichtig war, genauso wie Michael durch seinen Teddybär Trost fand.

Diese Art des Perspektivwechsels ist nicht auf die Einfühlung in

## Der Anfang des Denkens

den Kummer anderer beschränkt. Marcy, 20 Monate alt, wollte ein Spielzeug haben, mit dem ihre Schwester gerade spielte. Als sie darum bat, wollte die Schwester es nicht herausrücken. Marcy hielt inne, als würde sie überlegen, ging dann geradewegs zum Schaukelpferd ihrer Schwester – ein Lieblingsspielzeug, das außer ihr niemand berühren durfte –, kletterte darauf, brüllte: »Schönes Pferdchen! Schönes Pferdchen!« und behielt dabei die Schwester im Auge. Die Schwester legte das Spielzeug hin, das Marcy gewollt hatte, und kam zornig angerannt, woraufhin Marcy sofort von dem Schaukelpferd abstieg, zu dem Spielzeug hinrannte und es an sich nahm.

Welche Folgerungen können wir aus diesen Beobachtungen ziehen? Michael und Marcy waren sich nicht nur bewußt, daß andere Menschen eine besondere Art von »Ding« sind, mit dem man zum Beispiel Erfahrungen teilen oder an das man Bitten richten kann. Sie konnten ihr Gegenüber auch als ein Individuum sehen, das Kummer oder bestimmte Wünsche hat, das sich trösten oder provozieren läßt und für das einige Objekte eine ganz persönliche Bedeutung haben. Sie waren in der Lage, über die Eigenschaften und inneren Zustände des Gegenübers zu reflektieren und entsprechend zu handeln. Michael erfaßte, was für seinen Freund von Bedeutung war, und konnte sein Handeln auf die Perspektive des Freundes abstimmen; Marcys machiavellistisches Manöver entsprang der Einsicht, was ihrer Schwester besonders am Herzen lag und was aus ihrer Perspektive daher unerträglich für sie wäre. Wir sehen erneut, wie Kinder begreifen, was individuelle Perspektiven sind. Sie orientieren ihr Handeln an dem, was sie über die anderen denken.

Das bringt uns zur Entfaltung der Sprache. Die neuen Formen des Bewußtseins von sich selbst und anderen hängen meiner Ansicht nach eng damit zusammen, daß der Wortschatz des Kindes in der Mitte des zweiten Jahres sprunghaft anwächst. Der Grund ist, daß das Einnehmen von Perspektiven zum Wesenskern der Sprache gehört.

In der Sprache des Kindes geschieht zu dieser Zeit aber derart viel Neues, daß man gar nicht recht weiß, wohin man schauen soll. Bestimmte sehr grundlegende Aspekte der Sprache scheinen sich freilich Hand in Hand mit den geschilderten Veränderungen der zwischenmenschlichen Wahrnehmung – und aufgrund dieser Veränderungen – zu entwickeln. Zum Teil hängt das damit zusammen, daß

## 3. Kapitel

das Kind Symbole zu benutzen beginnt, und im nächsten Kapitel werden wir uns mit der Sprache als Symbolsystem befassen. Hier jedoch möchte ich darlegen, wie die frühe Sprachentwicklung darauf gründet, daß dem Kind die Beziehungen zwischen sich, anderen Menschen und der nicht-menschlichen Welt auf eine neue Weise bewußt werden.

Dieser Erklärungsansatz stammt von Jerome Bruner.[13] Er erforscht seit langem, wie sich die Sprache im gemeinsamen Handeln des Babys und seiner Bezugspersonen herausbildet. Seiner Auffassung nach entfaltet sich die Sprache im allgemeinen und die Grammatik im besonderen aus dem gemeinsamen Handeln von Kind und Eltern. Weiter oben habe ich bereits angedeutet, daß ihre gemeinsamen Spiele regelhaften Mustern folgen. Bruner spricht von »Spielformaten«. In diesen klar gegliederten, von Wiederholungen geprägten Spielen wie Weg-Da!, Hoppe-hoppe-Reiter oder Gib-und-Nimm wird ein bekanntes Thema immer wieder leicht variiert. Das Thema ist wichtig, weil es die Abfolge der Ereignisse vorgibt und das Kind somit weiß, was als nächstes kommen wird. Es erlaubt außerdem allmähliche Verschiebungen in den Rollen der Teilnehmenden. Wenn das Kind größer wird, kann es eine zunehmend aktive Rolle einnehmen, so daß sich ein wechselseitiger Austausch entfaltet.

Für die Sprachentwicklung von wesentlicher Bedeutung ist, daß die Spielstruktur dem Kind und seinem Gegenüber ein Thema vorgibt, das eine Abfolge gemeinsam erlebter Ereignisse umfaßt. Jede kommunikative Äußerung eines Teilnehmers ist hier bereits eine Art Kommentar zum momentanen Geschehen – sei es, daß das Kind einfach Blickkontakt aufnimmt und Laute von sich gibt, um darauf zu verweisen, daß das Spiel ein gemeinsames Erlebnis ist, sei es, daß der Erwachsene etwas Komplexeres tut und beispielsweise einen bestimmten Spielzug besonders hervorhebt. Die Aufgabe des Kindes ist insofern stark vereinfacht, als es sich nur auf den Fokus des gemeinsamen Tuns beziehen muß. Diese Ausrichtung auf einen Fokus aber ist ein grundlegendes Merkmal der Sprache, in der Worte eingesetzt werden, um ein Thema zu kommentieren. Die Worte zielen sozusagen auf das Thema, und der Kommentar bringt eine bestimmte Perspektive darauf zum Ausdruck. Thema und Kommentar sind offenbar auch Grundelemente der Spiele, die der Sprache vorausgehen. Und natürlich begleiten die Erwachsenen das Spielgeschehen fortwährend mit Sprachäußerungen.

Wenn sich ab Mitte des zweiten Lebensjahres in den komplexer werdenden Äußerungen des Kindes die Grammatik zu entfalten beginnt, spiegelt ihre Struktur ebenfalls Aspekte, die in den Spielformaten der vorangegangenen Monate betont wurden. Worte greifen ein Thema heraus (das nicht länger einfach vorausgesetzt wird), und Worte (nicht mehr nur Gesten) bringen einen Kommentar zu diesem Thema zum Ausdruck. Außerdem entsprechen auch die verwendeten Wortarten – sie bezeichnen Handelnde, Handlungen, Objekte von Handlungen, Adressaten von Handlungen, Orte und Besitzer von Dingen – denjenigen Aspekten, die in den Spielformaten hervorgehoben waren. Ein letzter Baustein für das Sprachverständnis und den Sprachgebrauch des Kindes ist schließlich, daß es bereits gelernt hat, standardisierte Ausdrucksformen zu verwenden, und versteht, daß für das, was es mitteilen will, wirksame und vom anderen akzeptierte Mittel der Verständigung zur Verfügung stehen. Wie erwähnt wird dem Kind auch in anderen Lebensbereichen zunehmend bewußt, daß es Maßstäbe dafür gibt, wie man etwas tut – oft soll man es »wie die anderen« tun. Ebenso gibt es auch passende Wörter und unpassende Wörter. All dies bedeutet, daß das Kind bereit dafür ist, daß etwas Neues – Worte – die Kommunikation weitgehend bestimmen wird.

Ich möchte anmerken, daß der Wunsch, sich mit anderen zu verständigen, wohl nicht die einzige Motivation für den Spracherwerb ist. Gestische und mimische Gefühlsäußerungen sind ein grundlegender Teil der menschlichen Existenz, doch dasselbe gilt auch für das Sichausdrücken durch Sprache und andere Symbole. Wer Kinder von 14 Monaten plappern hört, wird den Eindruck haben, daß ihnen diese Art des Selbstausdrucks große Freude macht. Manchmal scheinen sie nur zum Spaß zu plappern, und manchmal richten sich die Laute an ein Gegenüber. Sicherlich eignet sich das Kind die Sprache vor allem deshalb an, weil es damit die Aufmerksamkeit und das Handeln anderer lenken und beeinflussen kann, doch es hat außerdem auch einfach das Bedürfnis, sich auszudrücken.

Wenn wir annehmen, daß das Kind in erster Linie deshalb sprechen lernt, weil es über die Sprache auf Bewußtsein und Handeln anderer Menschen einwirken und das erfassen kann, was sie ihm mitteilen wollen, dann sagen wir damit implizit, daß Perspektivwechsel und ein Bewußtsein von uns selbst und anderen zentrale Elemente der Sprache sind. Kinder erkennen nicht nur, daß Worte für Dinge, Ereignisse und Eigenschaften stehen können, sondern begreifen auch, daß Worte für den einen Menschen in der Regel dasselbe bedeuten wie für den anderen. Ein Wort, mit dem ich *Sie* etwas bezeichnen höre, kann auch *ich* verwenden, um dasselbe zu meinen und Ihnen diesen Gedanken mitzuteilen. Darüber hinaus können wir zu Themen, auf die Sprecher und Hörer sich verständigt haben, unsere eigene Sichtweise zum Ausdruck bringen. Jede dieser Leistungen leitet sich zumindest zum Teil aus dem neugewonnenen Bewußtsein des Kindes ab, daß die Rollen zwischen ihm und einem Gegenüber austauschbar sind.

Die Forschungsarbeit Jerome Bruners macht deutlich, daß das Staunen darüber, wie rasch und geschickt das Kind sich die Sprache aneignet, uns nicht den Blick auf andere Entwicklungen verstellen sollte. Das Sprechenlernen ist eine außerordentliche Leistung, und die Grammatik ist etwas so Differenziertes und Komplexes, daß einige ihrer Grundmuster vielleicht angeboren sind. Schon in den ersten Lebensmonaten aber geschieht sehr vieles, was den Weg in die Sprache ebnet. Sie rastet in vieler Hinsicht gewissermaßen in Strukturen der Interaktion und wechselseitigen Abstimmung zwischen Kind und Eltern ein, die schon lange vor dem Sprechenlernen eingeübt werden. Die Grundmuster des Austauschs zwischen Baby und Eltern tragen daher viel dazu bei, den späteren Spracherwerb zu erklären. Das Kind erreicht eine neue Stufe der Kommunikation, wenn es Gesten und vage Lautäußerungen durch Worte zu ersetzen lernt. Voraussetzung dafür ist, daß es bereits Erfahrung darin hat, das wahrzunehmen und zu beeinflussen, worauf ein anderer seine Aufmerksamkeit richtet und was er zum Ausdruck bringen will, und daß es die Grundprinzipien der Kommunikation kennt. Dem Kind muß »einfach nur« klarwerden, wozu Worte da sind und wie sie Bedeutungen übermitteln.

Wenn es zutrifft, daß bei autistischen Kindern der zwischenmenschliche Kontakt beeinträchtigt ist, dann müßten wir am Autismus ablesen können, inwiefern zwischenmenschliche Beziehungen für die Entwicklung des Denkens entscheidend sind. Bislang sind wir nur Hinweisen nachgegangen, daß bei autistischen Kindern die Beziehung zwischen ihnen und ihrem Gegenüber gestört ist. Nun wollen wir wissen, ob die Störungen sich auch auf Interaktionen erstrecken, bei denen Objekte der Umgebung einbezogen sind, und wie sich die Störungen auf die Entwicklung des Denkens auswirken.

Betrachten wir noch einmal Dawn Wimporys Studie zu den frühen Anzeichen für Autismus.[14] Die in den halbstrukturierten Interviews mit Eltern erfaßten Anomalien betrafen nicht nur Interaktionen, die auf das Kind und sein Gegenüber beschränkt waren. Es ging auch darum, inwieweit ein Kind in der Lage war, sich in der Interaktion auf Objekte und Ereignisse in der Umgebung zu beziehen. Auch in diesem Punkt ergaben sich markante Unterschiede zwischen autistischen und nicht-autistischen Kindern. Zum Beispiel wurde *von keinem einzigen autistischen Kind*, aber von mindestens der Hälfte der anderen Kinder berichtet, daß sie in den ersten zwei Lebensjahren anderen Gegenstände angeboten oder gegeben hatten. Dasselbe galt für das Zeigen auf Gegenstände und das Folgen mit dem Blick, wenn andere auf etwas zeigten. Keines der autistischen Kinder hatte laut den Eltern anderen Menschen Objekte gezeigt oder, wenn es sich etwa für einen Gegenstand interessierte, der außer Reichweite war, zwischen diesem und einem Erwachsenen hin- und hergeblickt. Aus den Daten ist demnach klar ersichtlich, daß der zwischenmenschliche Kontakt auch in Situationen beeinträchtigt war, in denen das Kind seine Erfahrungen mit anderen hätte teilen können. Es ließ nicht nur an dem Gegenüber selbst, sondern auch an dessen Haltung zu einer gemeinsam erfahrenen Welt wenig Interesse erkennen.

Es gibt direkte Beobachtungen, die diese Sichtweise stützen. Ein von Simon Baron-Cohen, Tony Charman und Tony Cox geleitetes britisches Forschungsteam tat sich mit Hausärzten und Sozialarbeitern zusammen, die dann bei 16 000 Kindern während der Routineuntersuchung mit achtzehn Monaten soziale Fähigkeiten mitprüften.[15] Zehn von zwölf Kindern, die weder auf Gegenstände deuteten noch sie der Mutter oder dem Tester zeigten und außerdem nicht zu Als-ob-Spielen zu bewegen waren, wurden später als autistisch diagnostiziert. Daß ein anderthalbjähriges Kind mal auf Kontaktsignale anspricht und mal nicht, ist recht häufig. Doch wenn alles zusammenkommt und ein Kind weder mit dem Finger deutet noch einem

## 3. Kapitel

Gegenüber Dinge zeigt und dabei prüfenden Blickkontakt aufnimmt noch zum symbolischen Spiel in der Lage zu sein scheint, ist das äußerst ungewöhnlich und ein Grund zu ernster Sorge.

In einer Studie von Marian Sigman und ihren Kollegen mit etwa dreijährigen Kindern bewegte sich jeweils ein kleiner ferngesteuerter Roboter auf das Kind zu und blieb etwa anderthalb Meter vor ihm stehen.[16] Die Mutter oder der Vater sowie der Versuchsleiter, die in der Nähe des Kindes saßen, gaben in Mimik, Gestik und Lautäußerungen dreißig Sekunden lang vor, Angst vor dem Roboter zu haben. Von den nicht-autistischen, geistig behinderten Kindern schauten in dieser Phase fast alle irgendwann zu einem der Erwachsenen hin, von den autistischen Kindern aber weniger als die Hälfte, und zwar nur kurz. Die nicht-autistischen Kinder schauten zwischen zweieinhalb und sechs Sekunden hin, die autistischen im Durchschnitt nur gut eine halbe Sekunde. Außerdem hatten die autistischen Kinder weniger Scheu, hinterher mit dem Roboter zu spielen, und beschäftigten sich auch bedeutend länger mit ihm (etwa sechs Sekunden, gegenüber eineinhalb Sekunden bei den nicht-autistischen Kindern). Die ängstliche Haltung der Erwachsenen schien auf sie geringeren Einfluß auszuüben.

Wenn autistische Kinder Erfahrungen nicht mit anderen teilen und die Welt-aus-Sicht-des-anderen nicht in ihr Handeln einbeziehen, wie ist es dann bei ihnen um die anderen Aspekte der normalen Entwicklung bestellt, die wir weiter oben betrachtet haben: um das symbolische Spiel, das Bewußtsein ihrer selbst und die Sprache?

Das Spiel autistischer Kinder ist selten differenziert und phantasievoll. Über die Gründe hierfür herrscht große Uneinigkeit, was auch nicht verwunderlich ist: Es ist eine höchst spannende Frage, warum Kinder, deren zwischenmenschliche Beziehungen auf derart tiefgreifende und charakteristische Weise gestört sind, außerdem auch so gravierende Defizite im symbolischen Spiel aufweisen.

Meine eigene Theorie dazu habe ich im wesentlichen bereits dargelegt. Meiner Ansicht nach sind die Defizite im zwischenmenschlichen Kontakt *die Ursache* für die Verarmung der Phantasie. Es existieren aber auch andere Vorstellungen darüber, wie die zwischenmenschlichen und die symbolischen Defizite des Autismus zusammenhängen.

*Der Anfang des Denkens*

Eine der Theorien besagt, beim autistischen Kind sei die Fähigkeit, neue Vorstellungen zu erzeugen, von Grund auf gestört, vielleicht durch eine krankhafte Veränderung der Stirnlappen des Gehirns. Das Kind könne sich folglich von bestimmten Denk- und Handlungssträngen nur schwer lösen, und eine Folge davon sei, daß seinem Spiel die Kreativität abgehe. Laut einer anderen Theorie handelt es sich in erster Linie um eine intellektuelle Funktionsstörung, bei der die kombinatorischen Fähigkeiten des Gehirns beeinträchtigt sind. Man führt sowohl die zwischenmenschlichen Defizite des autistischen Kindes als auch die Einschränkung des Symbolgebrauchs auf eine angeborene Schwäche im Operieren mit Vorstellungselementen zurück und stellt sich das Gehirn als eine Art Computer vor, der die Elemente in seinem Speicher falsch verarbeitet.

Ich werde auf diese konkurrierenden Erklärungsansätze nicht weiter eingehen, möchte aber betonen, daß das eklatante Defizit, das sich im symbolischen Spiel des autistischen Kindes zeigt, sehr bedeutsam ist.[17] Wenn man ein autistisches Kind in einem Raum voller Spielsachen sich selbst überläßt, wird es ihnen wahrscheinlich wenig Beachtung schenken. Es kann sein, daß es die Räder eines Spielautos in einem fort dreht oder ein anderes nicht-symbolisches, monotones Ritual vollführt, aber ein Phantasiespiel, das die Spielsachen miteinbezieht, wird sich nicht entspinnen. Dieses Verhaltensmuster ist ein typisches Kennzeichen des Autismus und läßt sich nicht einfach auf eine geistige Behinderung zurückführen. Es ist nicht so, daß im Spiel des Kindes überhaupt keine Symbole oder kreativen Elemente vorkommen. Gelegentlich (vor allem, wenn ein Erwachsener eine entsprechende Anregung gibt) verwendet es ein Ding so, daß es für ein anderes steht. Doch seinem symbolischen Spiel sind enge Grenzen gesetzt, und es spielt kaum einmal zwischenmenschliche Situationen nach.

Interessanterweise wischt sich ein autistisches Kleinkind einen aufgemalten Punkt vom Gesicht, wenn es ihn im Spiegel sieht.[18] Doch scheint dies nur auf eine Art Körper-Bewußtsein hinzuweisen und nicht auf ein umfassenderes Bewußtsein von der eigenen Person. Denn es ziert sich vor dem Spiegel nicht und ist nicht verlegen, wie das für nicht-autistische Kinder so typisch ist. Auch im Alltag ist einem autistischen Kind sein Aussehen oder Handeln offenbar kaum

## 3. Kapitel

bewußt, und es kümmert sich verblüffend wenig darum. So mag es ihm zum Beispiel ganz gleichgültig sein, ob man es nackt sieht. Obwohl es also erkennt, daß der Körper im Spiegel der seine ist, und sich einen Fleck, den es im Spiegelbild sieht, abwischen würde, begreift es sich möglicherweise nicht als ein Selbst, das auch im Bewußtsein anderer einen Platz hat. So gesehen sind viele autistische Kinder sich der eigenen Person nicht bewußt.

Connie Kasari und ihre Kollegen untersuchten bei autistischen Kindern, deren Entwicklungsstand dem von zweijährigen nicht-autistischen Kindern entsprach, einen Aspekt dieses Phänomens.[19] Die Kinder setzten ein Puzzle zusammen, aber als sie fertig waren, zeigten weder der Versuchsleiter noch die Mutter oder der Vater eine Reaktion. Bei einem zweiten Puzzle lobten beide Erwachsene das Kind. Die autistischen Kinder lächelten ebenso wie die nicht-autistischen, wenn sie die Aufgabe bewältigt hatten. Sie versuchten aber weniger häufig, die Aufmerksamkeit der Erwachsenen auf das fertige Puzzle zu lenken, schauten seltener zu ihnen auf, und kaum eines der Kinder wirkte erfreut, wenn es gelobt wurde. Einige schauten sogar zur Seite. Sie machten nicht den Eindruck, als würden sie die Anerkennung anderer suchen oder genießen. Sie schienen nicht wahrzunehmen, daß sie in Herz und Bewußtsein der anderen einen Platz hatten, und sich nicht aus deren Perspektive zu erleben.

Ein Hauptmotiv des Kindes beim Sprechenlernen besteht darin, daß es auf das Bewußtsein anderer einwirken will. Von daher ist wohl nicht verwunderlich, daß viele autistische Kinder stumm bleiben. Man fragt sich, ob sie Sinn und Zweck der sprachlichen Kommunikation überhaupt begreifen. Wir müssen *mit dem anderen fühlen*, um eine psychische Verbindung mit ihm zu erfahren, und eine solche Verbindung ist eine wesentliche Voraussetzung dafür, daß wir das Wesen von Austausch und Verständigung begreifen. Deshalb verliert, wenn kein zwischenmenschlicher Kontakt zustande kommt, das gesamte Phänomen der Sprache seinen Sinn, und es bleibt allenfalls eine Schrumpfform davon übrig, die dazu dient, andere zu einer gewünschten Handlung zu bewegen.

Wie steht es mit den autistischen Kindern, deren Sprache recht differenziert ist? Die sprachlichen Fähigkeiten sind bei ihnen trotz allem stärker beeinträchtigt als andere geistige Funktionsaspekte. Zum Bei-

## Der Anfang des Denkens

spiel sind autistische Kinder, bei denen keine schwere geistige Behinderung vorliegt, oft gut, ja brillant darin, Puzzleaufgaben zu lösen. Nicht selten sind sie in der Lage, auch umgedrehte Puzzleteile rasch zusammenzusetzen. Die Sprachentwicklung dieser Kinder ist aber fast immer verzögert, und sie haben einen eigenartigen Redestil.[20] Die auffälligste Abweichung hat nicht mit der Grammatik zu tun, sondern mit der Art, wie sie Sprache verwenden. Sie haben Schwierigkeiten, Sprache auf den Kontext abzustimmen. Wenn sie etwas sagen, klingt es oft merkwürdig gespreizt oder wunderlich. Ähnliches gilt für ihr Sprachverständnis. Sie klammern sich an buchstäbliche Bedeutungen, anstatt Wörter und Sätze im Kontext zu sehen. Sie sind nicht in der Lage, sich in der Interaktion mit einem anderen flexibel auf ihn einzustellen.

Als ein junger autistischer Mann, der an einer Tagung teilnahm, von jemandem aus dem Publikum gefragt wurde: »Hast du ein Hobby?«, sagte er: »Ja.« Das war die ganze Antwort – nur ein »Ja«. Die Antwort ist zwar vollkommen korrekt, wenn man den reinen Wortlaut der Frage betrachtet, aber dem, was eigentlich hinter der Frage steht, nicht angemessen, denn der Fragende möchte natürlich wissen, was das wohl für ein Hobby sein könnte. Ein anderer Autist wurde gefragt: »Was hast du zu Abend gegessen?« Er erwiderte: »Fleisch und Kohl und Kartoffeln und Soße und Salz und Kuchen mit Marmelade drin und Vanillepudding und Orangensaft und eine Tasse Tee.« Auch diese Antwort ist korrekt, geht aber an der Intention des Fragenden vorbei. Ein autistisches Mädchen nannte den Freßnapf des Hundes immer »Teller«, und als sie einmal gebeten wurde, Essensreste in seine »Schüssel« zu geben, schüttete sie sie in eine Spülschüssel.[21]

Diese Beispiele zeigen, daß manche Autisten zwar die buchstäbliche Bedeutung von Worten und Sätzen zu erfassen vermögen, aber nur zum Teil verstehen, was *der Sprecher* mit den Worten und Sätzen sagen will. Außerdem können sie das, was sie sagen, nicht so auf den Zuhörer abstimmen, daß er mühelos und wie von selbst versteht, worauf sie hinauswollen. Sie tun sich schwer damit, zu unterscheiden, was für ihn wichtig und unwichtig ist. Sie stellen sich nicht auf die Perspektive des anderen ein, ob dieser nun zuhört oder spricht.

Verweilen wir einen Moment darauf, wie wir uns auf die Perspektive eines anderen Menschen einstellen. Ein Mensch sieht die Welt in

## 3. Kapitel

jedem Moment aus seinem besonderen Blickwinkel. Manches springt ihm ins Auge, während anderes ihm entgeht, und er reagiert mit Empfindungen und Einschätzungen auf diese, aber nicht auf jene Aspekte. Wenn er zum Beispiel hungrig ist, fällt ihm auf, daß in einem Laden Lebensmittel zu haben sind, während sein Freund nur registriert, daß er dort Zeitungen kaufen kann. Wenn er knapp bei Kasse ist, ärgert er sich vielleicht, weil er das Obst für überteuert hält, während sein Freund die saftig aussehenden Pfirsiche sehr verlockend findet. Eigentlich nehmen die beiden denselben Laden wahr, erleben ihn aber ganz unterschiedlich. Ein Extremfall liegt vor, wenn jemand die Dinge auf eine eigentümliche Weise deutet und den Laden für ein Kino hält oder für eine Tarnadresse eines Geheimdienstes.

Jedenfalls hat jeder Mensch seine subjektive Perspektive. Sie kann sich natürlich mehr oder weniger mit der subjektiven Perspektive eines anderen decken. Aber auch wenn sie im großen und ganzen der Perspektive der meisten anderen entspricht, so daß der Betreffende über das, was wir Realität nennen, orientiert ist, erlebt er die Wirklichkeit dennoch auf seine je eigene Weise. Wenn jemand sich auf die Perspektive anderer einstellen kann, bedeutet das, daß er subjektive mentale Aspekte wie Interessen, Sorgen, Wünsche, Gefühle, Absichten wahrzunehmen vermag. Anders gesagt, er kann sich in die Rolle anderer hineinversetzen. Wir haben gesehen, daß es verschiedene Arten oder Ebenen dieser Rollenübernahme gibt und daß nur auf einigen dieser Ebenen auch ein Nachdenken über das Bewußtsein der anderen ins Spiel kommt.

Bei autistischen Menschen ist diese Fähigkeit der Rollenübernahme massiv beeinträchtigt. Das Mädchen, das den Hund füttern sollte, war auf eine ganz bestimmte Bedeutung des Wortes »Schüssel« fixiert und nicht imstande, die Aufmerksamkeit statt dessen auf das zu richten, was der Sprecher meinte. Sie schien auf eine buchstäbliche und für sie unabänderliche Wortbedeutung zu reagieren und nicht auf das, was der Sprecher beim Aussprechen des Wortes im Sinn hatte (und mitteilen wollte). Manchmal ist es natürlich wichtig, »Teller« zu sagen anstatt »Schüssel« – je nachdem, was zwischen Sprecher und Hörer oder zwischen Autor und Leser gerade geschieht. Das, »was gerade geschieht«, ist im Grunde genommen keine Sache der Linguistik, sondern betrifft das, was eine Person denkt und der anderen mitteilen möchte. Autistische Menschen kommen mit solchen Situationen nicht zu Rande, weil sie Mühe haben, zu erfassen, was ein anderer wohl im Sinn hat und mit seinen Worten meint.

Die Grundvoraussetzung für die Entwicklung des Denkens ist, daß das Kind in der Lage ist, sich emotional »bewegen« zu lassen. Denn die Art und Weise, wie das Kind ein Objekt oder ein Ereignis erfährt, ändert sich, wenn es auf die Emotionen anderer reagiert. Es vollzieht eine Bewegung von einer Sichtweise hin zu einer anderen. Ein Beispiel dafür ist, wie sich die Bedeutung der visuellen Klippe für das Kind durch die Signale der Mutter ändern kann. Infolgedessen wandelt sich auch die Art, wie das Kind andere Menschen erlebt, denn es entdeckt, daß es auch über ein Objekt eine Beziehung zu ihnen herstellen kann. Das einjährige Kind zeigt den Eltern ein Spielzeug nach dem anderen – und beobachtet, wie sie reagieren. Es versteht, daß andere Menschen Haltungen einnehmen und daß sich diese Haltungen auf Dinge richten können.

Wir müssen aber, da es um die ersten Lebensjahre geht, mit unseren Schlußfolgerungen zum Auffassungsvermögen des Kindes sehr vorsichtig sein. Beobachtbar ist, daß das Baby zu Menschen anders in Beziehung tritt als zur übrigen Welt und daß es sich von einer mentalen Perspektive zu einer anderen bewegen kann. Wie ich bereits betont habe, heißt das nicht, daß das Kind schon *verstehen* würde, wie Objekte für Menschen Unterschiedliches bedeuten können. Unzulässig wäre auch der Schluß, das Kind würde Menschen bereits als Wesen mit einem subjektiven Erleben oder Bewußtsein begreifen, das sich von dem seinen unterscheidet. Klar erkennbar ist nur, daß das Kind nicht mehr auf eine eingleisige Form der Wirklichkeitserfahrung festgelegt ist. Es nimmt von anderen Menschen mentale Impulse auf, die jeweils seine Haltung zur Welt verändern. Die Bedeutung der Dinge verschiebt sich. Der Eindruck, den es von einer Sache hat, wandelt sich, wenn ein anderer Mensch hinzutritt. Das Kind gewinnt neue Einsichten in das Wesen des eigenen Bewußtseins wie auch des Bewußtseins anderer Menschen.

Das Kind kann die Bewegung hin zu einer neuen Perspektive vollziehen *und zugleich* seine anfängliche Sichtweise im Sinn behalten. Die Welt hat für das Kind nun eine »Bedeutung-für-mich« und eine

*3. Kapitel*

»Bedeutung-für-den-anderen«. Es beginnt zu begreifen, daß Menschen ein Bewußtsein haben, die Welt somit auf ihre je eigene Weise erleben und Dingen Bedeutungen zuschreiben können. Diese Bedeutungen lassen sich in Symbolen verankern. Wir haben gesehen, daß sich beim eineinhalbjährigen Kind im symbolischen Spiel und in der Sprache neue Formen des Bewußtseins von der eigenen Person und von anderen zeigen. Wir können hier den Beginn des Denkens verfolgen.

Das Symbolisieren im allgemeinen und die Sprache im besonderen bilden die Schnittstelle zwischen Kommunikation und Denken. Ihre Wurzeln liegen in der vorsprachlichen Kommunikation, und sie ebnen den Weg zu neuen Formen der Kommunikation und des Denkens. Symbolisieren, Sprechen und Denken sind aber nur möglich, weil Menschen auf eine spezifische Art in emotionale Beziehung zueinander treten und dabei eine gemeinsam erfahrene Welt entsteht.

## 4 Das Gerüst des Denkens

Ich glaube nicht, daß eine Beschreibung des Bewußtseins an dem ansetzen sollte, was im Gehirn des Babys vor sich geht, oder daß wir uns nur darauf, wie das Baby in seinem Handeln auf die Welt einwirkt, konzentrieren sollten, ja nicht einmal darauf, wie es die Welt wahrnimmt. Meiner Ansicht nach sollten wir uns als erstes damit befassen, welche verschiedenen Formen der Verbundenheit zwischen dem Kind und den Dingen und Menschen seiner Umgebung es gibt. Der Philosoph und Theologe Martin Buber sagt: »Im Anfang ist die Beziehung.«[1]

Der Begriff der Verbundenheit hilft uns, die Beziehung genauer zu erfassen, die von Beginn an zwischen dem Baby und der Welt besteht. Das Baby nimmt Dinge und Menschen in der Welt wahr *und* reagiert mit Gefühlen auf sie *und* wirkt auf sie ein. Buber trifft die grundlegende Unterscheidung zwischen Ich-Du- und Ich-Es-Beziehungen. Im folgenden zunächst möchte ich etwas dazu sagen, wie die Entwicklung des Denkens von der Beziehung des Kindes zu Objekten geprägt wird, und dann ausführlicher auf den entscheidenden Beitrag eingehen, den die Verbundenheit des Kindes mit anderen Menschen dazu leistet.

Am Anfang erfährt das Kind die Welt nur so, wie sie sich seinem Handeln und Fühlen unmittelbar darbietet. Sein einziger Blickwinkel auf das Leben ist durch die Dinge vorgegeben, von denen es »ergriffen« wird, weil sie die Aufmerksamkeit fesseln oder ein Bedürfnis ansprechen, und durch die Dinge, die es »ergreift«, im Schauen, Saugen oder buchstäblichen Zupacken – sowie natürlich durch die Dinge, von denen es abgestoßen wird oder die es loszuwerden versucht. Jean Piaget hat wiederholt betont, daß das Baby damit eigentlich gar keine Perspektive auf die Welt einnimmt, weil es dies nicht als Perspektive *erlebt*. Für das Baby sind die Dinge einfach so. Es lernt sie sozusagen aus erster Hand kennen. Es lernt, daß ein Gummiball etwas ist, das es halten und zusammendrücken und an dem es saugen kann, während es einen Apfel halten und an ihm saugen, ihn aber nicht

## 4. Kapitel

zusammendrücken kann. Es baut eine Vorstellung davon auf, wie die Dinge beschaffen sind, und beginnt verschiedene Arten von Dingen auseinanderzuhalten.

Es scheint sich hier um Selbstverständlichkeiten zu handeln, doch sie helfen uns zu sehen, wie das Denken über Dinge zwar in dieser Stufe der Erfahrung wurzelt, aber sich von ihr abhebt. Wenn ein Kind sich mit Gegenständen auseinandersetzt, indem es zum Beispiel mit ihnen auf den Tisch hämmert, an ihnen saugt und sie schließlich auf den Boden wirft, ist das ein ganz anderer Vorgang als ein Denken über den Gegenstand. Piaget hob ausdrücklich hervor, daß der Gegenstand für das Baby zunächst einfach ein Etwas-zum-Hämmern, Etwas-zum-daran-Saugen und so weiter ist. Ehe das Denken über Gegenstände oder Ereignisse möglich wird, müssen sie zunächst eine unabhängige Existenz im Bewußtsein des Kindes entwickelt haben. Das Kind muß einen Ball als ein Ding kennen, das so und so ist, als ein Objekt, das es halten, zusammendrücken, in den Mund nehmen kann und so weiter und das auch dann weiterbesteht, wenn das Kind gerade nicht in einer dieser Formen darauf einwirkt.

Außerdem muß das Kind in der Lage sein, auf ein Objekt oder Ereignis zuerst den einen Gedanken und dann den anderen zu richten, ohne zu verkennen, daß es sich nur um Gedanken handelt. Wenn es daran denkt, mit einem Gegenstand auf den Tisch zu hämmern, erzeugt der Gedanke kein Geräusch; wenn es daran denkt, an einem Gegenstand zu saugen, ruft der Gedanke nicht sämtliche Empfindungen wach, die mit dem Saugen einhergehen würden, obwohl ihm bei dem Gedanken vielleicht das Wasser im Mund zusammenläuft. Einen Gedanken zu denken schließt ein, daß man sich des Gegensatzes zwischen Denken und Handeln bewußt ist. Wenn diese Unterscheidung versagt, denkt man nicht, sondern halluziniert. Bei einer Halluzination würde man beispielsweise glauben, daß man tatsächlich mit dem Gegenstand hämmert oder an ihm saugt und nicht nur daran denkt.

Wie löst sich das Kind also aus seiner eindimensionalen, eingleisigen Weltwahrnehmung und gelangt dahin, daß es eine Szene aus einer Reihe von Perspektiven zu betrachten vermag?

Piaget dachte, das Kind würde das alles aus sich heraus zuwege bringen[2]: Anstatt einen Ball zum Beispiel weiterhin nur als das-was-sich-mit-dem-Mund-erkunden-und-das-sich-zusammendrückenläßt zu erleben, beginnt es ihn als etwas zu begreifen, mit dem es auf verschiedenste Arten umgehen kann und das für sich allein existiert. Es kann an dem Ball saugen, ihn drücken, rollen, werfen und so weiter. Besonders wichtig ist dabei die Entdeckung, daß Handlungen umkehrbar sind – das Kind kann den Ball von einer Stelle zur anderen und wieder zurück bewegen, er kann versteckt und wiedergefunden werden –, und so wird dem Kind bewußt, daß die Existenz des Gegenstands nicht davon abhängt, ob es sich gerade mit ihm beschäftigt. Erst wenn es erkannt hat, daß Dinge Bestand haben, können sie sich von seinen momentanen Handlungen und Reaktionen abheben, und das Denken über sie kann beginnen.

Aber reicht dies aus, um den Ursprung des symbolischen Denkens zu erklären? Piaget vermutete, und damit löste er bei vielen Verwunderung aus, daß auch die Fähigkeit des Kindes zur aufgeschobenen Nachahmung – zum Imitieren einer Handlung, wenn die betreffende Person sie nicht länger ausführt – eine entscheidende Voraussetzung für das Symbolisieren ist. Das Problem war, daß Piaget sich keineswegs klar dazu äußerte, wie man sich die Rolle der aufgeschobenen Nachahmung vorzustellen hat.

Meiner Ansicht nach wollte Piaget auf einen wichtigen Punkt hinaus, ging aber in seinen Überlegungen nicht weit genug. Er war anscheinend bemüht, in seine Erklärung des Denkens auch soziale Einflußfaktoren einzubeziehen, und brachte daher die Nachahmung ins Spiel. Seine Theorie hatte aber zwei Lücken, die er nicht zu schließen vermochte. Erstens hielt er das Handeln für die Hauptquelle des Denkens und schenkte deshalb der Gefühlssphäre zu wenig Beachtung. Er sagte einmal, Freud habe sich auf die Emotionen konzentriert, er selbst aber habe die Intelligenz gewählt.[3] Er beschrieb das Denken als eine Art inneres Handeln, und obwohl er die aufgeschobene Nachahmung in sein Erklärungsmodell einzufügen versuchte, wußte er nicht recht, wo er die Gefühle darin unterbringen sollte. Dies war ein gravierendes Manko seiner Theorie. Zweitens konzentrierte sich Piaget ganz auf die Anstrengungen des einzelnen Kindes, die Welt um sich herum zu erkennen, und ließ weitgehend außer acht, inwieweit die Entstehung des Denkens auch ein soziales Phänomen sein könnte. Er konnte sich nicht vorstellen, daß das Gewebe des Denkens im Geben und Nehmen des Austauschs *zwischen* Menschen geknüpft

## 4. Kapitel

wird und die zwischenmenschlichen Beziehungen das Medium des Denkens sind.

Für Piaget war klar, daß das Kind, ehe es »über etwas denken« kann, zuerst gleichsam von seiner Umgebung abrücken muß. Um verschiedene Perspektiven auf ein Thema miteinander koordinieren zu können, muß es zuvor eine Art mentale Freiheit erreichen, die es ihm erlaubt, von einer Sichtweise der Realität zu einer anderen zu wechseln. Piaget entging allerdings, daß diese Distanzierung durch spezifische Formen der zwischenmenschlichen Erfahrung in Gang kommt. In Anknüpfung an den Philosophen und Sozialpsychologen G. H. Mead und an die Entwicklungspsychologen Heinz Werner und Bernard Kaplan[4] vertrete ich die Auffassung: Es reicht nicht aus, daß das Kind eine mentale Distanz zu seiner Umgebung einzunehmen lernt und daß seine Gedanken über die Dinge sich von den Dingen selbst abheben. Notwendig ist auch, daß eine Distanz entsteht zwischen dem Selbst des Kindes und dem Selbst anderer Menschen. Denken wird möglich, weil das Kind die Perspektive eines Menschen von der eines anderen zu trennen beginnt.

Und es gehört noch mehr dazu: Das Denken entsteht aus wiederholten Erfahrungen, bei denen das Kind eine *Bewegung* von einem psychischen Standpunkt gegenüber Dingen und Ereignissen hin zu einem anderen Standpunkt vollzieht. Es kann diesen Perspektivwechsel aber zunächst nicht selbst ausführen. Damit es begreift, daß es sich innerlich bewegen und seine Haltung zur Welt verändern kann, müssen die Bewegungen *durch einen anderen Menschen* geschehen. Von besonderer Bedeutung sind dabei Situationen, in denen sich die Haltung des Kindes zu etwas wandelt, weil es auf die Haltung eines anderen Menschen reagiert.

Der zentrale Vorgang besteht darin, daß das Kind sich in andere hineinversetzt oder sich mit ihrer Haltung identifiziert. Wie wir gesehen haben, tritt schon das Neugeborene in Kontakt mit den Handlungen und Gefühlsäußerungen anderer Menschen. Sein subjektives Erleben koordiniert sich mit dem der Eltern. Später dann erreicht es ein Stadium, in dem es sich mit den Haltungen anderer identifiziert, das heißt ihren Blickwinkel übernimmt. Das Kind wird nun von der Haltung beeinflußt, die andere zu einer Sache oder auch zu ihm selbst an den Tag legen. Es übernimmt ihre emotionale Haltung, während

*Das Gerüst des Denkens*

ihm die ursprüngliche eigene Haltung noch mehr oder weniger bewußt bleibt.

Dieser Vorgang läßt sich, auch wenn dies vielleicht ein wenig weit hergeholt erscheint, als Spezialfall der aufgeschobenen Nachahmung auffassen. Jemanden nachzuahmen, nachdem er die betreffende Handlung abgeschlossen hat, bedeutet auch, etwas von der Haltung des anderen zu übernehmen, zumindest im Verhalten. Ein Kind sieht zum Beispiel, wie die Mutter den Telefonhörer ans Ohr legt, und macht ihr das einige Zeit später nach. In gewisser Weise eignet es sich das Handeln der Mutter an. Das entscheidende Element dieser Form von Identifizierung ist, daß *Gefühle und Haltungen* beteiligt sind. Nicht nur das Handeln ändert sich dabei, sondern auch die subjektive Erfahrung der Welt. Das Kind vollzieht eine Bewegung hin zu einer anderen Haltung gegenüber den Dingen. Es wird sozusagen aus seiner auf sich selbst zentrierten Sichtweise herausgelockt. Es erlebt die Welt auf eine neue Weise. Von außen betrachtet könnte man sagen, daß es eine andere Perspektive einnimmt.

Das Einnehmen einer Perspektive schließt aber nicht notwendigerweise ein, daß der Betreffende versteht, was es bedeutet, eine Perspektive einzunehmen. Eine Katze hat ihre eigene Perspektive auf die Welt, doch das heißt nicht, daß sie von dieser Perspektive weiß. Wir müssen in unser Erklärungsmodell einbeziehen, daß die Bewegung hin zu einer neuen Perspektive dem Kind bewußt ist. Wie begreift es, daß es, wie andere Menschen, ein Wesen ist, das Perspektiven einnehmen und übernehmen kann?[5]

Es muß dazu, so verwirrend das klingen mag, zuerst in eine Perspektive gelangen, aus der es sich selbst und seine eigenen Haltungen betrachtet. Nur auf diesem Weg, indem es also die Art und Weise, wie es selbst die Welt sieht, in den Blick nimmt, kann es anfangen, die eigene Perspektive und die Perspektiven anderer gedanklich zu fassen.

Möglich wird das durch eine besondere Form der Identifizierung: Das Kind identifiziert sich mit Haltungen, die andere gegenüber seinen eigenen Haltungen und Handlungen erkennen lassen. Es wird erneut von seinem eigenen Blickpunkt weggelockt und in eine andere Perspektive hineingezogen – diesmal in eine Perspektive auf sich selbst und das eigene Fühlen und Tun. Es wird sich durch andere seiner selbst bewußt.

## 4. Kapitel

Unser Bild davon, wie die elementare zwischenmenschliche Kommunikation hin zum Denken führt, ist nun fast vollständig. Wir haben gesehen, daß aus Vorgängen zwischen Menschen neue Vorgänge im Bewußtsein des Kindes hervorgehen. Das Kind wird sich dadurch, daß es die Perspektive wechselt, seiner selbst bewußt und begreift, was es bedeutet, eine Perspektive einzunehmen. In der Interaktion mit anderen gewinnt es einen Bezugspunkt, von dem aus es die eigenen Haltungen und Handlungen betrachten kann. Es hat sozusagen die Perspektive der anderen in sein eigenes Bewußtsein hineingenommen. Nun wird es nach und nach verstehen, was es heißt, eine Perspektive unter vielen innezuhaben.

Das Innenleben des Kindes hat sich von Grund auf verwandelt. Die Verwandlung beruht darauf, daß es drei Dinge begreift: erstens, daß es Perspektiven gibt und daß sie von Menschen eingenommen werden; zweitens, daß es selbst ein Mensch mit einer Perspektive ist, die sich von den Perspektiven anderer unterscheiden kann; drittens, daß es die Möglichkeit hat, in die Perspektive eines anderen zu wechseln und dabei sogar die eigene Perspektive beizubehalten. Sein Bewußtsein kann nicht nur einer, sondern zwei Perspektiven Raum geben.

So kommt es, daß das Kind fähig wird, sein Tun auf die Perspektive eines Gegenübers abzustimmen (denken Sie daran, wie Michael seinen Freund mit dessen Schmusedecke tröstete und wie Marcy es anstellte, daß ihre Schwester von einem Spielzeug abließ). So kommt es, daß das Kind eine bestimmte Perspektive auf die eigenen Handlungen und Haltungen einnehmen kann (wir haben gesehen, daß Kinder, die noch keine zwei Jahre alt sind, schon Maßstäbe haben, die sie an ihr Tun oder Aussehen anlegen). So kommt es, und das ist die großartigste Errungenschaft, daß das Kind die Möglichkeit hat, Dinge unter neuen Perspektiven zu betrachten. Es ist schon seit Monaten in der Lage, in einer spielerischen oder schelmischen Haltung etwas »nicht ernst zu meinen«, und wenn zu dieser Haltung nun Perspektivwechsel hinzutreten, entsteht daraus das symbolische Spiel.

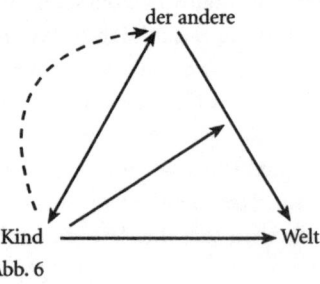
Abb. 6

*Das Gerüst des Denkens*

Diese ganzen Zusammenhänge lassen sich in einem Dreieck darstellen (siehe Abb. 6). Das Kind sitzt sozusagen in der linken unteren Ecke und beschäftigt sich mit der »Welt«, also mit einem Objekt. Es schaut das Objekt an, tut etwas damit, horcht darauf oder reagiert mit Empfindungen darauf. Es muß sich um ein Objekt handeln, auf das auch ein Gegenüber, im Dreieck »der andere« genannt, seine Aufmerksamkeit richten kann. Das Kind steht mit drei Aspekten des Dreiecks in Verbindung: mit der Welt; mit dem anderen, der seinerseits zum Kind in Beziehung tritt (der Pfeil zwischen Kind und anderem weist in beide Richtungen); mit der Beziehung, in der der andere zur Welt steht.

Übertragen wir das Schema auf ein zwölfmonatiges Mädchen, das mit einem beunruhigenden Objekt konfrontiert wird. Ein neues Spielzeug verkündet plötzlich: »Ich bin ein Roboter!« Das Mädchen blickt das Spielzeug (»Welt«) an und ist zum einen fasziniert, zum anderen ängstlich. Es sieht zur Mutter hin, die in der Nähe steht. Die Mutter schaut den Roboter überrascht und amüsiert an. Vielleicht zeigt sie anfangs auch, weil sie die Ängstlichkeit ihrer Tochter bemerkt, kurz ein wenig gespielte Angst. Das würde es dem Mädchen erleichtern, an ihre innere Haltung anzuknüpfen und die eigenen Gefühle entsprechend zu modifizieren. Das Mädchen nimmt jedenfalls wahr, daß die Haltung der Mutter dem Spielzeug gilt. Denn die Mutter schaut zum einen beruhigend ihre Tochter an, blickt zum andern aber auch zwischen ihr und dem Spielzeug hin und her, so daß jedem Beobachter (auch dem Kind) klar ist, daß die beruhigenden Signale sich *auf das Spielzeug* beziehen.

Der Pfeil, der das Dreieck zweiteilt, stellt dar, daß das Mädchen die Beziehung der Mutter zu dem Spielzeug wahrnimmt und die eigenen Empfindungen gegenüber dem Spielzeug dementsprechend abwandelt. Nicht die Angst gewinnt die Oberhand, sondern die Neugier; das Zögern mündet nicht in Rückzug, sondern in ein vorsichtiges Erkunden des Objekts. Die Haltung der Mutter hat das Mädchen dazu bewegt, die Welt anders zu interpretieren.

Wir kommen nun zu dem gestrichelten und gekrümmten Pfeil außerhalb des Dreiecks. Er steht für einen neuen Vorgang, der erst dann ablaufen kann, wenn die anderen Aspekte des Dreiecks schon eine Zeitlang vorhanden sind. Bei diesem Vorgang vollzieht sich im

Kind eine innere Bewegung. Es bewegt sich in die Position des anderen, hier der Mutter, und zwar so, daß es ihre Haltung *in dem Wissen* übernimmt, daß das eine Haltung außerhalb seiner selbst ist. Es kann die Haltung nach wie vor zu seiner eigenen machen, so wie es auch Handlungen imitiert und sich zu eigen macht. Jetzt aber kann es sich auch, und das ist das Neue daran, bewußt bleiben, daß zwei gesonderte Blickwinkel gegeben sind: sein eigener und der der Mutter.

Die Haltungen von Kind und Mutter sind in zweierlei Hinsicht gesondert voneinander. Erstens sind sie unterschiedlich: Das Kind verspürt Angst, die Mutter ist amüsiert. Zweitens sind die Haltungen Personen zugeordnet, die verschiedene Positionen im Raum einnehmen. Das Kind fühlt in seiner Position das eine, sein Gegenüber fühlt in seiner Position das andere. Eines aber haben die beiden Haltungen gemeinsam: Sie richten sich auf dasselbe Objekt. Dies ist nicht nur eine Tatsache, sondern auch eine augenfällige Tatsache. Das Kind kann sehen, daß es so ist.

Ich möchte mich um die kniffligste Frage in diesem Zusammenhang nicht herumdrücken, sondern sie lieber direkt ansprechen: Wie wird das Kind mit einemmal fähig, *zu denken*, daß zwei Perspektiven vorhanden sind – eine, die es selbst einnimmt, und eine, die dem Gegenüber zuzuschreiben ist? Wie bewältigt das Kind diesen enormen Entwicklungssprung?

Genau diesen Sprung soll das Dreieck erklären helfen und zeigen, daß er vielleicht gar nicht so groß ist, wie es zunächst scheinen mag. Die Zusammenhänge müssen dem Kind nicht auf einen Schlag klarwerden, sondern können ihm nach und nach dämmern. Es erlebt das Dreieck immer wieder, und der Vorgang der Identifizierung erzeugt dabei jedesmal einen Sog *hin zur* Position des anderen. Das Kind bemerkt jedesmal, wie sich infolge des Sogs seine Erfahrung verändert. Daß es diese Verschiebungen registriert, scheint eine plausible Annahme zu sein. Wir müssen klären, wie das Kind *erkennt*, daß seine Bewegung hin zur Position des anderen einen Perspektivwechsel bedeutet.

Wir können hier den Begriff der Triangulation aus der Geometrie zu Hilfe nehmen. Bei der Triangulation peilt man von zwei verschiedenen Punkten aus einen dritten an, eine Art Fixpunkt. Der Fixpunkt in unserem Dreieck ist die Welt. Zwei Haltungen zielen auf dasselbe Objekt in der Welt. Das Kind erfaßt, daß das eine Objekt zwei Bedeu-

*Das Gerüst des Denkens*

tungen hat. Dadurch wird es angeregt, die eigene Haltung von der des anderen zu unterscheiden. Es geht nicht nur darum, daß die Mutter auf das Objekt reagiert und die Emotionen des Kindes sich dementsprechend verschieben – sondern auch darum, daß Mutter und Kind auf ein und dasselbe Objekt reagieren. Indem das Kind erlebt, daß es sowohl die eigene Haltung zu dem Objekt als auch die der Mutter gibt, lernt es zum einen etwas über Dinge, zum andern über sein Gegenüber. Es erfaßt die Reaktion der Mutter auf ein Spielzeug und lernt so etwas über das Spielzeug. Zugleich aber verrät das Spielzeug ihm etwas über die Mutter, nämlich daß sie in einem bestimmten Punkt anders als das Kind ist: Sie nimmt eine Haltung zu dem Spielzeug ein, die von seiner eigenen Haltung zum selben Objekt abweicht.

Derartige Vorgänge werden gewöhnlich so interpretiert, daß sich dem Kind die Welt durch die Vermittlung eines anderen Menschen erschließt. Das ist auch sicherlich eine zutreffende Beschreibung. Aber das Kind lernt dadurch, daß es sich auf eine gemeinsame Welt bezieht, zugleich auch etwas über Menschen als Wesen mit einem Bewußtsein. Denken Sie daran, wie oft und mit welcher Ausdauer ein zwölfmonatiges Kind anderen immer wieder Dinge zeigt. Ständig nimmt es etwas, zum Beispiel ein Spielzeug, in die Hand und wedelt damit unbekümmert vor den Eltern hin und her. Dabei geht es eigentlich nicht um das Spielzeug. Das Kind ist darauf aus, die Aufmerksamkeit der Eltern zu gewinnen und sie zu beobachten. Das Objekt dient nur als Mittel zur Kontaktaufnahme, und das Kind erforscht, wie ein Gegenüber seine Aufmerksamkeit auf etwas anderes als das Kind selbst richtet. Es erkundet das menschliche Bewußtsein. Im Laufe der Erfahrungen, die es im Dreieck von Selbst, Welt und anderem macht, entdeckt es, daß ein Mensch seine eigene Perspektive auf die Welt hat.

Es gibt noch eine andere Art von Beziehungs-Dreieck, das in manchen Aspekten mit dem beschriebenen vergleichbar ist. Es besteht aus Kind, Mutter und Vater. Viele Psychoanalytiker gehen davon aus, daß die Erfahrungen eines Kindes in dieser Dreierkonstellation für die Entstehung seines psychischen Innenraums entscheidend sind.[6] Zum Beispiel ist es notwendig, daß das Kind einen Blickpunkt einnehmen lernt, von dem aus sich das Geschehen zwischen anderen verfolgen läßt. Außerdem muß die Beziehung des Kindes zu seiner primären Bezugsperson, also meist der Mutter, dadurch um eine zusätzliche

Dimension erweitert werden, daß ein Dritter hinzukommt, der Vater. Ich bin mir zwar unsicher, welche Rolle dieses Beziehungsdreieck für die Entwicklung des Denkens spielt, aber ich halte es für sehr wahrscheinlich, daß sich nur eine verarmte Form des Denkens entwickelt, wenn ein Kind erheblich gestörte Beziehungen zwischen Mutter, Vater und sich selbst erlebt.

Das Dreieck soll noch etwas anderes veranschaulichen, nämlich den Beginn des Symbolgebrauchs. Wenn ein Kind ein Symbol verwendet, heißt das, daß eine Sache für eine andere steht. Ein Stück Papier steht zum Beispiel für eine Puppen-Bettdecke. Anders gesagt, das Kind sieht eine Decke in dem Stück Papier. Wie Werner und Kaplan aufzeigen, muß das Kind dazu im Geiste eine Trennung vollziehen zwischen dem, was das Symbol-Objekt in Wirklichkeit ist – in diesem Fall ein Stück Papier –, und dem, was das Symbol-Objekt nun für die Zwecke des Spiels bedeuten soll. Es muß eine Unterscheidung treffen zwischen der Bedeutung – »das ist jetzt eine Decke« – und dem materiellen Objekt, dem diese Bedeutung zugewiesen wird. Die Bedeutung »Decke« wird auf das Symbol-Objekt übertragen, ohne daß eine wirkliche Decke im Spiel wäre.

All dies erfordert ein doppeltes Unterscheiden von Haltungen: Sich mit einer wirklichen Decke zu beschäftigen ist etwas anderes, als mit einem Objekt so umzugehen, als sei es eine Decke. Überdies muß das Kind von der wirklichen Beschaffenheit des Papiers absehen, damit das Papier seinen Zweck, etwas zu symbolisieren, erfüllen kann. Wenn ihm diese beiden Schritte gelungen sind, kann es die Bedeutung »Decke« vom Objekt Decke an eine neue Stelle übertragen und dort, im als Symbol dienenden Objekt Papier, verankern. Damit ist der Weg frei für den Symbolgebrauch.

Das Dreieck zeigt, wie das Kind im Kontakt mit anderen lernt, Haltungen zu trennen von den Objekten dieser Haltungen. Außerdem wird deutlich, daß das Symbol, was immer es auch ist, selbst aus einem Objekt besteht, auf das sich Haltungen richten können. Die übliche Bedeutung, die sich an seine Eigenschaften knüpft, muß außer Kraft gesetzt werden, damit es eine andere Bedeutung annehmen kann. Das ist natürlich viel einfacher, wenn das Objekt kaum mit Bedeutung aufgeladen ist. Es ist viel leichter, ein langweiliges Stück Papier oder einen

*Das Gerüst des Denkens*

Stock etwas bedeuten zu lassen als einen stärker mit Bedeutungen belegten Gegenstand wie eine Tasse oder einen Hut. Tatsächlich gelingt es einem zwanzig Monate alten Kind ohne weiteres, relativ bedeutungsarme Dinge für andere stehen zu lassen, wohingegen es Gegenstände, die bedeutungsträchtiger sind und deshalb die Aufmerksamkeit stärker auf sich ziehen, seltener als Symbole verwendet.

Natürlich beziehen die Erwachsenen und älteren Kinder, die mit einem Anderthalbjährigen spielen, schon seit einiger Zeit Symbole in das Spiel ein. Sie flechten in die Kommunikation mit dem Baby nicht nur sprachliche, sondern auch gestische Symbole ein und verwenden sie manchmal auch anstelle von ursprünglicheren Formen der Kommunikation. Das Baby beginnt diese kulturell vorgegebenen Ausdrucksformen zu übernehmen: »Hallo« und »Tschüs«, ein Schulterzucken mit hochgezogenen Augenbrauen und ausgestreckten Händen, das »Ja wo ist es denn nur?« bedeuten soll, ein »Hoppla«, wenn etwas danebengeht, Wörter wie »Mama« und »Papa«, und so weiter. Es lernt, Bedeutungen mittels Zeichen auszudrücken. Wenn ihm also aufgeht, daß es Haltungen auf verschiedene Situationen und auf neue Objekte übertragen kann, und wenn es begreift, daß die Bedeutungen der Symbole, die die Erwachsenen benutzen, Haltungen widerspiegeln, muß es sozusagen nur noch sein Repertoire an solchen Gesten und Lauten (die nun Worte sind) erweitern und mehr Gebrauch von ihnen machen.

Ich möchte das Augenmerk auf zwei Eigenschaften von Worten richten. Die erste habe ich bereits erwähnt, aber es lohnt sich, noch einmal auf sie einzugehen: Ein Wort hält eine bestimmte Art und Weise fest, das Bezeichnete wahrzunehmen. Susanne Langer sagt, ein Symbol sei ein Werkzeug, das uns einen Begriff von dem vermittelt, was symbolisiert wird.[7] Wenn man beispielsweise einen ganz bestimmten Hut im Sinn hat, dann denkt man an ihn als an einen Gegenstand aus einem bestimmten Material, ein modisches Kleidungsstück, eine groteske Scheußlichkeit oder etwas, das soundsoviel wiegt. Denkt man an ihn als an einen Hut, der all die speziellen Eigenschaften aufweist, die einen Hut ausmachen, entfaltet das Wort »Hut« seine eigentliche, volle Bedeutung.

Ich möchte hier noch einmal auf den Begriff der Perspektive zurückkommen. In einem Wort ist eine von vielen Möglichkeiten festgehalten, eine Sache zu betrachten. Es gibt eine bestimmte Perspektive wieder. Das Wort »Hut« spiegelt die Perspektive von jemandem wieder, der an die Art von Kleidungsstück denkt, die man auf dem Kopf trägt. Falls Marsmenschen keine Köpfe haben oder nackt herumlaufen, werden sie kaum begreifen, was ein Hut ist. Ich weiß, das Beispiel ist albern, aber es hilft uns zu sehen, daß wir uns beim Gebrauch eines Wortes in einem Netz von Bedeutungen bewegen. Das einzelne Wort und seine Bedeutung sind in ein weites Geflecht von Wissen und Erfahrung eingebunden. Das Wort dient dazu, eine bestimmte Perspektive auf ein Objekt in eine feste Form zu gießen, so daß die Bedeutung sich gegen den gesamten Hintergrund des Erfahrungswissens abheben kann.

Kommen wir zur zweiten Eigenschaft von Worten. Bevor das Kind mittels Worten kommunizieren kann, muß es begreifen: Das Wort bedeutet für andere dasselbe wie für mich. G. H. Mead hat diesen Punkt besonders betont: Wenn jemand ein Wort sagt, geht er davon aus, daß er ihm, wenn er selbst es hört, dieselbe Bedeutung zuschreibt wie sein Gegenüber, das ihn jetzt das Wort verwenden hört.[8] Das gehörte Wort trägt dieselbe Bedeutung wie das geäußerte. Wenn ein Kind Sprachsymbole versteht, dann hat es auch verstanden, daß Sprecher und Hörer die Rollen tauschen können. Um die Bedeutung eines Wortes (oder eines grammatischen Merkmals) zu erlernen, muß das Kind erfassen, welche Perspektive der Sprecher zum Ausdruck bringt. Dann kann es das Wort benutzen, um die Perspektive selbst auszudrücken.

Es geht beim Austausch von sprachlichen Symbolen nicht nur um den jeweiligen Sprecher und Hörer. Hinter ihnen steht die gesamte Gruppe derer, die die jeweilige Sprache verwenden. Man kann Worte richtig oder falsch benutzen. Wenn sie richtig benutzt werden, dann ist die Bedeutung für Sie, mich oder wen auch immer dieselbe. Wie der Philosoph David Hamlyn darlegt, muß ein Kind, um den richtigen Gebrauch von Worten zu lernen, eine Richtigstellung als Richtigstellung begreifen können, und das kann es nur, wenn es in der Lage ist, auf die Haltungen anderer anzusprechen.[9] Das Kind muß ein Interesse an dem haben, was ihm gesagt und gezeigt wird. Andernfalls würden wir in der Anarchie des Spiegellandes versinken:

*Das Gerüst des Denkens*

»Das ist Klingklanggloria für dich.«
»Ich weiß nicht, was Sie mit Klingklanggloria meinen«, antwortete Alice.
»Natürlich nicht!« Humpelpumpel lächelte überheblich. »Aber ich will es dir erklären. Ich meine damit: Da hast du einen hübsch treffenden Beweis.«
»Aber Klingklanggloria ist nicht dasselbe wie hübsch treffender Beweis!« widersprach Alice.
»Wenn ich ein Wort benutze«, erklärte Humpelpumpel hochmütig, »dann hat es die Bedeutung, die ich ihm zu geben beliebe – nicht mehr und nicht weniger.«
»Die Frage ist bloß, ob Sie imstande sind, die Wörter so viele verschiedene Dinge bedeuten zu lassen.«
»Es geht nur darum, wer in diesem Fall der Herr ist. Ganz klar.«

Lewis Carroll, *Alice im Spiegelland,* Kapitel 6

Nun, da das Denken durch das Medium des Symbols in Bewegung kommt, hat es die Wiege verlassen, in der es genährt wurde. Die Mittel dafür, daß das Denken sich entfalten kann, sind vorhanden. Die Sprache wird alles das, was in den ersten anderthalb Lebensjahren aufgebaut wurde, bewahren und erweitern. Wichtig ist aber auch, daß sich bestimmte Entwicklungselemente der vorsprachlichen Phase in der Frühphase des Sprachgebrauchs wiederfinden. Das heißt, die Sprache kann uns Aufschluß über die Interaktionen geben, aus denen sie hervorgegangen ist. Ein gutes Beispiel hierfür ist, wie Kinder sich neue Wörter aneignen, indem sie nachzuvollziehen versuchen, was das Gegenüber tut und was es ihnen mitteilen will. Michael Tomasello und seine Kollegen haben dies untersucht und sich eine Reihe von Situationen ausgedacht, in denen das Lernen von Sprache gar nichts Geheimnisvolles zu haben scheint: Ausschlaggebend ist, wie das Kind andere Menschen wahrnimmt und sich in sie einfühlt.[10] Drei Beispiele aus dieser geschickt konzipierten Serie von Studien mit Kindern zwischen anderthalb und zwei Jahren:

Im Verlauf eines Spieles, bei dem es um das Suchen von Gegenständen ging, sagte eine Erwachsene zu dem Kind, sie wolle jetzt »das Toma suchen«. Das Wort »Toma« war dem Kind (wie auch allen anderen) unbekannt und wurde zum ersten Mal verwendet. Die Frau begann in einer Reihe von Eimern zu suchen. Sämtliche Gegenstände darin waren dem Kind fremd, das heißt, jeder hätte das Toma sein können. Bei einigen der Kinder fand die Frau das Toma schon im ersten Eimer, während sie bei anderen Kindern Gegenstände aus den Eimern nahm, sie unzufrieden ansah, wieder in den Eimer legte und dann weitersuchte. Wenn sie das Gewünschte gefunden hatte, hielt sie inne und lächelte. Danach hatten die Kinder das Wort für den gesuchten Gegenstand gelernt, ganz gleich, wie viele Gegenstände die Frau im Laufe ihrer Suche verworfen hatte. Sie hatten also verstanden, daß sie mit dem Wort »Toma« etwas meinte, nach dem sie suchte, und erkannten dann an ihren Verhaltenssignalen, um welchen Gegenstand es sich handelte. Zum Lernprozeß gehörte nicht nur, daß sie beobachteten, wie ein einzelner Gegenstand bezeichnet wurde, sondern auch, daß sie Handlungen, Intentionen und Gefühle der Erwachsenen erfaßten.

Ein weiteres Versteckspiel untermauerte diese Interpretation. Diesmal forderte die Frau das Kind auf, vier verschiedene Gegenstände in vier Verstecken zu finden. Eines der Verstecke war eine Spielzeugscheune. Sobald das Kind gelernt hatte, welcher Gegenstand zu welchem Versteck gehörte, sagte die Frau, sie wolle nun »den Gazzer suchen«. Dann ging sie zu der Spielzeugscheune, fand sie aber verschlossen. Sie sah die Scheune stirnrunzelnd an, ging zu einem anderen Versteck und sagte: »Schauen wir mal, was wir sonst noch finden.« Dann holte sie lächelnd einen Gegenstand aus dem Versteck. Später zeigte sich, daß die Kinder das Phantasiewort »Gazzer« mit dem Gegenstand verknüpften, den die Frau aus der Scheune hatte holen wollen, obwohl sie den Gegenstand dann gar nicht gesehen hatten und obwohl die Frau die Scheune mit einem Stirnrunzeln und den anderen Gegenstand mit einem Lächeln bedacht hatte. Die Kinder interpretierten das Lächeln oder Stirnrunzeln also im Hinblick auf das, was die Frau suchte, und stellten einen Zusammenhang her zwischen der Intention der Frau und den Worten, die sie verwendete.

Beim dritten Experiment sagte eine Frau, sie werde »Micky Mouse ploffen«, und tat dann zwei Dinge, eines scheinbar aus Versehen (sie versetzte die Figur mit einer ungeschickt wirkenden Bewegung in Drehung und sagte »Hoppla!«), eines offensichtlich mit Absicht (sie schubste die Figur von einer Rutsche). Für die Kinder war hinterher klar, daß das Wort »ploffen« die absichtsvolle Handlung bezeichnete und nicht die, die wie ein Versehen gewirkt hatte. Welche der beiden Handlungen sie zuerst sahen, war unerheblich. Sie richteten sich also nicht danach, welche der Handlungen direkt an das Hören des Wortes anschloß, sondern konnten, weil die Frau eine intentionale Handlung angekündigt hatte, aus dem Zusammenhang erschließen, was sie mit dem Wort meinte.

Das Fazit ist, daß das Kind wichtige Aspekte der Sprache zu erfassen und zu lernen vermag, weil es auf das nonverbale Verhalten und die gestische Kommunikation der anderen achtet. Es lernt Sprache verstehen, weil es versteht, wie sein Gegenüber zur Welt in Beziehung tritt. Tomasello betont das große Geschick, mit dem ein Kleinkind nachvollzieht, was ein Erwachsener *tun* oder ausdrücken will. Die Studien zeigen aber, daß ein Kind auch die Haltungen des Gegenübers aufmerksam wahrnimmt, und diese Haltungen sind ein wesentlicher Teil des Kontextes, innerhalb dessen es Sprache lernt.

Worte wurzeln in Haltungen und Emotionen. Dies zeigt sich unter anderem dort, wo das Kind sprachlich zum Ausdruck bringt, daß es sich seiner selbst bewußt ist. Es ist faszinierend, mitzuerleben, wie ein Kind dieses Bewußtsein spontan äußert – nicht zuletzt, weil den Emotionen dabei eine zentrale Rolle zukommt. Persönliche Fürwörter wie »ich« und »du«, »mein« und »dein« lernt es in Situationen, in denen es selbst in direkter Interaktion mit dem Sprecher steht. Es muß zumindest intuitiv verstehen, wie die Beziehung zwischen einem Sprecher und einem Hörer strukturiert ist. Wenn ich »ich« sage, meine ich mich selbst, doch wenn ein anderer »ich« sagt, meint er sich und nicht etwa mich. Wie lerne ich also, daß »ich« sich entweder auf ihn oder auf mich selbst beziehen kann? Dieselbe Frage stellt sich natürlich bei dem Wort »du«. Um die Wörter »ich« und »du« richtig verwenden zu können, muß das Kind verstanden haben, daß beim Sprechen die Rollen hin- und herwechseln. Das Wort »ich« bezieht sich auf den jeweiligen Sprecher, das Wort »du« auf den jeweiligen Hörer. Wenn Sprecher und Hörer die Rollen tauschen, verändert sich die Bedeutung der Worte »ich« und »du«. Mit dem Wort »ich« markiert der Sprecher, und das ist entscheidend, daß das Wort »ich« sich im Augenblick auf *sein* Bewußtsein von sich selbst bezieht.

All dies wird noch ein wenig klarer, wenn wir im Detail verfolgen,

## 4. Kapitel

wie Kinder anfangen, persönliche Fürwörter zu verwenden. Oft geschieht das gegen Ende des zweiten Lebensjahres. Zunächst bezieht es diese Wörter nur auf eine einzige Person – sich selbst –, und zwar auch nur, wenn es im Gespräch eine ganz bestimmte Rolle einnimmt. Wenn ein ein- oder zweijähriges Kind direkt angesprochen wird und das Wort »dein« richtig versteht, heißt das noch nicht, daß es »dein« auch korrekt auf andere Menschen anwenden kann. Auch wenn es anfängt, »mein« zu sagen, hat das Wort eine engere Bedeutung als üblich. Rosalind Charney untersuchte, wann Kinder zum ersten Mal Wörter wie »mein« verwendeten, und stellte fest, daß sie dabei fast immer direkt mit einem Objekt beschäftigt waren, und zwar gewöhnlich mit einem, das ihnen *nicht* gehörte. Sie suchten gerade danach, griffen danach, hantierten damit oder wollten es haben (»Mein Ball!«, »Gib mir!«). Sie benutzten das Fürwort noch nicht in dem Sinne, daß sie einen dauerhaften Besitz ausdrückten und etwa einen Ball als den ihren kennzeichneten.[11] Sie sagten »ich« oder »mein«, während sie ein Objekt suchten, darum baten, damit hantierten, es für sich beanspruchten oder es bemerkten (»Ich will«), aber nicht, um den eigenen Körper oder die eigenen Bewegungen zu beschreiben. Auf dieser frühen Stufe verwendeten sie teilweise ihren *Namen*, um die eigenen Bewegungen (»Peter aufstehn«), Zustände (»Peter krank«), Besitztümer (»Peter Mütze«) oder Fotos von sich zu bezeichnen. Persönliche Fürwörter dagegen waren weitgehend Situationen vorbehalten, in denen sie aktiv bei etwas mitmachten oder eine Erfahrung mit anderen teilten. Erst später setzten sie Fürwörter dafür ein, die eigene Person und andere Personen gegeneinander abzuheben.

Wie kann ein Kind lernen, die Wörter »ich« oder »mein« zu verwenden, wenn es immer nur hört, wie andere sie auf sich selbst beziehen? Ein Kleinkind bekommt zum Beispiel mit, wie andere einen Gegenstand an sich nehmen und mit Nachdruck »Meins!« sagen. Was geht dabei in ihm vor? Es begreift, so glaube ich, daß das Wort etwas von den Gefühlen des Gegenübers zum Ausdruck bringt (»Ich will das haben und beanspruche es *für mich*!«), und vollzieht diese Gefühle innerlich nach. Da es sie aus eigener Erfahrung kennt, vermag es zu erfassen, daß sie in diesem Augenblick bei der Person, die sich äußert, vorhanden sind. Nur so läßt sich erklären, daß es irgendwann später, wenn es dieselben Gefühle hat, denselben Ausdruck »Meins!« verwen-

*Das Gerüst des Denkens*

den wird. Ein Kind, das die Fürwörter zu lernen beginnt, ist sich also nicht nur bereits im klaren darüber, daß zwischen ihm selbst und den anderen Unterschiede bestehen, sondern auch darüber, daß es mit ihnen Gemeinsamkeiten hat. Es weiß nämlich, daß es in bestimmten Situationen eine ähnliche Haltung wie andere einnehmen und ähnlich handeln kann wie sie und daß dann jeweils ein bestimmtes persönliches Fürwort angemessen ist.

Meine Tochter Amy (die jetzt 21 Monate alt ist) hob einige Wochen lang, wenn man sie fragte: »Wo ist Amy?«, die Hand und legte sie auf die Brust. Gestern nun spielte ihr Großvater ein Spiel mit ihr, bei dem er mit einer Geste auf sich wies, »Ich bin der Opa« sagte, dann auf Amy wies und sagte: »Du bist Amy.« Er wiederholte das viermal und fragte dann, mit denselben Gesten wie vorher: »Ich bin der Opa. Wer bist du?« Sie antwortete: »Ich bin Amy.« Sie muß das, was er mitteilen wollte, dadurch verstanden haben, daß sie seine Gesten und Äußerungen innerlich mitvollzog. Dann übernahm sie seine Worte und wandelte sie ab, um dasselbe aus ihrer Perspektive auszudrücken.

Diese kurzen Anmerkungen zum Spracherwerb müssen genügen, um anzudeuten, daß die Sprache in Rollenübernahme und wechselseitiger Einfühlung wurzelt. Zur Rollenübernahme gehört nicht nur das Wahrnehmen unterschiedlicher Perspektiven – die in der Sprache präzise festgehalten sind –, sondern sie ist auch ein Vorgang, in dem wir zwischen uns selbst und anderen, die zwei Seiten derselben Medaille sind, hin- und herwechseln. Umgekehrt offenbart die Sprache des Kindes, wie differenziert es sich mittlerweile auf die mentale Perspektive anderer Menschen einstellen kann. Ein zwanzig Monate altes Kind weiß bereits sehr viel über das Wesen des Menschen und seines Bewußtseins, über sprachliche Verständigung und über die Bedeutungsfacetten, die die Wirklichkeit in der Wahrnehmung verschiedener Menschen entfaltet.

Wir haben nun ein ungefähres Bild davon entworfen, was das Denken ist und wie es entsteht. Die Art von Denken, die uns interessiert – kreatives, phantasievolles Denken über Dinge und Vorstellungen, aber auch logisch-begriffliches Denken –, fußt auf Symbolen. Symbole verankern Bedeutungen, und Bedeutungen sind etwas, das *Menschen* in Dingen sehen oder ihnen zuschreiben.

## 4. Kapitel

Durch die Beziehungen zu anderen Menschen wird das Kind dazu hingeführt, die Bedeutungen zu erfassen, die sie der Welt zuschreiben. Es vollzieht eine Bewegung hin zur mentalen Perspektive der anderen. Durch dieses unwillkürliche Eintauchen in ihre Beziehung zur Welt entdeckt das Kind, daß Bedeutungen sich von Gegenständen und Ereignissen ablösen und an etwas Neues koppeln lassen – an Symbole. Es beginnt nun selbst Bedeutungen zu übertragen, so daß das eine für ein anderes stehen kann.

Ich beschreibe dies alles recht schematisch – und eigentlich auch zu prosaisch. Ralph Waldo Emerson sagt ganz richtig, Sprache sei versteinerte Poesie. Ein Baby, das gerade anfängt, in den Lautäußerungen eines Gegenübers symbolische Bedeutungen zu erkennen, findet sich zunächst in einem Strudel verwirrender Geschehnisse gefangen, bis die Bedeutungen allmählich Konturen gewinnen. Spezifischere Bedeutungen schälen sich nur langsam heraus, als Figuren, die vor einem Hintergrund hervortreten. Zugleich verwandelt sich durch den neuen Blick des Kindes auch das kunterbunte Wirrwarr nicht-symbolischer Laute und Gesten in Material, das mit symbolischer Bedeutung aufgeladen ist. Das Kind begreift, wie Symbole als Medium der Kommunikation und des Denkens dienen.

Symbole haben die Funktion, Bedeutungen zu verankern, damit die Bedeutungen voneinander geschieden und miteinander kombiniert werden können. Sie werden zur Währung des Denkens. Ihre Wurzeln aber liegen in der vorsprachlichen Kommunikation. Sie entstehen nicht auf geheimnisvolle Weise im Kopf des Individuums, sondern im Kontakt mit der Welt und durch Verschiebungen des psychischen Blickpunkts, die dem Wechselspiel zwischenmenschlicher Beziehungen entspringen.[12] Die Wiege des Denkens schwingt hin und her, und das Kind erfährt, während es so durch andere »bewegt« wird, eine stabile gemeinsame Welt, die aber in diesem Augenblick die eine, im nächsten eine andere Bedeutung hat. Durch innere Bewegungen, die von einer Gefühlslage zur nächsten hinführen, lernt das Kind, zwischen den eigenen Erfahrungen und Sichtweisen und denen der anderen zu differenzieren. Dabei begreift es auch den Unterschied zwischen Dingen und Gedanken über Dinge.

Vor diesem Hintergrund wird klarer, warum Computer nicht denken können – und warum Theorien, laut denen das Denken den

Rechenoperationen eines Computers vergleichbar ist, das Wesen des Denkens stets verfehlen werden. Ein Computer arbeitet zwar in seinem »Gedächtnisspeicher« mit Elementen, von denen man sagen kann, daß sie für Dinge stehen und sich kombinieren und rekombinieren lassen. Das Problem ist aber, daß diese Symbole nicht mit Emotionen verknüpft sind. Sie »leuchten« nicht. Deshalb weiß der arme Computer nicht, was seine Symbole bedeuten, und ihre Interpretation bleibt den Menschen überlassen. Nur Menschen können sie so anwenden, daß sie sich mit Bedeutung füllen. Tatsache ist, daß Symbole nur nutzen kann, wer über ein Gefühlsleben verfügt, das ihn mit der Welt und mit anderen verbindet.

# 5 Entwicklungsbarrieren

Der Einfluß, den die Beziehung zwischen Kind und Eltern auf die Entwicklung des Denkens ausübt, läßt sich besonders deutlich erkennen, wenn diese Beziehung beeinträchtigt ist. Zunächst einmal ist kaum verwunderlich, daß manche Mutter-Kind-Paare besser harmonieren als andere. Denn es gibt viele Faktoren, die das Zusammenspiel zwischen Mutter und Kind erschweren können. Zum Beispiel kann das Kind ein Temperament haben, das seine Mutter auf eine harte Probe stellt. Manche Babys sind träge und schwer in Schwung zu bringen, andere strotzen vor Energie und kommen kaum zur Ruhe. Manche Mütter tun sich schwer mit einem fügsamen Baby, andere werden durch ein lebhaftes Baby derart aufgewühlt, daß sie sich abschotten müssen. Manche Mütter sind durch eigene Schwierigkeiten gehandikapt, etwa durch Konflikte mit anderen, die ihre Aufmerksamkeit mehr in Anspruch nehmen, als das dem Zusammenleben mit dem Baby gut tut, oder durch eine psychische Störung. Man könnte zum einen eine lange Liste der Wirkungen aufstellen, die Babys bei Erwachsenen auslösen – oft scheinen sie emotionale Schichten anzusprechen, an die andere Menschen nicht rühren –, zum andern eine Liste der Formen, in denen Erwachsene auf solche beglückenden und beunruhigenden Erfahrungen reagieren.

Ich werde die Dinge für unsere Zwecke stark vereinfacht darstellen und mich auf einen wichtigen Unterschied konzentrieren, der sich zwischen bestimmten Mutter-Kind-Paaren feststellen läßt. Denselben Kontrast bemerkt man unter Umständen auch bei ein und demselben Mutter-Kind-Paar, wenn man es zu verschiedenen Zeitpunkten beobachtet.

Nehmen wir an, ein Baby befindet sich in einer bestimmten inneren Verfassung und hat das Bedürfnis, daß die Mutter in entsprechender Weise auf es eingeht. Es ist freudig erregt, ganz durcheinander oder brüllt vor Zorn. Die Frage ist nun, ob die Mutter in ihrer Psyche genügend Raum dafür hat, den Zustand des Kindes zu erfassen und

## Entwicklungsbarrieren

einfühlsam damit umzugehen, so daß es sich wahrgenommen und in ihrer aufmerksamen Zuwendung aufgehoben fühlt, oder ob sie nicht mitbekommt, wie es dem Baby geht, oder sich nicht darauf einlassen kann. Außerdem wäre zu prüfen, ob das Kind die Fürsorge der Mutter wahrzunehmen und darauf zu reagieren vermag oder ob es nicht zu trösten ist, nicht anspricht oder aus irgendeinem Grund mit dem, was die Mutter ihm anbietet, nichts anfangen kann.

Im günstigen Fall spürt das Baby, wie seine Freude mit ebensolcher Freude aufgenommen, sein Kummer gelindert, seine Wut aufgefangen wird. Das Verbundensein mit der Mutter versetzt das Baby in die Lage, Bedürfnisse und Gefühle zu durchleben und zu bewältigen, die andernfalls unerfüllt bleiben würden oder einfach übermächtig wären. Im ungünstigen Fall, wenn die Mutter nicht angemessen auf das Kind eingeht oder sich ihm aufdrängt oder wenn umgekehrt das Kind mit ihrer Fürsorge nichts anfangen kann, wird sein Zustand weder aufgefangen noch bewältigt. Die Situation dürfte sich dann wahrscheinlich zuspitzen.

Ich habe die Rolle betont, die starke Gefühle in der Interaktion zwischen Kind und Eltern spielen, doch dies ist nur ein Einzelaspekt des Gesamtbildes. Es gibt auch Zeiten der Ruhe und Muße, der Freude und zärtlichen Zuneigung, der leichten Unruhe und Rastlosigkeit. Wenn das Kind in einer dieser Stimmungen ist, kann die Mutter ihr entsprechen oder sie durchkreuzen; ist umgekehrt die Mutter in einem solchen Zustand, spürt sie, ob er sich in dem des Babys widerspiegelt oder nicht.

Ich möchte zwei Minuten aus der Interaktion einer Mutter mit ihrer zwei Monate alten Tochter schildern. Die beiden sind uns in der Still-face-Situation in Kapitel 2 bereits begegnet.

Zu Beginn der Interaktion lächelte die Tochter die Mutter direkt an. Die Mutter erwiderte das Lächeln und sagte leise, aber betont »Hal-lo«. Mit aufgeregter Miene machte das Baby kleine Bewegungen mit einem Arm und einem Fuß. Die Mutter schaute ganz kurz auf den Fuß, berührte ihn mit einem weiteren leisen, aber heiteren »Hallo« und schaute sogleich wieder zum Gesicht des Babys hin, das nun vor Entzücken strahlte. Das Baby murmelte, als wolle es seine Zufriedenheit zeigen, und es klang fast wie ein leises Lachen. Die Mutter reagierte darauf mit einem leisen »Ja« und sagte: »Sprichst du mit mir?

## 5. Kapitel

Sprichst du mit mir?« Dann hielt sie inne und beobachtete genau, wie das Baby reagierte. Es bewegte Mund und Zunge, und als dann ein Lächeln auf seinem Gesicht erschien, lächelte die Mutter ebenfalls und sagte: »Sagst du etwas zu mir?« Das Lächeln des Babys wurde noch breiter, und es schaute kurz über den Kopf der Mutter hinweg, die in diesem Moment den Kopf nach hinten neigte und dann wieder Blickkontakt aufnahm. Sie sagte: »Du lächelst... du lächelst«, und begleitete die zwei Silben »lä-chelst« jeweils mit leichtem, aber betontem Kopfnicken zum Baby hin.

Die Mutter fragte das Baby daraufhin zweimal, ob es etwas sagen könne, und tatsächlich bewegte es in der zweiten Pause, die sie einlegte, die Zunge und gab einen deutlichen, zweisilbigen Gurrlaut von sich. Das Gesicht der Mutter hellte sich auf, und sie sagte mit einem ähnlichen Gurren und mit einem Heben der Stimme zum Satzende hin: »Uuh. Du sagst auch etwas? Was sagst du denn?« Das Baby strahlte, bewegte die Zunge und machte mit Händen und Armen weit ausholende Bewegungen. Die Mutter reagierte mit: »Ja, ja... sagst du noch etwas zu mir?«, und das Baby gab weitere Laute von sich, lächelte und gestikulierte. Wenn es den Mund öffnete, machte die Mutter ihren Mund weiter auf – woraufhin auch das Baby den Mund weiter öffnete. Am Ende der Sequenz sagte die Mutter ihrer Tochter, wie lieb Mami sie habe und wie schön sie sei.

Es war eine Freude, die Interaktion der beiden mitzuverfolgen. Man brauchte nur einige Sekunden der Videoaufzeichnung zu sehen, um Sympathie und Bewunderung für die Mutter und ihre Tochter zu empfinden.

Wenden wir uns nun einer anderen Mutter und ihrer kleinen Tochter zu, die unter denselben Bedingungen auf Video aufgenommen wurden. Die Mutter litt unter einer bestimmten Art von psychischen Schwierigkeiten, die wir später eingehender betrachten werden.

Am Beginn der zweiminütigen Sequenz lag die Tochter zusammengesunken in dem Babysitz, und die Mutter blickte sie mit freundlicher Miene und dem Anflug eines Lächelns an. Zunächst beugte sie sich zu dem Baby vor und versuchte, seine Position zu verändern, damit der Kopf aufrechter lag. Dies schien aber nicht dazu zu führen, daß sie sich wohler miteinander fühlten. Während die Mutter das Baby berührte, sagte sie: »Hallo. Hallo. Hallo, du da«, doch dies

*Entwicklungsbarrieren*

brachte keinen innigen Kontakt zum Ausdruck, sondern klang eher wie eine nachdrückliche Aufforderung an das Kind, ihr seine Aufmerksamkeit zuzuwenden. Es schaute mit ernster Miene ihr Gesicht an, während sie unablässig lächelte. Fast unmittelbar nach dem dritten »Hallo«, während das Baby sie noch immer anschaute, blickte die Mutter nach unten, als sei sie mit ihren eigenen Gedanken beschäftigt, und rückte ihr Kleid zurecht.

Das Baby schaute weiter ernst und unverwandt auf das Gesicht der Mutter. Als nächstes sagte sie: »Willst du ein ganz großes Bäuerchen machen?« Sie wiederholte die Frage noch einmal. Das Baby fing an, kleine Mundbewegungen zu machen, und gab auch kurz ein paar Laute von sich. Die Mutter schien darauf ein wenig einzugehen, indem sie den Kopf zur Seite neigte. Sie hatte die Bewegungen und Äußerungen des Babys aber wohl nicht als Kommunikationsversuch gedeutet, denn sie sagte prompt: »Dein Bäuchlein ist ganz voll, nicht wahr?« Sie versuchte dann über eine längere Phase hinweg, die Aufmerksamkeit des Babys zu wecken, indem sie zum Beispiel mit der Zunge schnalzte und sagte: »Schau Mami an«, obwohl das Kind das bereits tat. Sie sagte wieder »Hallo«, in einem heiteren Ton, der allerdings auch etwas Drängendes hatte. Dann fragte sie: »Woran denkst du... Woran denkst du?« Das Kind schien darauf mit Unruhe zu reagieren, atmete schwerer, drehte sich halb weg und gab undeutliche Laute von sich.

Auf diese Weise ging es bis zum Ende der Sequenz weiter. Einmal bemerkte die Mutter, daß das Baby ganz offensichtlich nicht bequem lag. Es ächzte in diesem Augenblick leise und schaute ins Gesicht der Mutter. Sie sagte: »Was ist los? Fühlst du dich nicht wohl?«, übertönte dann aber die fortgesetzten Lautäußerungen des Kindes mit eindringlichem »Tschh-Tschh« und weiteren Fragen nach seinem Unbehagen. Da die Fragen rasch aufeinanderfolgten, blieb offenbar kein Raum dafür, daß die Äußerungen des Babys bei ihr ankamen. Sie drängte weiter: »Fühlst du dich nicht wohl? Drückt dich dein Bäuchlein? Mach ein Bäuerchen.« Sie vermochte die Blicke, Mundbewegungen und Laute des Babys nur in dieser Weise zu interpretieren. Zu keinem Zeitpunkt schien die Mutter seine Mimik und Laute nachzuahmen oder an sie anzuknüpfen.

Sie gab offensichtlich ihr Bestes, um ihr Baby zu verstehen und

## 5. Kapitel

Kontakt zu ihm aufzunehmen, doch es gelang ihr nur bruchstückhaft. Sie hielt einen Monolog, anstatt in einen Dialog mit dem Kind zu treten. Sie wiederholte recht beharrlich die eigenen Gedanken zur Verfassung des Kindes und ging oft über seine Versuche hinweg, sich zu äußern und in der Interaktion eine aktivere Rolle zu spielen. Die Worte der Mutter bezogen sich auch eher auf das, was sie selbst beschäftigte, als auf die gegenwärtigen Gefühle und Handlungen des Babys. Es schien fast, als würde sie nicht *mit* ihm reden, sondern auf es *einreden*. Sie tat sich schwer, seine Äußerungen und Kommunikationsanstrengungen zu erfassen und aufzugreifen.

Es war nicht so, daß sie das Kind ignoriert hätte. Sie zeigte durchaus Interesse an ihm und schien keinen Groll gegen es zu hegen. Freilich schien sie außerstande zu sein, sich auf Veränderungen seiner Gefühlslage einzustellen und sich von ihm führen zu lassen. Ihr Denken über das Baby wirkte abstrakt, und sie hatte offenbar keine Antenne dafür, was in dem Kind von Augenblick zu Augenblick vor sich ging. Sie schien das Geschehen nur entsprechend ihren eigenen Bedürfnissen und Gefühlen zu deuten und zu gestalten und sendete mehr Signale, als sie aufnahm. In ihrem Bewußtsein war wenig Raum, in dem das Baby sich hätte bewegen und entfalten können.

Man muß sagen, daß das Mädchen im Vergleich zu anderen Babys ausgesprochen emotionsarm wirkte. Es läßt sich nicht mit Sicherheit feststellen, ob das nun an den zwischenmenschlichen Erfahrungen lag, die das Kind bereits gemacht hatte, oder ob umgekehrt das Kind durch seine Eigenart das Verhalten der Mutter geprägt hatte. Wenn wir nur diese eine Sequenz betrachten, wissen wir ja nicht, ob das Mädchen zu anderen Zeiten oder in anderen Situationen ganz anders war. Wenn man aber diese zwei Minuten auf Video anschaut, ist man danach angespannt, fühlt sich unbehaglich und empfindet so etwas wie Mitleid mit der Mutter und ihrem Baby. Die Natur scheint die beiden weniger reich bedacht zu haben als die erste Mutter und ihr Kind.

Zehn Monate später beobachteten wir dieselben beiden Mütter und ihre Kinder erneut. Wir machten uns dabei eine Methode von Colwyn Trevarthen zu eigen und gaben der Mutter jeweils einen Spielzeugzug aus Plastik mit zwei kleinen Männchen, die man oben auf die zwei

Waggons stecken konnte.[1] Mutter und Kind saßen über Eck an einem Tisch, und die Mutter wurde aufgefordert, ihrem Kind zwei Minuten lang zu zeigen, wie es mit dem Zug spielen konnte.

Das erste Mädchen lutschte zu Beginn der Sequenz am Daumen. Die Mutter weckte sein Interesse, indem sie den Zug langsam von ihm wegzog, dabei zu ihrem Kind hinblickte und den Zug dann zu ihm umkehren ließ. Das Mädchen nahm den Daumen aus dem Mund und beugte sich nach vorn. Die Mutter sagte leise etwas zu ihm und ließ es den vorderen Waggon packen und eine Figur herausnehmen. »Oh, ja«, ermutigte sie das Kind und bot ihm die zweite Figur an, die es in die andere Hand nahm. Die Mutter drehte den Zug, so daß das Kind leicht herankam, und hielt ihn in dieser Position, während das Kind die erste Figur unbeholfen auf den Zug setzte – wobei die Mutter ihm behutsam half, sie richtig zu plazieren – und dann die zweite Figur auf den anderen Waggon steckte. Nun lehnte die Mutter sich zurück und ließ die Tochter beide Figuren wieder vom Zug herunternehmen. Sie ließ den Zug wieder einen Kreis beschreiben und vor dem Kind anhalten. Diesmal hatte es aber den Daumen im Mund, also nahm die Mutter selbst eine Figur und steckte sie für das Kind auf den Zug. Als das Kind die Figur wieder herunternahm und auf den Tisch legte, stellte die Mutter beide Figuren nebeneinander, merkte an, daß sie jetzt aufrecht dastanden, und ließ den Zug um sie herumfahren. Das Mädchen nahm die Figuren wieder nacheinander in die Hand und hob sie auf den Zug. Die Mutter half ihm, indem sie sie in die richtige Position brachte. Erneut zog sie sich zurück, um dem Kind die Initiative zu überlassen. Als der Zug dann eine letzte Runde gefahren war, wurde das Kind ein wenig ungeduldig und schob den Zug sanft beiseite. Die Mutter nahm diese Bewegung auf und führte sie fort, indem sie den Zug in einem Kreis fahren ließ und dazu »Tsch-tsch-tsch-tsch« machte. Das Mädchen war nun erneut darauf aufmerksam, und als die Mutter den Zug quer vor es hinschob, gab es einen Sington von sich und begann, die Figuren vorsichtig vom Zug herunterzuholen.

Das Hin und Her zwischen Mutter und Kind wirkte, als würde es die ganze Zeit über einem Rhythmus folgen. Die Mutter griff die Signale des Kindes auf und lenkte seine Aufmerksamkeit und sein Handeln behutsam auf das gewünschte Ziel zu. Sie drängte sich nicht auf, sondern wußte sein Interesse zu wecken und hielt es wach, damit

## 5. Kapitel

es die Aufgabe zu Ende führen konnte. Einfühlsam verfolgte sie, was das Kind gerade empfand und worauf seine Aufmerksamkeit gerichtet war, und ließ ihm zugleich Raum, zu zögern oder die Initiative zu ergreifen.

Bei dem zweiten Mutter-Kind-Paar verlief die Sequenz ganz anders. Zu Beginn lehnte sich das Mädchen nach vorn, um nach einem Waggon zu greifen, der knapp in Reichweite war. Die Mutter hielt den Waggon fest, so daß das Kind ihn nicht an sich nehmen konnte, griff selbst nach einer Figur und sagte: »Setz den Mann in den Zug«, während sie ebendies vormachte. Das Kind achtete aber nicht darauf, zog den Waggon zu sich her, und die Figur blieb in der Hand der Mutter zurück. Die Mutter wiederholte: »Setz den Mann in den Zug, setz den Mann in den Zug«, und steckte die Figur in den Waggon, den das Kind festhielt, ohne aber zu prüfen, ob es das mitverfolgte. Dann begann die Mutter an dem Waggon zu ziehen, und das Kind versuchte ihn in die andere Richtung zu lenken. Die Mutter gab nach, machte in recht eindringlichem Ton »Tsch-tsch« und wandte sich dann rasch dem anderen Waggon zu.

Obwohl das Kind den ersten Waggon in der Hand hatte, verlagerte die Mutter ihre ganze Aufmerksamkeit auf den zweiten und sagte: »Schau – setz den Mann in den Zug. Schau«, während sie es vormachte. Diesmal sah das Kind zu, aber die Mutter versuchte es nicht in das einzubeziehen, was sie tat, und schloß mit: »Tsch-tsch. Schau, Mann im Zug.« Das Kind hob den Waggon hoch, mit dem die Mutter beschäftigt war, und als die Figur herausfiel, sagte die Mutter: »Ach, Schatz, jetzt ist er draußen.« Die Aufmerksamkeit des Kindes war aber schon wieder beim ersten Waggon. Die Mutter setzte eine Figur auf den zweiten Waggon, den das Kind noch in der Hand hielt, aber es hatte sich dem ersten Waggon zugewandt und schüttelte ihn.

Als die Mutter sich vorbeugte, um das Geschehen unter Kontrolle zu bekommen, bekam man das Gefühl, daß die Situation zu entgleisen drohte. Sie hielt sich einen Augenblick lang zurück. Als das Kind begann, mit einem der Waggons auf den Tisch zu hauen, sagte sie: »Oje oje!« Sie nahm wieder eine Figur in die Hand, hielt einen Waggon fest (auch das Kind hielt ihn fest, hatte sich aber schon weggedreht) und steckte die Figur hinein. Die Mutter nahm die Waggons kurz an sich und ließ das Kind dann einen davon packen. Diesmal schien es zu

## Entwicklungsbarrieren

untersuchen, wie die Figur da hineinpaßte. Trotzdem konzentrierte sich die Mutter jetzt auf den anderen Waggon und sagte: »Schau, schau – tsch-tsch.« Dann hängte sie den Waggon an den anderen an.

Einen Moment lang überließ sie den Zug ganz dem Kind, dem es gelungen war, die Figur auf den Waggon zu setzen. Es schaute kurz zur Mutter hoch, doch sie lächelten sich nicht an. Das Kind bewegte den Waggon, so daß die Figur herausfiel; die Mutter versuchte sie zu erreichen, und das Kind zog den Waggon weg. Die Mutter lehnte sich zurück, als wüßte sie nicht mehr weiter, woraufhin das Kind sie kurz anblickte und sich zum ersten Mal im Raum umschaute. Als die Mutter eher halbherzig versuchte, sich erneut gemeinsam mit dem Kind mit einer Figur zu beschäftigen, wirkte es desinteressiert. Am Ende hielt die Mutter seinen Arm fest und ersetzte die Figur in einem Waggon, den sie in der Hand hielt, durch die andere, wobei sie sie mehr oder weniger hineinzwängte.

Alle Anwesenden waren erleichtert, als diese zwei langen Minuten vorüber waren. Die Mutter hatte offensichtlich große Mühe, sich auf die gegenwärtigen Gefühle und Handlungen ihrer Tochter einzustellen. Wieder und wieder versuchte sie, die Dinge, auf die sie selbst die Aufmerksamkeit richtete, oder ihre eigenen Handlungen in den Vordergrund zu rücken, um so das Kind dazu zu bringen, daß es nach ihren Wünschen vorging. Man hatte den Eindruck, daß sie das Kind immer zu dem hindirigieren wollte, was sie selbst gerade machte, und oft schien das Kind sich ihr zu entziehen. Wenn es selbst die Initiative ergriff, drängte die Mutter oft das, was es vorhatte, durch ihr eigenes Tun beiseite. So vergab sie nicht nur die Chance, Verbindung zu dem Kind aufzunehmen, sondern durchkreuzte auch seine eigenen Anstrengungen und Interessen und schien in den Raum einzudringen, den es für sich selbst gebraucht hätte.

Die Frage ist, ob die Erfahrungen, die ein Baby bei solchen intensiven Interaktionen macht, Einfluß auf die Entwicklung des Denkens haben. Ist es, wenn zwischenmenschliche Beziehungen tatsächlich die Wiege des Denkens sind, von Bedeutung, wie die Wiege im einzelnen beschaffen ist? Was geschieht, wenn die Wiege weniger auf das Kind selbst als auf sein erwachsenes Gegenüber zugeschnitten ist? Was geschieht, wenn die Wiege nicht glatt und weich ist, sondern hart oder

## 5. Kapitel

wellig, mit Vorsprüngen und Unebenheiten, oder durchlöchert, so daß sie schlecht Halt bietet? Behindert das die Entwicklung des Denkens?

Daß dies im extremsten Fall, nämlich bei autistischen Kindern, sicherlich so ist, haben wir bereits gesehen. Ihre Schwierigkeiten beruhen meistens auf einer angeborenen Einschränkung der Fähigkeit, mit anderen Menschen in Beziehung zu treten. Ich möchte jetzt aber auf Schwierigkeiten anderer Art zu sprechen kommen. Sie treten auf, wenn es zwar keine Anhaltspunkte für eine Behinderung des Kindes gibt, seine Entwicklung aber unter dem Charakter der Eltern-Kind-Beziehung leidet. Das Thema ist noch sehr wenig erforscht. Vor kurzem habe ich mich mit Matthew Patrick, Lisa Crandell, Rosa García Pérez und Tony Lee zusammengetan, um Studien mit Müttern durchzuführen, die in ihren zwischenmenschlichen Beziehungen schwerwiegende Probleme haben.[2] Sie leiden unter dem, was Psychiater eine Borderline-Persönlichkeitsstörung nennen. Die jeweils als zweite beschriebene Mutter gehört zu dieser Gruppe.

Die engen Beziehungen von Borderline-Persönlichkeiten sind problembeladen, und ihr Denken über vergangene und gegenwärtige Beziehungen wirkt konfus. Einfach gesagt scheinen innere Konflikte, die in der Kindheit wurzeln, den Raum zu besetzen, den sie eigentlich zum Denken benötigten. Wenn sie sich tiefer auf andere Menschen einlassen, drängt ihre psychische Störung in den Vordergrund. Wir beschlossen, Mütter mit Borderline-Störung zu untersuchen, weil wir sehen wollten, ob und wie sich ihre Schwierigkeiten auf ihre Kinder auswirken. Unsere Überlegung war: Wenn in der Psyche für das Denken Raum vorhanden sein muß und wenn jemand, der innerlich zerrissen und in Aufruhr ist, sich nur schwer in andere einfühlen und auf sie eingehen kann, dann besteht bei Müttern, deren psychischer Innenraum eingeengt ist und die von inneren Konflikten geplagt sind, die Gefahr, daß sich das Verhältnis zu ihren Kindern problematisch gestaltet. Dies könnte die Fähigkeit der Kinder beeinträchtigen, ihre Emotionen zu steuern, und vielleicht auch den Raum einengen, in dem sich ihr Denken abspielt.

Wir gingen so vor, daß wir Mütter mit und ohne Borderline-Persönlichkeitsstörung verglichen, die mit ihren zwei Monate alten Babys interagierten. Uns interessierte insbesondere, wie die Kinder auf die

## Entwicklungsbarrieren

Still-face-Situation reagieren würden. Wenn ein Baby eine Mutter vor sich hat, die keine Reaktionen mehr zeigt, ist es in seiner Fähigkeit gefordert, mit einer belastenden zwischenmenschlichen Erfahrung zurechtzukommen. Wir fragten uns, ob schon bei zweimonatigen Kindern zu erkennen sein würde, daß die psychischen Probleme der Mutter bei ihnen Spuren hinterlassen hatten, und ob sie zum Beispiel, wenn ihr emotionales Gleichgewicht in einer solchen Situation bedroht war, mehr Mühe hätten als andere Kinder, sich wieder zu fangen.

Unsere Befunde sind noch vorläufig, aber sicherlich aufschlußreich. Wir stellten zunächst fest, daß die Frauen mit Borderline-Persönlichkeitsstörung tatsächlich weniger einfühlsam mit ihrem Baby umgingen als andere Mütter und sich ihm mehr aufdrängten. Außerdem gab es Anzeichen dafür, daß sich dies auf die Babys auswirkte und sie den Streß, den es bedeutete, 90 Sekunden lang mit dem unbewegten Gesicht der Mutter konfrontiert zu sein, nur schwer verkrafteten. Zu Beginn der Interaktion waren die meisten in recht heiterer Stimmung, doch nach der Still-face-Phase wirkten sie benommener als andere Babys, und die Interaktion mit der Mutter schien unbehaglicher und weniger befriedigend zu verlaufen. Sie hatten offenbar Mühe, ihr seelisches Gleichgewicht wiederzufinden. Beachten Sie, daß es sich um Kinder handelte, die im Alltag keine optimale emotionale Unterstützung von ihrer Mutter erfuhren. Schon nach zwei Monaten gab es also Anzeichen dafür, daß sie sich nach einer Belastungssituation schwerer taten als andere Kinder, ihre Emotionen zu steuern und den harmonischen Kontakt zur Mutter wiederherzustellen.

Als die Kinder der Mütter mit Borderline-Persönlichkeitsstörung zwölf Monate alt waren, verglichen wir sie noch einmal mit einer Gruppe gleichaltriger Kinder. Wir verwendeten dieselben Aufgaben wie bei der Studie, die ich in Kapitel 3 (S. 77-83) beschrieben habe.[3] Zum Teil waren die Aufgaben gegenstandsbezogen (an einer Kordel ziehen, um an einen Schlüssel heranzukommen; ein Handtuch zu sich heranziehen und ein Tuch entfernen, um einen Gegenstand zu finden; einen Spielzeughasen unter einer Tasse finden; eine Murmel in einer Schachtel suchen), zum Teil handelte es sich um Interaktionsaufgaben (die Versuchsleiterin bitten, Seifenblasen steigen zu lassen; sie bitten, ein Karussell in Gang zu setzen; ihrem Blick und ihrem Zeigen folgen; einen Ball hin- und herwandern lassen; auf ein Glöckchen

## 5. Kapitel

mit Blickkontakt zur Mutter reagieren; auf ein ferngesteuertes Auto durch Prüfen der Haltung reagieren, die die Mutter dazu einnimmt).

Es zeigte sich, daß sich die Gruppe der Mütter mit Borderline-Persönlichkeitsstörung ihren Kindern, wie schon zehn Monate zuvor, oft aufdrängte und wenig Einfühlungsvermögen an den Tag legte. Das bedeutet indes nicht, daß dies auf jede einzelne Frau in der Borderline-Gruppe in extremem Maße zutraf oder daß die Mütter ohne Borderline-Störung ausnahmslos sehr einfühlsam gewesen wären. Auffallend war aber, daß keine einzige Mutter mit Borderline-Störung sich sehr einfühlsam zeigte und daß bei den meisten von ihnen die Einfühlsamkeit zumindest recht eingeschränkt war. Zudem gab es bei jeder von ihnen zumindest Phasen, in denen sie sich dem Kind mehr oder weniger aufdrängte oder es bevormundete. Mit anderen Worten, die Fähigkeit dieser Mütter, einfühlsam zu reagieren und dem Kind seinen Freiraum zu lassen, hielt sich insgesamt in engen Grenzen.

Bei den gegenstandsbezogenen Aufgaben schnitten die Kinder der beiden Gruppen ganz ähnlich ab. Es war also klar, daß die Kinder der einen Gruppe nicht fähiger oder begabter waren als die der anderen. Die Interaktionsaufgaben allerdings bewältigten die Kinder der Mütter mit Borderline-Persönlichkeitsstörung weniger gut. Das heißt, sie kamen zwar gut zurecht, wenn es darum ging, eine Aufgabe allein zu lösen, wandten sich bei den Interaktionsaufgaben aber weniger häufig an ein Gegenüber, wenn sie etwas brauchten oder bemerkten oder wenn sie dazu angehalten wurden, auf die kommunikativen Gesten des Gegenübers zu reagieren. Zumindest in der Interaktion mit einer ihnen fremden Person kam es seltener als bei den anderen Kindern vor, daß sie Bezug auf die Haltung der Person zur Welt nahmen. Bei einer detaillierteren Analyse unserer Daten stellten wir fest, daß diejenigen Kinder der anderen Gruppe, deren Mütter am einfühlsamsten und am wenigsten bevormundend waren, sich auch am aktivsten der Fremden zuwandten und auf sie reagierten.

Die Erfahrungen, die ein Kind in der Interaktion mit der Mutter macht, scheinen also Einfluß auf seine Bereitschaft zu haben, in Verbindung zu anderen Menschen zu treten, wenn entweder diese oder das Kind selbst die Aufmerksamkeit auf Dinge und Ereignisse richten. In seinem Verhalten scheint sich abzuzeichnen, inwieweit es in der Lage ist, sich in seinem eigenen Erleben vom Fühlen und Handeln

## Entwicklungsbarrieren

anderer beeinflussen zu lassen, und inwieweit es durch andere zu lernen vermag.

Man könnte nun vielleicht einwenden, Autismus und Borderline-Störung seien derart außergewöhnliche Phänomene, daß sich von ihnen kaum auf Situationen schließen lasse, in denen weder Eltern noch Kind unter einer psychiatrischen Störung oder einer psychischen Behinderung leiden. Wenden wir uns deshalb einer Studie mit Mutter-Kind-Paaren zu, die nicht aufgrund irgendwelcher außergewöhnlicher Merkmale ausgesucht wurden, sondern auf eine Zeitungsanzeige hin kamen. Die Kinder waren drei Jahre alt. Meine Kollegin Lisa Crandell konzipierte die Studie und führte sie durch, um dann zusammen mit mir die Daten zu analysieren und einen Artikel für eine Fachzeitschrift zu schreiben.[4] Man kann mit Dreijährigen bereits einen Intelligenztest durchführen. Unsere Fragestellung war, ob der IQ eines Kindes vom Denk- und Beziehungsstil der Mutter beeinflußt wird.

Es ist bei Intelligenztests für jede Altersstufe umstritten, wie sie zu interpretieren sind, und dies gilt um so mehr, wenn es sich um Kleinkinder handelt, denn bei ihnen können Faktoren wie Unaufmerksamkeit und Widerspenstigkeit leicht Fähigkeiten verdecken, die zu anderen Zeiten oder unter anderen Umständen zutage treten würden. Dennoch läßt sich prüfen, ob die Leistung von Kleinkindern in einem Intelligenztest davon abhängt, welche Erfahrungen sie mit ihren Eltern machen. In der Studie wurde ein gängiges Verfahren eingesetzt, der Stanford-Binet-Test. Die Aufgaben darin beziehen sich unter anderem auf das Wortverständnis, den Gebrauch von Zahlen, das Reproduzieren optischer Muster und das Erinnerungsvermögen.

Die Mütter, die sich freiwillig gemeldet hatten, füllten eine Fragebogenversion des *Adult Attachment Interview* aus, das typische Formen der zwischenmenschlichen Bindung bei Erwachsenen erfaßt. Sie sollten die zentralen Beziehungen ihrer ersten Lebensjahre beschreiben und dabei näher auf Ereignisse wie Trennungen und Verluste eingehen. Anhand der Fragebogen ließen sich die Mütter in zwei Gruppen einteilen: Die einen waren zu in sich stimmigem Denken über ihre frühen Beziehungen in der Lage (ihr Bindungsmuster wurde als »sicher« bezeichnet), während dies den anderen schwerfiel (sie wur-

## 5. Kapitel

den als »unsicher gebunden« eingestuft; die Begriffe »sicher gebunden« und »unsicher gebunden« werde ich im nächsten Kapitel erläutern). Die Mütter der letzteren Gruppe zeichneten entweder ein sehr knappes und manchmal widersprüchliches Bild von ihrer Kindheit (zum Beispiel sagten sie, alles sei normal gewesen und es gebe nicht viel zu sagen; falls sie zum Beispiel vom Vater oft verprügelt worden waren, hieß es, so sei das eben zu jener Zeit gewesen), oder ihre Schilderungen waren langatmig und verwickelt.

Die Gruppe der zwanzig »sicher gebundenen« Mütter vermochte also die frühen Beziehungen zu den Eltern auf stimmige Weise darzustellen, selbst wenn die Beziehungen nicht sonderlich zufriedenstellend gewesen waren. Die Berichte der sechzehn »unsicheren« Mütter dagegen wirkten weniger realitätsnah und ausgewogen. Beiden Gruppen wurde ein Intelligenztest vorgelegt, damit man später prüfen konnte, inwieweit der IQ eines Kindes dem Intelligenzniveau der Mutter entsprach.

Mit jedem Kind wurde zunächst der Intelligenztest durchgeführt, und danach spielte es zusammen mit der Mutter und wurde dabei auf Video aufgenommen. Die Mutter war gebeten worden, dem Kind zehn Minuten lang die Initiative zu überlassen, um dann selbst zehn Minuten lang die Initiative zu übernehmen, und schließlich sollte eine Phase folgen, in der sie zusammen mit dem Kind die Spielsachen aufräumte. Auf diese Weise ließ sich einschätzen, wie gut der Kontakt zwischen Mutter und Kind war und wie sie jeweils auf die kommunikativen Signale des Gegenübers ansprachen. Für jedes Mutter-Kind-Paar wurde ein »Synchron-Wert« ermittelt, der zusammenfaßte, wie flüssig und wohlkoordiniert die Interaktion wirkte.

Unsere Hypothesen waren die folgenden. Erstens gingen wir davon aus, daß es Müttern, die im Fragebogen inkohärente Angaben zu ihren frühen Beziehungen machen, nicht gelungen ist, ihre Kindheitserfahrungen gedanklich so zu verarbeiten, daß ein integriertes Gesamtbild entsteht. Dies ist eine Annahme, die viele mit Skepsis betrachten würden. Zweitens vermuteten wir, daß Mütter, die diese Erinnerungen und Gefühle aus der Vergangenheit nicht integrieren konnten, in ihren gegenwärtigen Beziehungen mit Problemen zu kämpfen haben, weil dort innere Konflikte oder Empfindungen wach werden, die sie in Schach halten müssen. Auch diese Hypothese würden viele anfechten. Drittens nahmen wir an, daß solche emotionalen Belastungen sich auf die Beziehung zu ihren Kindern auswirken und daß sich das schon an einer kurzen Spielsequenz ablesen läßt. Auch das ist ein heikler Punkt, vor allem wenn das Geschehen zwischen Mutter und Kind in nur einem einzigen Schnappschuß erfaßt wird: Denn es ist riskant, zu unterstellen, man würde in diesem Augenblick ein typisches, schon länger bestehendes Interaktionsmuster beobachten. Unsere vierte Hypothese war, daß sowohl der Stil, in dem eine Mutter über Beziehungen denkt, als auch ihr Interaktionsstil die geistige Entwicklung des Kindes beeinflussen. Es erübrigt sich zu sagen, daß diese Vermutung nicht auf allseitige Zustimmung rechnen kann. Unsere Argumentationskette war also nicht nur lang, sondern auch heikel. Wenn nur eines der Kettenglieder fehlerhaft war, würden die Ergebnisse der Studie ganz anders als erwartet ausfallen.

Lisa Crandell erfaßte jeweils, welchen Ausbildungsweg die Mutter durchlaufen hatte und welcher sozialen Schicht die Familie zuzurechnen war, damit wir diese Einflußgrößen berücksichtigen konnten. Mit einer statistischen Standardmethode filterten wir heraus, wieviel die genannten Faktoren zu den Resultaten beitrugen, und konnten so einschätzen, wie groß der Einfluß derjenigen Faktoren war, die uns interessierten.

Die Resultate entsprachen genau unseren Vorhersagen. Erstens lagen, nachdem wir den Einfluß der sozialen Schicht, des Bildungsgrades und des IQ der Mutter herausgerechnet hatten, die IQ-Werte der Kinder von »sicheren« Müttern im Durchschnitt um 12 Punkte höher als die der Kinder von »unsicheren« Müttern.

Zweitens verliefen die Interaktionen mit dem Kind bei den »sicheren« Müttern synchroner als bei den »unsicheren«. Es zeigte sich, daß die Gruppe der Mütter, die ein stimmiges und klares Bild von ihrer Kindheit gezeichnet hatten, tatsächlich flüssiger und einfühlsamer mit ihren Kindern interagierten. Es war auch ein (statistisch allerdings nicht signifikanter) Zusammenhang zwischen dem Synchron-Wert für ein Mutter-Kind-Paar und dem IQ des jeweiligen Kindes erkennbar. Die Glieder unserer Argumentationskette schienen also eines nach dem anderen Bestätigung zu finden.

Im Vorfeld hatten wir auch die Vermutung formuliert, daß sich bei einem großen Teil derjenigen Kinder, die einen wesentlich niedrigeren IQ als ihre Mutter hatten, die Mutter zur »unsicheren« Gruppe gehörte. Wir verglichen die sechs Mutter-Kind-Paare, bei denen der IQ des Kindes mindestens zehn Punkte unter dem der Mutter lag, mit den zehn Paaren, bei denen der IQ des Kindes den der Mutter um mindestens zehn Punkte übertraf. Dabei kam heraus, daß die Mütter von sämtlichen Kindern der erstgenannten Gruppe als »unsicher« eingestuft worden waren. Demgegenüber umfaßte die zweite Gruppe (in der das Kind einen um mindestens zehn Punkte höheren IQ hatte als die Mutter) sechs »sichere« und nur vier »unsichere« Mütter.

Wir analysierten die Daten zusätzlich noch nach einem anderen Prinzip. Wir betrachteten die IQs der Mütter, ohne die Informationen über die Interaktion mit dem Kind und über dessen IQ einzubeziehen. Das heißt, auf der betreffenden Liste standen zu jeder Mutter nur zwei Angaben: der IQ und die Zugehörigkeit zur »sicheren« oder »unsicheren« Gruppe. Wir stellten Paare von »sicheren« und »unsicheren« Müttern zusammen, die jeweils fast den gleichen IQ hatten. Es ergaben sich zwölf Paare (die IQs der übrigen Mütter waren zu hoch oder zu niedrig, so daß keine Paarbildung möglich war). Nun kam der spannende Moment, in dem wir die IQs der Kinder hinzunahmen. Das Ergebnis war, daß die IQs der Kinder von »sicheren« Müttern in jedem einzelnen Fall – manchmal weniger deutlich, manchmal überraschend deutlich – über denen der Kinder von »unsicheren« Müttern lagen. Der Gruppenunterschied blieb auch dann noch statistisch signifikant, als wir die soziale Schicht und den Bildungsgrad der Mütter mit berücksichtigten.

Die Befunde der Studie stützen die Hypothese, daß die Beziehungen zwischen Mutter und Kind das sich entwickelnde Denkvermögen des Kindes beeinflussen können. Überlegen wir noch einmal, warum das wohl so ist. Einer der Gründe dürfte sein, daß die Art des Kontakts zwischen Mutter und Kind sich darauf auswirkt, inwieweit das Kind imstande ist, sich dafür zu interessieren und nachzuvollziehen, wie andere Menschen sich zur Welt verhalten. Ein Baby oder Kleinkind macht derart viele Erfahrungen *durch Vermittlung anderer Menschen*, daß ihm wirklich Nachteile entstehen, wenn es nicht fähig oder nicht bereit ist, im Kontakt zu anderen zu erfassen, wie sie mit den Dingen umgehen. Denn durch andere Menschen eignet sich das Kind neue Methoden an, die Welt zu sehen und in ihr zu handeln; durch andere

## Entwicklungsbarrieren

öffnet sich der psychische Raum, den es braucht, um zu Objekten und Ereignissen erst die eine Haltung und dann die andere einzunehmen; durch andere erwirbt es die Fähigkeit, im Lauf der Zeit Symbole zu nutzen, über die eigene Perspektive hinauszugehen und Objekte gedanklich zu fassen; durch andere entwickelt es eine Art Außenperspektive auf sich selbst und wird fähig, sich selbst zum Gegenstand von Gedanken und Gefühlen zu machen.

Diese Veränderungen in der Beziehung des Kindes zur Welt setzen etwas voraus, das ihnen zeitlich vorausgeht und elementarer ist: seinen intensiven Kontakt zu einem Gegenüber. Wir sprechen hier nicht davon, daß es einfach mit anderen interagiert. Wenn es mit einem Fremden interagiert oder auch mit einem Menschen, den es kennt, muß das nicht in einen intensiven Kontakt münden. Es kann jemanden kurz anlächeln, schüchtern auf ihn reagieren oder ihn sogar um etwas bitten, ohne daß das bei ihm oder beim Kind selbst eine tiefere Wirkung hinterläßt. Was ich mit intensivem Kontakt zu einem Gegenüber meine, geht darüber hinaus: Für beide Seiten hat der emotionale Austausch zwischen ihnen eine besondere Qualität. Es ist beinahe, als hätten sie Zugriff auf das Bewußtsein des anderen. Ich könnte versuchen, das noch ein wenig besser zu beschreiben, bezweifle aber, daß das notwendig ist. Die meisten von uns wissen aus eigener Erfahrung, was einen solchen zwischenmenschlichen Kontakt ausmacht. Bis vor kurzem blieb (außer unter Psychoanalytikern) unbeachtet, wie wichtig der zwischenmenschliche Kontakt für die Entwicklung des Denkens und des Bewußtseins ist – und wie Störungen dieses Kontakts die Entwicklung des Denkens hemmen können.

Aus dem Gesagten läßt sich noch eine weitere Schlußfolgerung ziehen. Wenn ein Kind in Kontakt mit dem Bewußtsein eines anderen Menschen ist, kann es dabei erkunden, was es mit dem Phänomen des Bewußtseins auf sich hat. Es nimmt das Tun und Fühlen des anderen wahr und lernt dabei nicht nur, auf dem Weg über das Bewußtsein des anderen, etwas über die Welt, sondern beginnt auch zu verstehen, was es bedeutet, daß ein Mensch ein Bewußtsein hat. Daraus folgt nun, daß ein Kind, das wenig oder keinen intensiven Kontakt mit dem Bewußtsein anderer erlebt, möglicherweise langsamer begreift, was es mit dem Bewußtsein auf sich hat. Gibt es Anhaltspunkte dafür, daß bei manchen Kindern tatsächlich eine solche Verzögerung eintritt?

## 5. Kapitel

Entwicklungspsychologen haben sich darauf verlegt, das heranreifende Verständnis des Kindes für das Innenleben anderer die »Theorie der psychischen Welt« [»theory of mind«] zu nennen. Das ist ein in vieler Hinsicht deplazierter Ausdruck, denn er unterstellt, das Kind würde theoretische Überlegungen zum Wesen von Gefühlen, Wünschen, Überzeugungen, Intentionen und so weiter anstellen. In Wirklichkeit aber begreift es solche mentalen Aspekte auf einem Weg, der *alles andere* als theoretisch ist.

Wie kommt es also zu der Erkenntnis, daß ein Mensch ein »Ding« ist, das ein Bewußtsein hat? Wie wird ihm klar, daß ein Bewußtsein aus Gedanken, Wünschen, Gefühlen und so weiter besteht und daß diese etwas ganz anderes sind als Gegenstände, mit denen man hantieren kann? Eine Reihe aufschlußreicher Experimente gibt darauf Antwort.

Die Geschichte des Forschungsgebietes reicht weit zurück. Wichtige neue Impulse setzten in den frühen 1980er Jahren zwei Experimente von Heinz Wimmer und Josef Perner.[5] Sie untersuchten, inwieweit Drei- und Vierjährige bereits die Überzeugungen [beliefs] anderer verstehen. In unserem Handeln gehen wir stets von Überzeugungen oder Annahmen über die Realität aus, die sich mit der Realität aber nicht notwendigerweise decken. Ich suche in der Jackentasche nach meinem Kugelschreiber, weil ich glaube, daß er dort ist. Doch das kann ein Irrtum sein. Vielleicht ist mir entfallen, daß ich ihn, um einen Brief zu schreiben, herausgenommen und dann auf dem Schreibtisch liegengelassen habe. Mein Handeln erklärt sich also daraus, wo sich der Kugelschreiber meiner Überzeugung nach gerade befindet, und nicht daraus, wo er wirklich ist.

Nehmen wir nun an, Sie wollen verstehen, was ich da tue. Ich suche in der Tasche nach dem Kugelschreiber, aber Sie haben ihn gerade auf dem Schreibtisch liegen sehen. Sofort ist Ihnen klar, daß mein Handeln auf einer falschen Vorstellung davon beruht, wo der Kugelschreiber ist. Mit anderen Worten, Sie richten die Aufmerksamkeit darauf, was wohl in mir vorgeht, und erkennen, daß ich mich von einer Vorstellung leiten lasse, die der Wirklichkeit nicht entspricht. Um mein Tun deuten zu können, müssen Sie sich demnach im klaren darüber sein, was es bedeutet, von einer Überzeugung auszugehen – in diesem Fall von einer falschen Überzeugung.

*Entwicklungsbarrieren*

Im ersten Experiment von Wimmer und Perner stellten kleine Puppen einen Jungen und seine Mutter dar, eine Pappbühne das Wohnzimmer und drei verschiedenfarbige Schachteln an der Wand die Schränke darin. Folgende Geschichte wurde den Kindern vorgespielt:

Maxi hilft seiner Mutter, die Einkaufstasche auszupacken. Er legt die Schokolade in den grünen Schrank und prägt sich den Ort genau ein, damit er später hingehen und sich welche holen kann. Dann geht er auf den Spielplatz. Während er weg ist, braucht die Mutter für den Kuchen, den sie backt, etwas von der Schokolade und nimmt sie aus dem grünen Schrank. Danach legt sie sie nicht in den grünen, sondern in den blauen Schrank. Sie geht ein paar Eier holen, und Maxi kommt hungrig vom Spielplatz zurück.

Die Kinder wurden nun gefragt: »Wo wird Maxi nach der Schokolade suchen?« Falls einem Kind klar ist, daß Maxi eine falsche Vorstellung davon hat, wo die Schokolade jetzt ist, weil er sie ja zuvor im grünen Schrank gesehen hat, dann wird es antworten, daß Maxi im grünen Schrank nachschaut. Falls es dagegen nicht bedenkt, daß Maxi eine bestimmte Vorstellung davon hat, wo die Schokolade ist, und deshalb dort nachschaut, dann wird es einfach sagen, daß er die Schokolade an ihrem tatsächlichen Ort sucht. Aus einer Antwort wie dieser, so nehmen, Wimmer und Perner an, läßt sich schließen, daß das Kind nicht versteht, wie der menschliche Geist mit Überzeugungen operiert.

Allgemein gesprochen zeigte sich bei diesen und ähnlichen Aufgaben, daß viele Vierjährige, aber nur wenige Dreijährige richtig antworten. Die meisten Kinder unter vier Jahren scheinen noch nicht zu verstehen, was es heißt, überzeugt zu sein, daß sich etwas so und so verhält, und dementsprechend zu handeln. Statt dessen erwarten sie, daß andere die Realität genauso sehen wie sie selbst. Sie verstehen in diesem Punkt noch nicht, wie der menschliche Geist arbeitet.

Bei dem zweiten Experiment wurden Kinder gefragt, was wohl in einem Smarties-Röhrchen sei.[6] Dann bekamen sie gezeigt, daß in dem Röhrchen ein Bleistift war. Fragte man Dreijährige daraufhin, was ein anderer in dem Röhrchen vermuten würde, so sagten sie, er würde einen Bleistift erwarten. Und wenn man sie fragte, was sie

## 5. Kapitel

selbst kurz zuvor angenommen hätten, behaupteten sie, sie hätten geglaubt, daß ein Bleistift in dem Röhrchen sei. In beiden Fällen waren sie nicht in der Lage, die möglicherweise falsche Überzeugung einer Person mitzubedenken – nicht einmal, wenn sie selbst von einer falschen Überzeugung ausgegangen waren. Statt dessen sprachen sie nur von dem, was tatsächlich in dem Röhrchen war. Vierjährige dagegen erfaßten, daß andere sich in bezug auf den Inhalt des Röhrchens irren würden, und wußten auch noch, daß sie selbst sich geirrt hatten.

Etwa in der Phase, in der Kinder anfangen, das Verhalten eines Menschen von seinen Überzeugungen her zu interpretieren, gelangen sie noch zu einer weiteren Einsicht. Sie erkennen, daß ein Objekt als etwas erscheinen kann, während es in Wirklichkeit etwas anderes ist.[7] Ein Schwamm kann wie ein Stein aussehen und ist dennoch ein Schwamm. Wenn man einen Stock ins Wasser hält, sieht es aus, als sei er abgeknickt, doch in Wirklichkeit ist er gerade. Wie das Objekt uns erscheint, kann von der Realität abweichen.

Es werden hitzige Debatten darüber geführt, wie der Beginn des symbolischen Spiels in der Mitte des zweiten Lebensjahres zu erklären ist, und ähnliche Uneinigkeit besteht auch darüber, welchen Veränderungen sich die Fähigkeit des Kindes verdankt, die Überzeugungen anderer mitzubedenken. Wie wichtig sind dabei zwischenmenschliche Erfahrungen? Die genannte Fähigkeit, so ist einigen Forschungsbefunden zu entnehmen, entwickelt sich rascher bei Kindern, die aus größeren Familien kommen, wo Geschwister und Eltern oft miteinander streiten und diskutieren. Der zwischenmenschliche Aspekt scheint hier tatsächlich ausschlaggebend zu sein, und zwar aus einem bestimmten Grund.

Die vorherige Entwicklungsaufgabe bestand darin, zu begreifen, daß die Perspektive eines Menschen von der Perspektive eines anderen abweichen kann. Nun geht es um die Erkenntnis, daß es eine Perspektive gibt, die gleichsam über meiner Perspektive und der jedes anderen Menschen steht. Dies ist die Perspektive der sogenannten Realität, der sich jeder vernunftbegabte Mensch anschließen wird, falls er den entsprechenden Überblick hat. Deshalb debattieren und streiten wir so viel darüber, wie sich etwas »wirklich« verhält, und deshalb reden wir darüber ganz anders als über Geschmacksfragen. Denn in Geschmacksfragen gibt es keine Realität, die als Maßstab dienen

*Entwicklungsbarrieren*

könnte – über Geschmack läßt sich nicht streiten. Bei Überzeugungen ist das anders. Wenn ich recht habe, daß etwas so und so ist, und Sie nicht – das heißt, wenn ich damit recht habe, daß Sie sich irren –, dann werden Sie, wenn ich Sie zur Einsicht bringen kann, schließlich mit mir übereinstimmen. Wenn ich Ihnen etwa klarmachen kann, daß etwas schlicht und einfach nicht möglich ist und somit nicht einmal hypothetisch Realität sein kann, dann werden Sie Ihre Meinung ändern – vorausgesetzt natürlich, Sie sind nicht die Weiße Königin:

»Das kann ich nicht glauben«, sagte Alice.
»Nein?« fragte die Königin mitleidig. »Versuch's noch mal! Hol tief Luft und mach die Augen zu!«
Alice lachte. »Es zu versuchen hätte keinen Sinn«, erwiderte sie. »Unmögliches kann man nicht glauben.«
»Ich möchte behaupten, daß du darin nicht viel Übung hast«, sagte die Königin. »Als ich in deinem Alter war, hab' ich täglich eine halbe Stunde zu glauben versucht. Und manchmal hab' ich's geschafft, noch vor dem Frühstück mindestens sechs unmögliche Dinge zu glauben.«

Lewis Carroll, *Alice im Spiegelland,* Kapitel 5

Um zu begreifen, was eine Überzeugung ist, muß ein Kind offenbar zuerst erkennen, daß es einen Maßstab dafür gibt, was wahr (oder möglich) ist. Der Maßstab ist, was jeder vernunftbegabte Mensch als zutreffende Aussage über ein Objekt oder einen Sachverhalt akzeptieren würde. Ein Kind eignet sich die Begriffe der Realität und der falschen Überzeugung wohl durch Erfahrungen an, bei denen es die Dinge entweder ebenso wie ein Gegenüber sieht oder anders auffaßt.

Das bringt uns zu der Frage, inwieweit das Verständnis des Kindes für Überzeugungen und andere psychische Phänomene von der Art seiner zwischenmenschlichen Beziehungen abhängt. Bislang liegen hierzu nur vorläufige Forschungsbefunde vor. Wir können davon ausgehen, daß zwischenmenschliche Beziehungen Einfluß auf die allgemeine geistige Entwicklung eines Kindes haben, doch daraus darf man nicht voreilig den Schluß ziehen, daß bestimmte Merkmale dieser Beziehungen sich *in spezifischer Weise* darauf auswirken, wie es den menschlichen Geist verstehen lernt. Elizabeth Meins, Charles

## 5. Kapitel

Fernyhough und ihre Kollegen haben dazu allerdings eine aufschlußreiche Studie vorgelegt: Vierjährige, die im Säuglingsalter als »sicher gebunden« eingestuft worden waren, schnitten bei einer Variante der Maxi-Aufgabe von Wimmer und Perner besser ab als »unsicher gebundene« Kinder, die denselben IQ hatten.[8]

Das läßt sich so interpretieren, daß die »sicher gebundenen« Kinder sich besser in das »Bewußtsein« Maxis hineinversetzen konnten. Die Forscher prüften, inwieweit dies mit Haltungen und Verhaltensweisen der Mütter zusammenhing. Sie beobachteten die Mütter dabei, wie sie ihr Kind bei der Lösung einer schwierigen Aufgabe anleiteten, und stellten fest, daß Mütter eines »sicher gebundenen« Kindes einfühlsamer vorgingen und ihre Erklärungen besser auf seine Fähigkeiten und Bedürfnisse abstimmten. Sie machten auch, als sie gefragt wurden: »Können Sie mir Ihr Kind bitte beschreiben?«, mehr Angaben zu psychischen Merkmalen wie Vorstellungskraft, Interessen, Einfühlungsvermögen oder Gefühlen.

Wir können den vorsichtigen Schluß ziehen, daß die Fähigkeit eines Kindes, sich in andere hineinzuversetzen, sich besser entwickelt, wenn es zuvor »sichere« Bindungen erlebt hat. Ein »sicher gebundenes« Kind scheint besser in der Lage zu sein, die Perspektive eines Gegenübers zu erfassen und Einfluß auf sie zu nehmen. Es hatte den psychischen Raum zur Verfügung, von dem ich gesprochen habe, und seine Mutter konnte sich besser in das einfühlen, was in ihm vor sich ging.

Die Hinweise verdichten sich also: Die Fähigkeit eines Kindes, das Denken anderer in seinem Denken zu erfassen, wird sich nur dann entwickeln, wenn die Eltern die Beziehung zu ihm entsprechend gestalten. Das Kind beginnt, die eigene Perspektive auf die Welt sozusagen von außen zu betrachten und sich in andere Menschen hineinzuversetzen. Denken ist keine Sache, die sich nur im Individuum abspielt. Selbst wenn man allein ist und nachdenkt, weiß man dabei, daß diese Gedanken zu einem selbst gehören. Dieses Wahrnehmen der eigenen Person und des eigenen Bewußtseins wurzelt, ebenso wie das Wahrnehmen eines Gegenübers und seines Bewußtseins, in unseren frühkindlichen Beziehungen.

# 6 Innen und außen

O der Geist, Geist hat Berge; Klippen des Sturzes
Gräßlich, von keinem erlotet. Sie gering achten
Mag, wer niemals dort hing. Noch kann unsre dürftige
Ausdauer sich lang behaupten wider jene Steile oder Tiefe.

*Gerard Manley Hopkins, »No worst, there is none...«*

Die Höhen und Tiefen des menschlichen Geistes gering zu achten mag unserem Seelenfrieden durchaus zuträglich sein. Selbst Wissenschaftler, die sich der Erforschung des Geistes widmen, verbannen gern alles, was mit Abweichungen von der Normalität zu tun hat, in Bücher über Psychopathologie oder vertreten die Auffassung, daß merkwürdige oder krankhafte Gedanken eher Probleme des Fühlens als des Denkens sind. Infolgedessen bleibt dieses Terrain in den meisten Werken zur Psychologie des Denkens unberührt. Wenn aber jemand denkt, er werde schikaniert oder verachtet, dann *denkt* er das ja tatsächlich, und wenn seine Gedanken aufgrund emotionaler Konflikte zerrissen, wirr oder unzusammenhängend sind, dann liegt eben eine Störung des *Denkens* vor. Wir sollten also an der Idee festhalten, daß die abweichenden oder abnormen Spielarten des Denkens uns möglicherweise etwas über die vertrauteren zu sagen haben. Freilich könnten wir dabei auch zu der beunruhigenden Erkenntnis gelangen, daß das, was uns als das normale Denken erscheint, letztlich in sehr vernunftfernen Prozessen wurzelt.

Ich möchte im folgenden auf zwei Forschungsstrategien eingehen, die den Zusammenhang zwischen Denken und Beziehungen beleuchten. Beide stammen aus der sogenannten Bindungsforschung. In ihr geht es vor allem um die elementarsten engen Beziehungen des Menschen, deren Prototyp die Mutter-Kind- oder Vater-Kind-Bindung ist. Der eigentliche Beginn dieses Forschungszweiges läßt sich auf das Ende der 60er Jahre datieren. Mary Ainsworth stellte damals eine For-

## 6. Kapitel

schungsstrategie vor, mit der sich Mutter-Kind-Beziehungen untersuchen ließen: die »fremde Situation«.[1]

Beim Verfahren der »fremden Situation« wird ein etwa zwölf Monate altes Baby in einem ihm unvertrauten Testraum zweimal von der Mutter getrennt und wieder mit ihr vereint. Zunächst läßt sie das Baby drei Minuten lang bei einer oder einem Fremden; in einer zweiten Sequenz läßt sie es in einem leeren Raum allein, woraufhin die oder der Fremde hereinkommt und am Ende die Mutter zurückkehrt. Das Augenmerk liegt jeweils darauf, wie das Kind nach der kurzen Trennung auf die Mutter reagiert. Die Trennung bedeutet jeweils eine Belastung für das Kind und macht deutlich, daß es typische Formen gibt, in denen Mutter und Kind die Situation verarbeiten. Folgende typische Bindungsmuster lassen sich unterscheiden: sicher, unsicher-vermeidend und unsicher-ambivalent.

Das sicher gebundene Kind ist nach dem Weggehen der Mutter sichtlich bekümmert oder auch nicht. Selbst wenn es nicht weint, wirkt sein Spiel meist verhalten, und es schaut zu der Tür hin, durch die die Mutter gegangen ist. Die Trennung läßt es keineswegs gleichgültig. Ein Kind, das weniger bekümmert wirkt, lächelt bei der Rückkehr der Mutter in der Regel und zeigt ihr zum Beispiel ein Spielzeug oder wippt auf und ab. Es freut sich, daß die Mutter wieder da ist. Ein Kind, dem die Trennung anscheinend mehr ausgemacht hat, bewegt sich direkt auf die Mutter zu, sucht aktiv die Nähe zu ihr und klammert oder schmiegt sich an sie. Sein innerer Aufruhr legt sich rasch, wenn es in den Armen der Mutter zur Ruhe kommt, und es beginnt wieder zu spielen.

Bei unsicheren Bindungen ergibt sich ein ganz anderes Bild. Das unsicher-vermeidende Kind reagiert unter Umständen so gut wie gar nicht auf die Trennung von der Mutter und spielt oft einfach weiter, wenn auch ohne großes Engagement. Es ist nur bei der zweiten Trennung aufgewühlt, wenn es zunächst völlig alleingelassen wird, und beruhigt sich in der Regel sogar wieder, wenn die fremde Person hereinkommt (während das sicher gebundene Kind sich nur beruhigt, wenn die Mutter kommt). Am meisten fällt auf, daß das Kind die Mutter bei ihrer Rückkehr kaum mehr als beiläufig begrüßt. Möglicherweise ignoriert es sie auch, wendet sich ostentativ von ihr ab oder bewegt sich von ihr weg. Es reagiert nicht, wenn sie versucht, Kontakt zu ihm aufzunehmen. Dieses Distanzierungs- und Vermeidungsmuster tritt bei der zweiten Trennung noch deutlicher hervor. Das heißt, wenn die Trennung belastender ist, nimmt auch die Vermeidung zu. Oberflächlich betrachtet sieht es so aus, als würde das Ganze dem Kind nichts ausmachen, doch einige Signale sprechen eine andere Sprache. So erkundet es seine Umgebung nur in relativ geringem Maße; auch an Indikatoren wie dem Pulsschlag ist abzulesen, daß ihm die Situation nahegeht.

Bei der zweiten Form von Unsicherheit legt das Kind eine starke Ambivalenz an den Tag. Schon bevor die Mutter hinausgeht, betrachtet es die fremde Person mit Argwohn und beschäftigt sich oft nur recht zurückhaltend mit den Spielsachen, die es vor sich hat. Das Weggehen der Mutter setzt ihm sehr zu. Das entscheidende Merkmal ist aber wiederum die Reaktion, wenn die Mutter wiederkehrt. Wie das sichere Kind sucht auch das unsicher-ambivalente Kind die Nähe der Mutter, aber es findet keinen Trost. Anstatt sich in den Armen der Mutter zu entspannen, versteift es sich und tritt oder schiebt die Mutter von sich weg. Wenn es sich aber in ihren Armen dreht und windet und sie es deshalb auf dem Boden absetzt, schreit es gleich darauf und will wieder hochgenommen werden. Es will Nähe und sträubt sich zugleich dagegen. Manchmal schreit es auch einfach und bleibt passiv. Es läßt eine Mischung von widersprüchlichen Gefühlen erkennen und ist nicht in der Lage, sich wieder den Spielsachen zuzuwenden.

Die drei Reaktionsmuster beruhen nicht einfach nur auf dem angeborenen Temperament der Babys, sondern hängen mit der jeweiligen Beziehung zusammen. Ein Kind kann zum Beispiel gegenüber der Mutter ein sicheres und gegenüber dem Vater ein unsicheres Bindungsmuster zeigen. Die jeweilige Beziehung hat also einen prägenden Einfluß darauf, wie das Kind jeweils reagiert und mit einer belastenden Situation umgeht. Die Bindungsmuster haben auch langfristige Auswirkungen. Nachuntersuchungen in der mittleren Kindheit haben ergeben, daß viele der Kinder, die als Babys sicher gebunden waren, später viel Selbstvertrauen haben, sich gut zu helfen wissen und in der Schule beliebt sind. Unsicher-vermeidende Babys neigen später oft zur Aggressivität, und viele unsicher-ambivalente Babys sind als ältere Kinder sehr anlehnungsbedürftig und wollen ständig beachtet werden. Die frühen Beziehungen eines Kindes können sich also durchaus auf seine späteren auswirken.

## 6. Kapitel

Wir können das, was wir in der »fremden Situation« beobachten, auch so interpretieren, daß Kinder sich sehr darin unterscheiden, wie sie *auf einen anderen Menschen zurückgreifen*, um ihre emotionale Verfassung zu regulieren. Das sicher gebundene Kind sucht die Nähe der Mutter und beruhigt sich rasch; das vermeidende Kind hält Distanz; das ambivalente Kind ist der Mutter ganz nahe, befindet sich aber in einem heftigen Konflikt. Einige Jahre später ist dann zu sehen, daß das sicher gebundene Baby zu einem Kind geworden ist, das auf innere Stärken zurückgreifen kann und zum Denken viel psychischen Raum zur Verfügung hat. Unsicher gebundene Babys scheinen später oft in Beziehungsmustern gefangen zu sein, die von Aggressivität oder einem übermäßigen Beachtungsbedürfnis bestimmt sind. Ihre zwischenmenschlichen Beziehungen sind weniger befriedigend, und ihr Denken ist weniger reflektiert. Wir können also zweierlei erkennen: Zum einen prägen die Beziehungen des Kindes offenbar seine Beziehung zu sich selbst, zum anderen scheint sich der Grad an Sicherheit, den ihm frühe Beziehungen bieten, darauf auszuwirken, ob bei ihm später reflektiertes Nachdenken oder aber konfliktbeladene zwischenmenschliche Interaktionen im Vordergrund stehen.

Ein wichtiges Ergebnis der Bindungsforschung ist, daß sichere Bindungen sich offenbar dann entwickeln können, wenn die Mutter mit dem Kind in seinem ersten Lebensjahr entsprechend einfühlsam umgeht. Dies führt uns zu der Frage, warum manche Mütter und Väter einfühlsamer sind als andere. Interessant wäre auch, zu wissen, ob ein einfühlsamer oder wenig einfühlsamer Erziehungsstil mit den Denkprozessen der Eltern zusammenhängt.

Ich komme nun auf die zweite Forschungsstrategie zu sprechen, die von Bindungsforschern entwickelt wurde: das *Adult Attachment Interview* (Interview zu den Bindungshaltungen von Erwachsenen, im folgenden »Bindungsinterview« genannt).[2] Die US-amerikanische Entwicklungspsychologin Mary Main kontaktierte Mitte der 80er Jahre über 40 Eltern (vorwiegend Mütter), deren Kinder fünf Jahre zuvor in der »fremden Situation« getestet worden waren. Die zündende Idee war, daß sie die Mütter zu ihrer frühen Kindheit befragte. Sie wollte sehen, ob Mütter, deren Baby einen sicheren Bindungsstil gezeigt hatten, sich in irgendeiner Weise von Müttern un-

*Innen und außen*

sicher-vermeidender oder unsicher-ambivalenter Babys unterschieden. Auf diese Weise ließ sich ermitteln, ob irgendein Zusammenhang bestand zwischen der Mutter-Kind-Beziehung fünf Jahre zuvor und dem Stil, in dem die Mütter über ihre Kindheit dachten.

Die meisten Mütter von sicher gebundenen Kindern waren in der Lage, ihre frühen Beziehungen in einer ausgewogenen, strukturierten Weise zu betrachten. Die Kindheit der Frauen war nicht außergewöhnlich glücklich und behütet verlaufen, auch wenn viele von einer recht guten Kindheit berichteten. Sie schienen mit ihren ersten Jahren im reinen zu sein, ganz gleich, wie sie verlaufen waren, und konnten sie offen und schlüssig schildern.

Die Mütter von Kindern, deren Baby als unsicher-vermeidend eingestuft worden war, redeten ganz anders über ihre Vergangenheit. Ihre zögerlichen oder knappen Antworten vermittelten den Eindruck, als wollten sie sich lieber nicht mit den Ereignissen ihrer Kindheit befassen und das Thema vermeiden. Sie gingen über das, was damals gewesen war, rasch hinweg, faßten es zusammen, ohne lebendige Details zu schildern (»Es war einfach ganz normal, würde ich sagen«), und zeichneten manchmal ein idealisiertes Bild, das sich nicht mit unerfreulichen Einzelheiten vertrug, die sie nebenbei erwähnten. Das Bild wirkte unvollständig und manchmal auch wirr.

Bei den Müttern, deren Kinder zur unsicher-ambivalenten Gruppe gehört hatten, kam ein drittes, das unsicher-verstrickte Muster zum Vorschein. Ähnlich wie bei ihrem Baby in der »fremden Situation« traten bei ihnen intensive und oft gemischte Gefühle gegenüber den Eltern und der eigenen Kindheit zutage. Sie redeten ausufernd und oft verworren über ihre frühkindlichen Beziehungen. Manchmal sprachen sie von der Vergangenheit, als sei sie Gegenwart, oder gerieten durcheinander und verloren den Faden. Es kam auch häufig vor, daß sie mitten im Satz von einem Aspekt zu einem völlig anderen sprangen. In einigen Interviews zeigte sich, wenn die Mütter von Traumata oder Verlusterfahrungen in ihrer Kindheit sprachen, ein weiteres typisches Merkmal. Manche verloren den Überblick oder kamen innerlich aus dem Gleichgewicht, als sie die Erinnerungen an solche Ereignisse schilderten. Zum Beispiel kam es zu auffälligen logischen Brüchen in ihrer Darstellung, oder sie sprachen von Ängsten oder Schuldgefühlen, für die kein Grund bestand, oder redeten im Präsens

## 6. Kapitel

von längst zurückliegenden Geschehnissen. Dies war keineswegs bei allen Müttern so, die als Kinder Traumata erlebt hatten. Der Mangel an Struktur im Denken der unsicher-verstrickten Mütter verriet jedoch, daß die Traumata »unbewältigt« geblieben waren.

Auf verschiedenen Studien beruhende Schätzungen besagen, daß etwa 60 Prozent der Erwachsenen in Großbritannien und den USA in der Lage sind, offen und kohärent über ihre frühen Bindungen zu sprechen, 25 Prozent ihren Kindheitserfahrungen ausgesprochen distanziert gegenüberstehen und 15 Prozent einen unsicher-verstrickten Bindungsstil erkennen lassen. Zudem dürften etwa 10 Prozent die – von den anderen drei Kategorien unabhängigen – Kriterien für unbewältigte Kindheitstraumata erfüllen.

Beachten Sie bitte, daß wir nicht davon gesprochen haben, was in der Kindheit dieser Mütter tatsächlich geschehen ist. Das wissen wir ganz einfach nicht. Es geht auch nicht darum, welche schönen oder schlimmen Dinge von damals sie im einzelnen berichteten. Uns interessiert vielmehr der Stil, in dem sie über jene Jahre sprechen. Bleiben sie bei der Sache? Zeichnen sie ein anschauliches Bild? Erzählen sie eine stimmige oder eine ungereimt wirkende Geschichte? Es handelt sich hier zweifellos um Merkmale ihres Denkens, auch wenn sie in einem Interview zutage traten, bei dem es um ganz bestimmte Themen ging.

Es liegen somit eindrucksvolle Indizien dafür vor, daß ein Zusammenhang besteht zwischen dem Stil, in dem eine Mutter über ihre Kindheitsbeziehungen spricht, und der Art der Bindung zwischen ihr und ihrem Baby. Anders gesagt, das Denken von Erwachsenen über ihre Kindheit scheint damit zu tun zu haben, wie sie mit ihren Kindern umgehen. Die bahnbrechenden Forschungsarbeiten von Main ließen dies nur vermuten, doch in anderen Studien wurde nachgewiesen, daß dem tatsächlich so ist. Eine der Studien habe ich bereits erwähnt: Bei Müttern, die in einer Fragebogenversion des Bindungsinterviews ein kohärentes Bild von ihrer Kindheit entwarfen, verlief die Interaktion mit ihrem dreijährigen Kind synchroner, und sie waren einfühlsamer. Peter Fonagy und Howard und Miriam Steele verfolgten eine andere Strategie. Sie führten das Bindungsinterview mit Schwangeren durch und beurteilten dann, als die Kinder ein Jahr alt waren, die Mutter-Kind-Bindung.[3] Sie stellten fest, daß 75 Prozent

*Innen und außen*

der sicher gebundenen Mütter später auch sicher gebundene Kinder hatten und daß 73 Prozent der unsicher-distanzierten und unsicher-verstrickten Mütter unsicher gebundene Kinder hatten. Besonders auffallend war, daß bei einer distanzierten, also vermeidenden Haltung der Mutter gegenüber den eigenen Kindheitsbeziehungen ihr Baby mit hoher Wahrscheinlichkeit eine unsicher-vermeidende Bindungshaltung zeigte (es also offenbar vermied, seinen Kummer zu äußern, und nicht die Nähe zur Mutter suchte).

Angesichts dieser Forschungsbefunde könnte man sich fragen, ob der Stil, in dem Menschen über ihre Kindheit denken, nicht nur für die Eltern-Kind-Interaktion, sondern auch für Beziehungen zwischen Erwachsenen von Bedeutung ist.

Matthew Patrick, ich selbst und einige Kollegen untersuchten dies bei einer Gruppe von Erwachsenen, deren zwischenmenschliche Beziehungen oft turbulent verlaufen.[4] Sie leiden unter der bereits in Kapitel 5 angesprochenen Borderline-Persönlichkeitsstörung. Ihre psychischen und zwischenmenschlichen Schwierigkeiten folgen einem bestimmten Muster. In ihren intensiven Beziehungen, die oft nur von kurzer Dauer sind, haben sie das Gefühl, daß der Partner ihrem Idealbild entspricht, schwenken dann aber plötzlich um und begegnen ihm nur noch mit Ablehnung und Verachtung. Sie sind heftigen Stimmungsschwankungen unterworfen und mal depressiv, mal übertrieben optimistisch. Typisch sind auch Wutausbrüche, selbstschädigendes Verhalten (sie fügen sich zum Beispiel Schnittwunden an den Unterarmen zu), Suizidimpulse und das chronische Gefühl von Leere und Langeweile. Manche sind sich der eigenen Identität sehr unsicher und wissen beispielsweise nicht, ob sie homo- oder heterosexuell sind, andere fasten immer wieder tagelang oder haben häufig »Freßanfälle«. Viele reagieren auf jede Form des Verlassenwerdens höchst empfindlich. Diese Menschen leiden also unter massiven psychischen und zwischenmenschlichen Problemen.

Uns interessierte, ob sich in den Gedanken und Gefühlen von Erwachsenen mit diesem psychiatrischen Syndrom, das weitgehend über die in der obigen Liste genannten Verhaltensweisen definiert wird, charakteristische Strukturen erkennen lassen. Dies wäre dann ein weiterer Hinweis darauf, daß die Strategien, die ein Mensch im

## 6. Kapitel

Umgang mit Emotionen zeigt, auch seine Beziehungen prägen – und sein Denken. Wir gingen von folgenden Annahmen aus: Jemand, der über seine ersten Lebensjahre kaum etwas zu sagen weiß oder sie stark idealisiert, muß möglicherweise problematische Gefühlsregungen in Schach halten. Wenn jemand konfus oder unstrukturiert über seine frühen Beziehungen redet, kann dies daran liegen, daß er nicht in der Lage war, psychische Konflikte oder Verletzungen zu bewältigen und zu verarbeiten. Die unbearbeiteten Emotionen sowie die Abwehrmanöver, mit denen er sie unter Kontrolle hält, können seine Denkfähigkeit beeinträchtigen.

Wir stellten zwei Gruppen von Frauen (die größtenteils Ende Zwanzig und Anfang Dreißig waren) zusammen, so daß sich Paare ergaben, die einander in Bildungsgrad, Intelligenzniveau, Herkunftsmilieu und beruflichem Status ähnlich waren. Die Stichprobe war insofern nicht repräsentativ für die Gesamtbevölkerung, als sieben der zwölf Frauen in jeder Gruppe einen Universitätsabschluß hatten. Die eine der Gruppen bestand aus Frauen mit Borderline-Störung, die andere aus Frauen mit einer chronischen, milden Form der Depression. Auch die Frauen mit Borderline-Störung berichteten von depressiven Zuständen, und wir achteten darauf, daß die Gruppen sich in der Intensität der depressiven Symptome glichen. Damit ließ sich ausschließen, daß Gruppenunterschiede im Interview daher rührten, daß die eine Gruppe depressiver war als die andere.

Mit jeder der Frauen wurde ein Bindungsinterview geführt. Die Interviews wurden verschriftlicht und an eine Person geschickt, die nicht wußte, was für Frauen an unserer Studie teilnahmen und welche Ziele wir mit ihr verfolgten. Sie hatte lediglich die Transkripte vorliegen und sollte sie verschiedenen Kategorien von Bindungshaltungen zuordnen. Uns blieb also nur, mit angehaltenem Atem zu warten, bis die ausgewerteten Transkripte mit der Post bei uns eintrafen.

Die Ergebnisse überraschten uns in ihrer Deutlichkeit. Bei sämtlichen zwölf Frauen mit Borderline-Störung hatte die Beurteilerin den Stil, in dem sie über ihre Kindheitsbeziehungen dachten, als unsicher-verstrickt eingestuft (das heißt, beim Reden war ihre Aufmerksamkeit stark von Bindungsthemen in Anspruch genommen). Von den Interviews mit den depressiven Frauen waren nur vier so bewertet worden. Außerdem waren zehn der zwölf Frauen mit Borderline-Störung einer Unterkategorie zugerechnet worden, in die keine einzige der depressiven Frauen fiel. Sie besagte, daß die Frauen in bezug auf vergangene Erfahrungen mit wichtigen Bezugspersonen verwirrt, ängstlich und überfordert wirkten. Das heißt, Frauen, deren gegenwärtige Beziehungen tumultartig verliefen und deren Beziehung zu sich selbst oft hochproblematisch war (sie fügten sich zum Beispiel Schnittwunden zu oder taten andere selbstschädigende Dinge), ließen ungewöhnliche *Denkmuster* erkennen, die sich von denen der depressiven Patientinnen abhoben. Sie waren in den Erinnerungen an ihre Kindheitsbeziehungen und in den damit verbundenen Emotionen wie gefangen und schienen ihnen oft hilflos ausgeliefert zu sein. Sie konnten nicht klar sehen, was damals geschehen war, und es auch nicht auf sich beruhen lassen. Es schien sie etwas nicht loszulassen, das sie nicht aufzulösen vermochten. Obgleich sie in einigen Bereichen durchaus folgerichtig und scharfsinnig denken konnten – immerhin hatte die Mehrheit von ihnen ja einen akademischen Abschluß –, schien ihr Denken durch unverarbeitete Erinnerungen aus den Fugen zu geraten. Wenn sie über die Beziehungen ihrer Kindheit sprachen, klang das ungeordnet und oft sogar völlig chaotisch.

In den folgenden Interviewauszügen spricht eine Frau mit Borderline-Persönlichkeitsstörung von ihrer Mutter. Sie hatte gesagt, sie hege einen »Groll« gegen die Mutter, und als sie gebeten wurde, das mit Beispielen zu erläutern, sagte sie:

Na ja, mir war als Kind, glaube ich, einfach klar, daß sie zu mir ganz anders war als zu anderen Leuten. Äh… sie mochte es überhaupt nicht… also, was mich anging, mochte sie es nicht, wenn meine Freundinnen zu uns nach Hause kamen. Mein Vater sagte, bring sie ruhig mit, aber meiner Mutter gefiel das gar nicht, und ihr war es lieber, wenn ich nicht mit anderen Kindern, sondern mit ihr spielte. Ich weiß nicht, ob das jetzt eigenbrötlerisch war oder so, aber… (lacht).

Als sie gefragt wurde, ob sie der Mutter näher gestanden hab oder dem Vater, antwortete sie:

Äh, ich fühlte mich meiner Mutter näher, äh, weil sie mir das Gefühl gab, etwas Besonderes zu sein, glaube ich – daß, äh, daß alles möglich war und

## 6. Kapitel

daß ich wirklich alles gut hinbekommen würde und, äh, daß alles in Ordnung sein würde. Äh, das war ein ziemlich schönes Gefühl und ganz anders als das, was ich von meinem Vater mitbekam – das einzige, was er mir vermittelte, war irgendwie, man wird schon klarkommen und die Dinge werden... ich würde immer Hindernisse vor mir haben und die Dinge würden... ich würde immer Hindernisse vor mir haben und das Leben würde immer eine grenzenlose Enttäuschung sein...

Als eine andere Frau mit derselben Diagnose ihre Mutter als »bevormundend« beschrieb und das erläutern sollte, sagte sie:

Sie machte immer dieses Essen, es war immer ein schreckliches Gemansche, äh, Rühreier und sowas und, äh, es war kalt, und sie machte es fürs Abendessen, aber mein... Ich weiß noch, wie ich vor diesem Teller da mit Rührei saß und nichts runterbrachte... ich konnte das nicht essen, wissen Sie. Ich weiß nicht, ob ich es jemals aß, aber das ist so ein Beispiel dafür, daß ich Dinge hinter ihrem Rücken tat. Es gab einen Schrank in dem Zimmer, und wenn meine Mutter es schließlich satt hat [sic], ging sie raus, glaube ich... und ich tat das Rührei in das Zimmer... und den Schrank in dem Zimmer, wissen Sie, und mein Vater fand dann immer das ganze Rührei in dem Zimmer.

Wie die Beispiele anschaulich machen, vermochten die Frauen zwar etwas Wichtiges über ihre Erfahrungen mitzuteilen, doch ihre Denkprozesse gerieten dabei zum Teil aus der Bahn. Der Interviewer hatte bisweilen Mühe, die Bedeutung des Gesagten nachzuvollziehen. Es gab grammatische Eigentümlichkeiten, bei denen man ein wenig unsicher war, ob man richtig gehört hatte. Das Bild, das sie von ihrer Kindheit entwarfen, war nicht so prägnant und konzentriert wie bei Müttern, die über ihre Gefühle und Erinnerungen offen und frei nachdenken und sprechen konnten.

Ein weiteres Resultat unserer Studie hatte damit zu tun, wie die Frauen mit Traumata und Verlusterlebnissen umgingen. In der Häufigkeit der berichteten Traumata und Verlusterlebnisse gab es zwischen den zwei Gruppen keinen nennenswerten Unterschied. Von den zwölf Borderline-Frauen berichteten neun, von den zwölf depressiven Frauen zehn solche Ereignisse. Nur zwei der zehn depressiven

*Innen und außen*

Frauen schienen die problematischen Kindheitserfahrungen ungenügend verarbeitet zu haben, während die anderen acht sie klar und geordnet darzustellen vermochten. Bei der Borderline-Gruppe war das ganz anders: Bei allen neun Frauen, die von Traumata oder Verlusterlebnissen berichteten, waren Denkstörungen zu erkennen, die darauf hinwiesen, daß die Erfahrungen unbewältigt geblieben waren.

Sechs der Borderline-Patientinnen hatten frühe traumatische Erlebnisse angegeben, die von beängstigenden Züchtigungen durch Elternfiguren bis zu frühem sexuellem Mißbrauch reichten. Von den depressiven Patientinnen erzählten fünf von ähnlich schlimmen Ereignissen. Freilich war die Beurteilerin bei allen sechs Borderline-Patientinnen, aber bei keiner der depressiven Frauen zu der Auffassung gelangt, daß die traumatischen Erfahrungen unverarbeitet geblieben waren. Der Eindruck bestätigte sich also, daß die depressiven Frauen das Geschehene bewältigt hatten, die Borderline-Patientinnen aber nicht.

Demnach scheint ein deutlicher Zusammenhang zu bestehen zwischen der Unfähigkeit, Beziehungen und Traumata der Vergangenheit *gedanklich zu fassen*, und Schwierigkeiten, in der Gegenwart einigermaßen stabile und von Konflikten unbelastete Beziehungen aufrechtzuerhalten. Man könnte auch die These vertreten, bei solchen Menschen sei eine angeborene Impulsivität vorhanden, die ihre engen Beziehungen und ihre Fähigkeit zu geordnetem Denken beeinträchtige. Doch dafür gibt es keine Anhaltspunkte, und auf diesem Wege wäre auch nicht plausibel zu begründen, warum die Denkschwierigkeiten gerade beim Reden über Beziehungen besonders gravierend sind. Wir müssen uns anderswo nach einer befriedigenderen Erklärung umschauen, zum Beispiel in der Psychoanalyse.

Freuds Theorie der psychischen Funktionen veränderte sich im Laufe seiner Forschungen in erheblichem Maße. Einen entscheidenden Wendepunkt markiert der Aufsatz »Trauer und Melancholie« von 1917.[5] Freud ermahnte die Psychiater, schwer depressiven Patienten zuzuhören, wirklich zuzuhören. Er verwies darauf, daß solche Patienten sich als wertlos, völlig unfähig und moralisch verachtenswert darstellen. Sie machen sich Vorwürfe und erwarten, daß man sie ablehnt und Schlechtes über sie sagt. Wie kommt es dazu?

## 6. Kapitel

Wenn wir einfach annehmen, daß die Gedanken des Patienten wirr sind, ist die Frage von einem psychologischen Standpunkt aus damit im Grunde erledigt. Denn wenn das, was der Patient sagt, keinen Sinn ergibt, brauchen wir auch keinen darin zu suchen. Dann erklären wir das Krankheitsbild besser mit einer Denkstörung, die einer Fehlfunktion der Hirnzellen entspringt. Freud sah das anders. Er schrieb: »Es wäre wissenschaftlich wie therapeutisch gleich unfruchtbar, dem Kranken zu widersprechen, der solche Anklagen gegen sein Ich vorbringt. Er muß wohl irgendwie recht haben und etwas schildern, was sich so verhält, wie es ihm erscheint.« Doch in welchem Punkt hat er recht, und was könnte uns das über die Ursache seines Zustands verraten?

Freud kam zu dem Schluß, daß man zwar einem einzelnen Patienten zuhört, der sein Leid klagt, aber eigentlich Zeuge einer Beziehung ist – einer *inneren* Beziehung, und zwar einer unerfreulichen. Ein Teil des Patienten klagt einen anderen Teil unbarmherzig an und plagt ihn. Die Person, von der gesprochen wird, ist der geknechtete und geschundene schwächere Teil, aber wenn wir genau aufpassen, hören wir auch heraus, daß es dem Patienten sadistischen Genuß bereitet, diese schrecklichen Attacken gegen sich selbst zu entfesseln. Er ist zugleich Täter und Opfer.

Freud beschrieb auch, wie sich diese Beziehung im Individuum durch einen Prozeß der Verinnerlichung herausbildet. Der Depressive haßte zunächst jemanden in der Außenwelt, oft eine Person, die ihn im Stich ließ oder die er durch Trennung oder Tod verlor. Er *identifizierte sich* mit dieser verlorenen und gehaßten Person. Daraufhin fährt er fort, sie zu attackieren, aber jetzt sieht er die gehaßte Figur in sich selbst (oder vielmehr in einem Teil von sich selbst) und wird somit zum Ziel seiner eigenen Attacken. Auf diese Weise ist eine Beziehung nach draußen zu einer Beziehung im Inneren geworden.

Ich möchte das, was Freud zu erklären versucht, an einem Fallbeispiel veranschaulichen und den Beginn eines Gesprächs schildern, das ich vor vielen Jahren mit einer erwachsenen Patientin führte. Die Frau mittleren Alters kam wegen einer chronischen Depression zu mir und hatte mehrere erfolglose Behandlungsversuche mit Antidepressiva hinter sich. Sie gab mir die Erlaubnis, das Gespräch auf Band aufzuzeichnen, so daß ich einige Passagen wörtlich zitieren kann. Es läßt sich genau verfolgen, wie die Denkprozesse der Frau eine Struktur annehmen, die zum einen ihre Beziehung zu sich selbst widerspiegelt und zum anderen Einfluß auf das Gegenüber ausübt, zu dem sie in Kontakt tritt. Das Denken der Patientin hat sehr spezifische Auswirkungen auf Denken und Fühlen des Therapeuten. Was in ihr vorgeht, kehrt sich in der Beziehung zum Therapeuten nach außen und verlagert sich dann, in einem nächsten Schritt, ins Innere des Therapeuten. Auf diese Weise werden Gefühle und Gedanken von einer Person zur anderen übertragen, mittels eines Prozesses, der auch wirksam sein dürfte, wenn Eltern oder Elternfiguren das Denken eines Kindes über sich selbst prägen.

Die Patientin, Frau A., kam pünktlich zum Erstgespräch. Ich gab ihr zu Begrüßung die Hand, und sie begann mit monotoner Stimme zu erzählen, daß sie nicht wisse, woher ihre Depressionen kämen, und daß es anscheinend keinen Grund für sie gebe. »Und wenn ich mich gut fühle, wenn ich irgend etwas mache, dann bin ich so ein Mensch, der immer möchte, daß alles perfekt ist. Wenn es mir gut geht und ich im Büro tue, was ich zu tun habe, ganz gleich, was es ist... also wenn ich versuche, irgend etwas anzupacken, und wenn ich dann dran bin, habe ich einfach das Gefühl, das ist nicht so, wie ich es haben will. Wissen Sie, was ich meine, nein?«

Während sie so sprach – und in Wirklichkeit war ihre Äußerung wesentlich länger, als ich es hier wiedergebe –, merkte ich, wie mir der Mut sank. Ich empfand Mitgefühl für Frau A., aber was sie sagte, klang wie ein Monolog, der an niemand Bestimmtes gerichtet war. Die Augen waren dabei von mir abgewandt, so daß ich überrascht war, als sie am Ende plötzlich zu mir hin- und dann wieder wegblickte. Dem Wortlaut nach schien sie zwar zu fragen, ob ich sie verstanden hätte, doch eigentlich wies kaum etwas darauf hin, daß sie interessierte, was ich zu sagen hätte.

Um Worte ringend setzte ich an: »Ich habe den Eindruck...« Weiter kam ich nicht, weil Frau A. mich unterbrach: »Wenn ich, sagen wir, dieses Abheften erledigen soll, also, wenn ich mich gut fühle, mache ich's, und ich meine, obwohl ich nie wirklich damit zufrieden bin, bekomme ich's nun mal nicht besser hin. Und sagen wir, meine Tante kommt mich besuchen, dann sage ich zu ihr, alles ist ein einziges

## 6. Kapitel

Durcheinander bei mir, und dann sagt sie, ich sei zu pingelig. Ja, ich bin, ich kenne mich ja, ich weiß, wenn ich was mache, mache ich es besser als die meisten, ich bin pingeliger als die meisten, aber ich bin nie zufrieden damit, und wenn ich depressiv werde, dann mache ich nicht mal einen Versuch, weil ich es nie so hinbekommen werde, wie es sich gehört. Und so geht's mir eigentlich mit allem.«

Sie hielt inne. Mittlerweile war ich verzagt und ratlos. Ich hätte gern etwas Hilfreiches gesagt, wußte aber nicht, was das hätte sein können. Meinem Eindruck nach hegte auch Frau A. keine Hoffnung, daß sie Hilfe bekommen könnte. Vielleicht hatte sie auch das Gefühl, daß es wenig Sinn hatte, sich mit mir verständigen zu wollen. Ich sagte:»Und wenn Sie versuchen, mir das alles zu beschreiben, zweifeln Sie sehr daran, ob Sie es mir auch klarmachen können.«

Frau A. sagte nur seufzend und ausgesprochen kühl: »Ja.«

Wie ein Mann, der einen Abhang hinunterrennt und das Gleichgewicht verliert, aber nicht anhalten kann, fügte ich hinzu: »Und ob Sie genug Gründe nennen und es so beschreiben können, daß es klar genug ist.«

Frau A. schien meine Worte nicht zu beachten und fuhr fort, als hätte ich nichts gesagt: »Ich vermute, ich hasse mich dafür, daß ich so bin, aber ich hab das nicht im Griff. Ich weiß eigentlich nicht, was ich noch dazu sagen soll. Das ist es im Grunde, wissen Sie, ich bin nie zufrieden, ganz gleich, was ich mache.«

Es folgte eine lange Pause. Nur wenig schien darauf hinzuweisen, daß Frau A. von mir eine Antwort erwartete, und ich versuchte meine Gedanken zu ordnen. Mein Versuch, eine verständnisvolle Bemerkung zu machen, hatte, gelinde gesagt, seine Wirkung verfehlt. Er kam mir plump und nutzlos vor. Doch dann ging mir etwas auf. Meine Worte hatten in dem Augenblick, als ich sie sagte, für Frau A. offenbar nicht dem entsprochen, was sie empfand. Aber sie entsprachen dem, was *ich* fühlte. *Ich* machte mir Sorgen, ob es mir gelingen würde, ihr etwas klarzumachen, und *ich* bekam das Gefühl, daß ich es nicht schaffen würde, ihr genügend gute Gründe zu nennen oder mich klar genug auszudrücken. In unserer Beziehung war also nicht sie, sondern ich derjenige, der sich unter Druck fühlte, weil ihm nichts einfallen wollte, das uns weiterbrachte, und der deshalb angespannt und eingeschüchtert war.

*Innen und außen*

Nachdem Frau A. noch ein- oder zweimal stockend erklärt hatte, sie wisse nicht, was sie noch sagen solle, äußerte ich: »Ich bekomme den Eindruck, daß da in Ihnen etwas ist, das mit nichts zufrieden ist, das nicht perfekt ist.«

Mit meiner Bemerkung wollte ich das Thema der Perfektion aufgreifen, das Frau A. immer wieder hervorgehoben hatte, denn es hatte offenbar nicht nur etwas mit ihrer Selbstkritik zu tun, sondern auch mit dem, was in diesem Augenblick zwischen ihr und mir vor sich ging. Frau A. seufzte und setzte wieder zu einem Monolog an: »Ich weiß nicht recht. Von klein auf habe ich immer... sogar wenn ich zum Beispiel meine Sachen für die Schule richtete und so, meine Großmutter machte das zwar für mich, aber ich machte es lieber selbst, weil ich das Gefühl hatte, daß niemand es so machen konnte wie ich, und ich denke, ich weiß nicht, ob es damit anfing, daß... *(Pause)* als ich... *(Pause)* es war einfach immer... ich erinnere mich, daß es mir in meiner Schulzeit einfach gefiel, wenn alles perfekt war, und niemand konnte es so machen, wie ich es machte. Ich machte es lieber selbst: Ich glaube, von da an ist das einfach eskaliert.«

Ich sagte: »Da ist also noch etwas. Sie können die Dinge nicht so machen, daß Sie wirklich zufrieden sind, aber dazu kommt noch, daß sie schon früher, in der Schule, das Gefühl hatten, daß niemand sonst es gut genug hinbekommen würde – daß nur Sie der Perfektion nahekommen würden, zum Beispiel wenn Sie sich für die Schule fertig machten.«

Das war sicherlich kein sonderlich prägnanter Kommentar. Ich versuchte einfach zusammenzufassen, was Frau A. gesagt hatte. Sie seufzte wieder, als wolle sie mir zu verstehen geben, daß ich mir die Bemerkung auch hätte sparen können. Als nun aber *sie* das Wort ergriff – das heißt, als sie etwas tat, anstatt es mir zu überlassen –, schien sie ganz ähnliche Ideen zum Ausdruck zu bringen: »Ja, es war nur... Es war eigentlich nicht in der Schule, es war nur... Ich habe das nur so als Beispiel gemeint – für eine Situation, in der ich etwas fertigmachte oder irgendwohin ging. Schon als ich klein war, machte ich das dann lieber selbst, weil niemand es so hinbekam wie ich.«

Mittlerweile war mir klar, daß ich mich bei allem, was ich über Frau A. sagte, sehr hüten mußte, die Initiative an mich zu ziehen. Sie würde über Anregungen oder auch Einsichten, die ich ihr anbot, keinesfalls

## 6. Kapitel

nachdenken, sondern sie abtun. Als sie noch einmal die Vermutung äußerte, das alles habe wohl in ihrer Kindheit angefangen, vermied ich es deshalb wohlweislich, ihren Gedanken weiterzuspinnen. Statt dessen fragte ich sie, ob sie sich da wirklich sicher sei. Nach einigem Zögern sagte sie in überzeugendem und bewegendem Ton: »Oh, ich verm... ich glaube, das ist... Na ja, als ich klein war, hat meine Großmutter immer... Ganz gleich, was ich machte, es war nie recht, sie hat immer... Ja, wenn man's auf den Punkt bringt, ist das eigentlich die ganze Geschichte. Ganz gleich, was ich tat, es war nie recht oder nie gut genug oder – ich weiß nicht... Ja, so war es einfach, egal was ich tat, es war nie recht. Ich konnte nichts recht machen. Es lag wohl daran, daß ich die Älteste war – sie ließ es immer an mir aus. Vielleicht hat sie's gar nicht so gemeint... Sie war einfach nur unzufrieden mit ihrem Leben.«

Es ist höchst unwahrscheinlich, sollte ich vielleicht hinzufügen, daß Frau A. jemals zuvor mit einem Psychotherapeuten zu tun gehabt oder etwas über Psychoanalyse gelesen hatte. Ihre letzte Äußerung klang jedenfalls, als sei etwas Wahres dran, und ich empfand aufrichtiges Mitgefühl mit Frau A., die es mit sich selbst und in ihren Beziehungen so schwer zu haben schien.

Ich kann zwar nicht wissen, was in Frau A.s Kindheit wirklich geschah, glaube aber, daß ihre Schilderung wohl zutreffend war. Meine Gewißheit rührt daher, daß ich aus erster Hand die Art von unzufriedener und unbefriedigender Beziehung erfuhr, die sie zu anderen offenbar oft herstellte. Mir wurde klar, warum Ärzte, die ihr zu helfen versucht hatten, daran verzweifelt waren. Sie gestaltete die Beziehung zu mir genau so wie die Beziehung zu sich selbst, die sie gleich zu Beginn des Gesprächs geschildert hatte.

Ich hoffe, das Fallbeispiel macht deutlich, was unter einer inneren Beziehung zu verstehen ist und wie sie in eine äußere Beziehung zu einem anderen Menschen überführt werden kann. Die Beziehung wird im Hier und Jetzt mit dem Analytiker lebendig. Zum einen zwischen der Patientin und dem Analytiker, zum anderen zwischen der Patientin und ihr selbst ziehen sich bestimmte Einstellungs- und Interaktionsmuster durch. Frau A. bot auch eine Erklärung dafür an, wie die verinnerlichte Beziehung einst entstanden war, und vermutete, daß sie in der Beziehung zu einer wichtigen Bezugsperson ihrer Kindheit wurzelte.

## Innen und außen

Die Fallgeschichte zeigt auch, wie Beziehungsmuster das Denken prägen können. Frau A. dachte und fühlte nicht nur, daß alles ein Durcheinander war, sondern auch ihr Denken selbst war zu Beginn des Gesprächs wirr und voller Wiederholungen (die ich herausgekürzt habe). Auf mein eigenes Denken wirkte sich das so aus, daß ich verwirrt war, daß ich zu überlegen anfing, ob ich der Patientin das neueste Antidepressivum verschreiben sollte, um den Wust ihrer Klagen zu durchbrechen, und daß ich mir unnütz vorkam. Hinzu kam natürlich, daß ihr Denken kritisch und negativ wurde, wenn ich etwas vorbrachte; wenn sie selbst etwas sagte, war ihr Gedanke dabei, daß sie es nie würde richtig ausdrücken können. Sowohl Form als auch Inhalt ihres Denkens schienen also mit Beziehungsmustern ihrer Vergangenheit zusammenzuhängen und zugleich ihre gegenwärtigen Beziehungen zu prägen. Als ich dann aber genügend inneren Raum fand, in dem ich überlegen konnte, anstatt nur zu reagieren, wurde auch Frau A. nachdenklicher. Die Form der Interaktion kann das Denken also sowohl fördern als auch blockieren.

Leider hält diese Fallgeschichte noch eine weitere Lektion bereit. Selbst wenn ein Mensch zu Einsichten gelangt und wichtige Erinnerungen wachrufen kann, ist das keine Gewähr dafür, daß er sich von dem Zwang lösen wird, unselige Beziehungsmuster zu wiederholen. Frau A. war sehr beeindruckt von dem, was in unserem Gespräch zutage kam, und während der folgenden Wochen war sie viel aufgeschlossener und hatte mehr Elan. Es verging aber kein Jahr, bis sie aus der Psychotherapie ausstieg und wieder Ärzte aufsuchte, um ihre üblichen Klagen vorzubringen.

Seit Freud hat man sich in der psychoanalytischen Theorie und Praxis eingehend mit dem Wesen verinnerlichter Beziehungen befaßt. Melanie Klein und andere, die sich von ihr inspirieren ließen, fanden bei der psychoanalytischen Behandlung von Kleinkindern, die über das Spiel mitteilen können, was in ihnen vorgeht, sowie von psychisch stärker gestörten bzw. weniger gestörten Erwachsenen heraus, daß innere Beziehungen manchmal von Schwarzweiß-Denken, Feindseligkeit oder Idealisierung bestimmt sind.[6] Man kann zwei wesentliche Haltungen oder Positionen unterscheiden, die ein Mensch zu jedem gegebenen Zeitpunkt einnehmen kann. Befindet er sich in einem ganz

## 6. Kapitel

von Ängsten bestimmten Zustand, den ich den alptraumhaften nennen will, dann erlebt er andere Menschen als Verfolger und fühlt sich unterschwellig von Vernichtung bedroht. Mehr Struktur bietet das andere Muster, bei dem er andere Menschen als klar von ihm gesonderte und geschätzte Individuen erlebt; die Grundangst ist hier nicht, daß die anderen in ihn eindringen und ihn vernichten könnten, sondern daß er geliebte Menschen verliert oder ihnen weh tut. Meist sind diese Beziehungsmuster zwar nicht bewußt, beeinflussen aber dennoch die Erfahrungen und Beziehungen des Betreffenden. Außerdem können sie das Denken über andere verzerren.

Wenn die von Melanie Klein beschriebenen emotionalen Haltungen auf die frühe Kindheit zurückgehen, wie das psychoanalytische Untersuchungen zum Spiel des Kleinkindes nahelegen, stellt sich die Frage, wie sich die Haltungen im Laufe der Entwicklung verändern und sich auf die Fähigkeit eines Menschen auswirken, mit Gefühlsregungen umzugehen und emotional bedeutsame Ereignisse gedanklich zu verarbeiten. Ehe wir dem aber nachgehen, sollten wir uns vergewissern, daß die zwei Beziehungsmuster, die Klein beschreibt und die ja meist unbewußt bleiben, überhaupt existieren. Sind sie in uns allen vorhanden, selbst wenn wir sie nicht bemerken?

Ich habe gesagt, daß das alptraumhafte und das differenziertere Beziehungsmuster zuerst bei Kleinkindern sowie bei psychisch gestörten und weniger gestörten Erwachsenen festgestellt wurden. Bei psychiatrischen Patienten treten sie oft besonders deutlich zum Vorschein. Mein Kollege Matthew Patrick und ich beschlossen deshalb, sie bei Patientinnen mit Borderline-Persönlichkeitsstörung zu untersuchen.[7] Bei unserer therapeutischen Arbeit waren wir den beiden Beziehungsmustern wieder und wieder begegnet und hatten die Überzeugung gewonnen, daß es sich tatsächlich um prägende innere Zustände von zentraler Bedeutung handelt. Zugleich war uns klar, daß andere, die keine therapeutischen Erfahrungen dieser Art gemacht hatten, unsere Überzeugung nicht teilen würden. Wir konnten auch verstehen, warum manche glauben, solche psychischen Phänomene existierten nur in der Phantasie der Psychoanalytiker. Wir beschlossen also, eine wissenschaftliche Studie durchzuführen, damit unsere Ideen greifbar wurden.

Seit einigen Jahren hatte ich Patienten, die über den staatlichen

*Innen und außen*

Gesundheitsdienst zu mir kamen, um Erlaubnis gefragt, die Erstgespräche mit ihnen auf Video aufzeichnen zu dürfen. Ein solches Gespräch dauert 90 Minuten, und ich versuche dabei, mir ein erstes Bild von den Schwierigkeiten zu machen, die den Patienten zu mir führen, und einzuschätzen, ob eine Psychotherapie ihm helfen könnte und wirklich das ist, was er will. Als wir uns zu unserer Studie entschlossen, verfügte ich über Videobänder von Gesprächen mit sieben Frauen, bei denen für die Borderline-Persönlichkeitsstörung typische Probleme vorlagen, und mit sieben Frauen, die unter chronischer Depression litten.

Wir ließen die ersten 30 Minuten der 14 Videobänder aus, um das auszuwertende Material zu begrenzen. Wir spielten die Bänder in zufälliger Reihenfolge Psychotherapeuten vor, die von der Diagnose der Patientinnen oder der Fragestellung unserer Studie nichts wußten. Sie sollten jeweils beobachten, was zwischen der Patientin und mir geschah, und dann einschätzen, wie die Patientin ihre Beziehungen zu anderen beschrieb oder wie sie mich und die Beziehung zu mir erlebte. Die insgesamt 30 Aspekte, die die Psychotherapeuten einschätzen sollten, zielten zur Hälfte auf das alptraumhafte und zur Hälfte auf das differenziertere Beziehungsmuster. Unter anderem sollten angegeben werden: ob die Patientin andere als rachsüchtige, auf Vergeltung sinnende Figuren erlebte, die nach dem Prinzip Auge um Auge, Zahn um Zahn vorgingen; ob sie sich selbst und andere in der Lage sah, von den Fähigkeiten und Angeboten anderer Menschen zu profitieren; ob sie auf Beziehungen eingestellt war, in denen Menschen einander als Dinge behandeln und ihnen nichts aneinander liegt; inwieweit sie zwischenmenschliche Interaktionen nach einem Schwarzweiß-Schema erlebte, zum Beispiel als entweder ganz wundervoll oder als ganz furchtbar; ob es eindeutige oder subtile Hinweise auf Feindseligkeit, Aggressivität oder Traumatisierung gab.

Ein kurzer Ausschnitt aus einem der Gespräche soll das alptraumhafte Ende des Spektrums illustrieren. Das Gespräch begann in einer angespannten Atmosphäre. Die Patientin sagte, sie vermute, daß sie jetzt etwas sagen solle, doch ihr falle das sehr schwer, wenn man ihr nicht genau erkläre, worum es gehen solle. »Können Sie mir bitte sagen, worüber ich reden soll. Ich weiß nicht, was Sie wissen wollen.« Wie ich sie wohl einschätzen würde, beschäftigte sie so sehr, daß sie in

## 6. Kapitel

eine starke Abwehrhaltung verfiel und sich nicht dadurch preisgeben wollte, daß sie sagte, was ihr am Herzen lag. Obwohl ich versuchte, diese Schwierigkeit anzusprechen, sah es so aus, als würde sie erst dann über sich selbst zu reden beginnen, wenn ich ihr gezielte Fragen stellte oder sie unter Druck setzte. Sie sagte: »Ich könnte jetzt das machen, was ich manchmal mache, nämlich eine Mordsaggression gegen Sie kriegen und einfach nur dasitzen und sagen, mir fehlt nichts und ich rede nicht mit Ihnen. Das mache ich manchmal so.«

Sie erzählte dann, daß ein Arzt ihr gesagt habe, er denke nicht, daß ihr etwas fehle, aber: »Er schickt mich in eine Nervenklinik, und dann fange ich an, mich zu wehren, und werde rausgeschmissen.« Ich versuchte ihre vorherige Aussage aufzugreifen, daß sie möglicherweise Aggressionen gegen mich entwickeln würde, weil ich sie ihrem Eindruck nach zu einem nutzlosen und sogar quälenden Gespräch zwang. Ich sagte, sie habe wahrscheinlich den Impuls verspürt, einfach den Raum zu verlassen (was sie bestätigte). Sie habe wohl auch das Gefühl, fügte ich hinzu, ich könne versuchen, sie mit leeren Versprechungen abzuspeisen. Sie erwiderte: »Das ist das, was man mir zu Hause sagt: Mir fehlt nichts.« Eine Therapeutin habe die Behandlung plötzlich abgebrochen: »Sie hat mir nichts gesagt. Sie weigert sich einfach, mir einen Termin zu geben, sie weigert sich, mit mir zu reden... Ich bekomme das Gefühl, daß niemandem was an mir liegt – überhaupt niemandem... Ich kriege wirklich Angst, aber bei der Arbeit sind sie richtig grob zu mir, sie schieben einen einfach zur Seite, und einer sagte mir, ich solle doch gehen und mich umbringen...« Als ich die Aggressionen ansprach, die in ihr aufkamen, sagte sie, daß sie dann aggressiv werde, wenn die Leute Mitleid mit ihr hätten. Aber auch die Aussicht, zu mir zu kommen und dem Schweigen ausgeliefert zu sein, habe sie wütend gemacht. Sie berichtete dann, sie glaube, daß bei der Arbeit alle über sie reden würden, und fügte hinzu: »Ich reagiere einfach nur, und dann denke ich nach; ich denke erst, wenn ich reagiert habe... das ist nicht gesund.«

Wir sehen, wie sehr die Patientin sich unter Beschuß fühlt und daß die Menschen, denen sie begegnet (auch ich, der Psychotherapeut), ihr achtlos, nicht vertrauenswürdig und oft unverhohlen feindselig oder gehässig vorkommen. Dies beeinflußt ganz offensichtlich den Inhalt ihres Denkens, das ganz davon in Beschlag genommen ist, wie

*Innen und außen*

unfreundlich man sie behandelt, aber auch ihre Fähigkeit, überhaupt zu denken. Sie selbst drückt das so aus: »Ich reagiere einfach nur, und dann denke ich nach; ich denke erst, wenn ich reagiert habe... das ist nicht gesund.«

Unsere Studie sollte diese Aspekte des Denkens ins Licht rücken und klären helfen, ob sie für Menschen mit Borderline-Störung charakteristisch sind. Zwischen den beurteilenden Personen bestand ein hoher Grad an Übereinstimmung. Das heißt, bei solchen Patientinnen sind die alptraumhaften Muster des Denkens, Fühlens und Interagierens so prägnant, daß voneinander unabhängige Betrachter zu vergleichbaren Einschätzungen gelangen. Bei jeder der Patientinnen ergaben sich für die 15 Aspekte, die auf den alptraumhaften Beziehungsstil zielten, ähnliche Punktwerte, und dasselbe galt andererseits für die 15 Aspekte des differenzierteren Beziehungsstils. Bei den Borderline-Patientinnen fielen die Punktwerte für die alptraumhaften Aspekte höher, für die übrigen Aspekte niedriger aus als bei den depressiven Patientinnen. Dies alles deutet darauf hin, daß tatsächlich ein Gegensatz zwischen zwei Grundmustern existiert, der den Thesen Melanie Kleins und anderer Analytiker entspricht.

Zum Borderline-Syndrom gehören, wie bereits erwähnt, selbstschädigende und impulsive Verhaltensweisen sowie turbulent verlaufende zwischenmenschliche Beziehungen. Es mag zunächst nicht einleuchten, warum Menschen, bei denen sich diese Symptome finden, außerdem immer wieder andere als rachsüchtig, gleichgültig und so weiter erleben. Unsere Studie und die psychoanalytische Praxis legen aber nahe, daß diese Merkmale zusammengehören. In den Beziehungen von Borderline-Patienten tritt das alptraumhafte Beziehungsmuster mehr oder weniger deutlich und unverhüllt hervor.

Viele Psychoanalytiker gehen davon aus, daß die meisten Menschen von Zeit zu Zeit solche inneren Zustände durchleben, wenn auch in schwächerer Form als bei der Borderline-Störung. Unsere Beziehungsmuster sind nicht von Natur aus vorgegeben oder ein für allemal festgelegt. Wir können von einem Zustand in den anderen wechseln. Unter Streßbedingungen kann fast jeder Mensch in jene alptraumhafte Welt geraten, in der er sich auf nichts verlassen kann und alles bedrohlich erscheint. Deshalb ist diese Wahrnehmungsweise sicherlich kein Phänomen, das nur Psychiater zu interessieren braucht, sondern offenbart etwas elementar Menschliches. Der Alptraum legt eine Schicht unserer Psyche frei, in der Verfolgung, Böswilligkeit und Verrat herrschen. Die Atmosphäre kann bedrohlich sein oder von Seligkeit durchflutet; die Kräfte, die wir am Werk sehen, sind teils menschlich, teils dämonisch, teils engelhaft; unter den Figuren, die diese Welt bevölkern, finden sich Ungeheuer ebenso wie himmlische Gestalten. Nach einiger Zeit kehren wir dann wieder in die andere Welt zurück, die von Liebe, Fürsorge, Treue und Zusammengehörigkeit bestimmt ist. Im Spiel kleiner Kinder tritt der Kontrast zwischen diesen beiden Gefühlswelten oft deutlich zutage, und es ist kein Zufall, daß wir ihn auch in Mythen und Märchen finden. Der bösen Hexe steht die schöne Prinzessin gegenüber; die Großmutter wird vom Wolf gefressen. Auf der einen Seite das Paradies, auf der anderen die Hölle.

All dies läßt vermuten, daß solche inneren Zustände zu den Grundelementen unserer Psyche zählen. Psychoanalytiker gehen davon aus, daß die Zustände in Erfahrungen wurzeln, die der Säugling durchlebt. Psyche und Bewußtsein, sagen sie, sind von Natur aus so strukturiert, daß das Kind andere Menschen als Wesen mit emotionalen Attributen erlebt.[8] Dies genau zu beschreiben ist sehr schwierig, denn das Erleben von Babys ist viel unzusammenhängender und diffuser, als sich mit unserer Erwachsenensprache vermitteln läßt.

Wir müssen uns vor Augen halten, daß in der Wahrnehmung von Babys noch keine beständige Realität vorhanden ist und die Erfahrungen, die sie machen, wahrscheinlich in hohem Maße von ihren Gefühlszuständen beeinflußt werden. Ich kann es nicht besser ausdrücken: Wenn machtvolle Gefühle auf das Kind einstürmen, liest es in die Gestalt und in das Handeln anderer Menschen die eigenen noch wenig strukturierten, primitiven Wünsche, Motive und Absichten hinein. Wird es zum Beispiel von Hunger geplagt, hat es das Empfinden, jemand (genauer gesagt, ein »Objekt« mit bestimmten menschlichen Attributen) oder etwas würde an ihm nagen. Wenn es wütend und voller Aggression ist, fühlt es sich von einem Gegenüber oder von Gestalten in seiner Vorstellung attackiert. Diese vormenschlichen Gestalten, die etwas von Figuren aus einem Märchen haben können, bevölkern eine innere Phantasiewelt, unter deren Einfluß wir das ganze Leben hindurch stehen.

> So gaukelt die gewalt'ge Einbildung.
> Empfindet sie nur irgend eine Freude:
> Sie ahnet einen Bringer dieser Freude!
> Und in der Nacht, wenn uns ein Graun befällt,
> Wie leicht, daß man den Busch für einen Bären hält!
>
> Shakespeare, *Ein Sommernachtstraum*, V, 1

Ein besonders wichtiger Aspekt bei alldem ist, daß in die Phantasien des Babys andere Menschen einbezogen werden. Dies gilt auch für ältere Kinder und für Erwachsene, wie das Fallbespiel mit Frau A. zeigt. Sie bezog mich in ihr Innenleben mit ein, indem sie mich auf eine bestimmte Weise sah, auf eine bestimmte Weise mit mir umging, mich dazu brachte, auf eine bestimmte Weise auf sie zu reagieren – und sogar dazu, einige heikle Gefühlsregungen in mir aufzunehmen, die eigentlich die ihren waren. Ihre innere Welt drohte sich in unserer Interaktion zu reproduzieren. Das Geschehen nahm dann aber eine Wendung, weil ich auf eine bestimmte Weise mit den Gefühlen umging, die sie in mir ausgelöst hatte, und es gelang uns, Raum zum Denken zu finden. Wenn wir uns nun vorstellen, daß Ähnliches zwischen einem Säugling und seiner Mutter vor sich geht, wird klar, wie sehr es wohl von der Art der erfahrenen Zuwendung abhängt, inwieweit ein Kind starke und oft übermächtige Gefühle steuern und integrieren lernt. Seine Emotionen spielen sich ohnehin in der zwischenmenschlichen Sphäre ab, denn das Kind erlebt sie *in der Beziehung zu anderen*. Sofern die Mutter Kummer, Aggression und andere Gefühle des Kindes wahrnehmen kann und mit ihnen umzugehen weiß – wobei sie die Gefühle unter Umständen als *ihre eigenen* erlebt, obgleich das Kind sie nur in ihr ausgelöst hat –, lernt das Kind, die Regungen auch selbst zu verarbeiten und aufzufangen. Es erlebt immer wieder, wie die Eltern sich seiner annehmen und einfühlsam auf es eingehen, und so wird seine innere Welt mit der Zeit weniger erbarmungslos und grausam. Es fühlt sich nicht mehr so bedroht und wird fähig, seine positiven und negativen Emotionen ineinander zu integrieren. Das führt unter anderem dazu, daß sein Bild von sich selbst und von anderen gefestiger und differenzierter wird und daß es beginnt, Anteil an anderen zu nehmen und sie als gesonderte Individuen zu sehen.

## 6. Kapitel

Falls das Kind dagegen mehr negative Erfahrungen macht oder das Einfühlungsvermögen und emotionale Aufgefangensein entbehren muß, das es eigentlich braucht, dann dauert die alptraumhafte, von Verfolgungsangst bestimmte Form des zwischenmenschlichen Erlebens fort oder verschärft sich noch. Die Unfähigkeit, psychische Turbulenzen in der zwischenmenschlichen Sphäre zu überstehen, ist dann zunächst ein Kennzeichen der Interaktion zwischen Baby und Mutter, wird aber schließlich zu einer Eigenschaft des Kindes selbst, die bis ins Erwachsenenalter fortdauert.

Dies entspricht im großen und ganzen der psychoanalytischen Erklärung dafür, wie die Borderline-Persönlichkeitsstörung entsteht. Die typische Art, wie diese Patientinnen (das Borderline-Syndrom findet sich vorwiegend bei Frauen) in Beziehung zu anderen treten, findet ihre Entsprechung darin, wie sie mit sich selbst und ihren inneren Konflikten umgehen. Beide Bereiche, Innen wie Außen, sind von Mißtrauen und Aggression durchsetzt. Den konfliktreichen zwischenmenschlichen Beziehungen stehen unter anderem selbstzerstörerische Verhaltensweisen (sich selbst Schnittwunden beibringen, Suchtneigung) und drastische Umschwünge von der Selbst-Idealisierung zur Selbst-Entwertung gegenüber.

Je besser die innere Welt integriert ist, desto mehr Raum ist für das Denken vorhanden. Denken setzt voraus, daß wir momentane Frustrationen aushalten. Erst dadurch sind wir in der Lage, nicht überstürzt und ohne Augenmaß zu handeln, sondern die manchmal schmerzliche und oft unbefriedigende Anstrengung zu unternehmen, über Dinge nachzudenken, anstatt sie einfach an uns zu reißen oder sie zu tun. Wenn ein Kind keine Hilfe dabei bekommt, starke Gefühle zu verarbeiten und einzuordnen, nimmt das Handeln die Stelle des Denkens ein. Wenn es überdies Aspekte seiner selbst in andere projiziert, läuft es Gefahr, einen Teil seines Denkvermögens einzubüßen. Es ist, als würden ihm mit den Gefühlen, die es nicht zu verarbeiten und als eigene anzuerkennen vermag, auch geistige Fähigkeiten abhanden kommen. Derartige Denkhemmungen sind wiederum charakteristisch für Frauen mit Borderline-Persönlichkeitsstörung. Ihr Unvermögen, über emotional bedeutsame Beziehungen nachzudenken, und ihre chaotischen, durch ihr impulsives Handeln erschwerten Beziehungen sind zwei Seiten derselben Medaille.

*Innen und außen*

Im übrigen bestätigt sich hier die Regel, daß jemand, der sich (unbewußt) gegen psychische Qualen oder Konflikte zu schützen versucht, indem er seine Gefühle auf andere Menschen projiziert oder Erinnerungen und Erfahrungen auf andere Weise ausblendet, dafür einen Preis zu zahlen hat. Denn die Folge ist oft, daß er in seinem Denkvermögen eingeschränkt ist und infolgedessen die Gründe des eigenen Verhaltens nicht durchschaut und andere stark verzerrt wahrnimmt.

Zusammenfassend läßt sich sagen, daß Bindungsforschung und Psychoanalyse belegen, was viele seit langem abstreiten: Das Denken des Menschen wird von verinnerlichten Beziehungen mitgestaltet. Diese Beziehungen wurzeln in den ersten Lebensmonaten und -jahren. Was zwischen einem Baby und seinen Eltern geschieht, ist von eminenter Bedeutung nicht nur dafür, wie das Kind zu sich selbst und zu anderen in Beziehung tritt, sondern auch für die Entfaltung seines Denkvermögens.

## 7 Denken in Fesseln

Wenn jemand mich fragt, was die Ursachen des Autismus sind, erwartet er gewöhnlich eine von zwei Antworten: daß Autismus entweder daher rührt, daß im Gehirn, vielleicht aufgrund genetischer Faktoren, etwas nicht stimmt, oder daher, daß das Kind nicht die nötige Fürsorge erfahren hat. Oft spüre ich, daß der Fragende der einen der beiden Erklärungen klar den Vorzug gibt und die andere völlig ablehnt. Bei meiner Antwort betone ich zunächst, daß Autismus meiner Ansicht nach nicht durch irgendwelche Fehler der Eltern verursacht wird. Ich sage auch, daß genetische Faktoren tatsächlich oft eine Rolle spielen und daß in den allermeisten Fällen das Gehirn des Kindes nicht richtig arbeitet. Dann aber weise ich darauf hin, daß diese Aussagen eigentlich an der Frage vorbeigehen, und gebe zu verstehen, daß autistische Symptome sich möglicherweise entwickeln, weil eine Störung des Systems »Kind-in-Beziehung-zu-anderen-Menschen« vorliegt. An diesem Punkt macht mein Gegenüber in der Regel ein verdutztes Gesicht.

Bei meinen Erfahrungen mit Autisten bin ich zu der Überzeugung gelangt, daß ein solches System nicht nur existiert, sondern für die geistige Entwicklung des Kindes von maßgeblicher Bedeutung ist. Es ist mehr als die Summe seiner Teile, besteht also nicht nur aus Kind und Mutter (oder Vater), sondern auch aus dem, was zwischen ihnen geschieht, wenn sie miteinander handeln und fühlen. Die Konstellation Kind-in-engem-Kontakt-mit-der-Bezugsperson ist eine treibende Kraft der Entwicklung und macht großartige Dinge möglich. Fehlt diese treibende Kraft, ist die geistige Entwicklung aufs höchste gefährdet und führt im Extremfall zum Autismus.

In Kapitel 1 S. 23f. hatte ich bereits vermutet, daß die Entwicklungswege, die in den Autismus führen, einen gemeinsamen Nenner haben: Verschiedene Faktoren im Kind selbst und verschiedene Faktoren in seiner Umgebung stören die Koordination des emotionalen Wechselspiels zwischen Kind und Bezugsperson so stark, daß Autismus entsteht. Es ist an der Zeit, diese These näher auszuführen. Auf die orga-

*Denken in Fesseln*

nischen Störungen, die dem Autismus zugrunde liegen können, will ich nicht eingehen (sie sind Thema der Kinderpsychiatrie), sondern mich hier nur mit den psychischen Defiziten befassen, durch die die geistige Entwicklung auf so gravierende und merkwürdige Weise entgleisen kann. Der Autismus ist ein guter Ausgangspunkt für uns, um die Fundamente zwischenmenschlicher Beziehungen wie auch des schöpferischen, flexiblen symbolischen Denkens zu erforschen, denn bei ihm stoßen wir auf eine typische Kombination von Anomalien in eben diesen beiden psychischen Funktionsbereichen. Das Phänomen des Autismus bietet die Chance, den Voraussetzungen auf die Spur zu kommen, durch die für nicht-autistische Menschen symbolisches Denken möglich wird.

Beginnen wir beim Denken. Was läßt sich dem für Autisten typischen Profil von Fähigkeiten und Defiziten entnehmen, das bei Intelligenztests und in ihrer Sprache zutage tritt? Werfen Tests, die das Denken prüfen, auch ein Licht auf die zwischenmenschlichen Defizite von Autisten? Gibt es Entsprechungen zwischen ihren Denk- und Beziehungsmustern? Und gibt es andere Konstellationen, bei denen Störungen beider Bereiche gemeinsam auftreten?

Die geistigen Stärken und Schwächen autistischer Kinder lassen ein typisches Muster erkennen. Sie tun sich nicht mit sämtlichen Testaufgaben oder mit allen Anforderungen des Alltags an ihre Intelligenz schwer, sondern nur mit bestimmten. Der Autismus macht, so glaube ich, wie eine Art Negativbild deutlich, wie stark die Intelligenz in zwischenmenschlichen Erfahrungen gründet. Die Denkfähigkeiten, die dem Autisten fehlen, entwickeln sich bei uns anderen aus zwischenmenschlichen Beziehungen heraus.

Bei dieser These gibt es einen heiklen Punkt. Denn ich behaupte, daß genau das, was für das Denken autistischer Menschen *charakteristisch* ist, auf ihrer sozialen Behinderung beruht. Autismus geht oft mit einer allgemeinen geistigen Entwicklungsverzögerung einher, die in der Regel wohl derselben Hirnstörung entspringt, die ihn im jeweiligen Fall ausgelöst hat. Der Anteil der geistigen Behinderung, der sich auf die Hirnstörung zurückführen läßt, entspricht dann dem bei anderen geistig Behinderten und ist weder in stärkerem noch in geringerem Maße mit einer sozialen Behinderung verquickt als bei ihnen. Wir müssen uns anschauen, welche Fähigkeiten bei autistischen Menschen

## 7. Kapitel

im einzelnen beeinträchtigt sind und worin sie sich von Menschen mit vergleichbarer Allgemeinintelligenz unterscheiden. So werden wir den Aspekten des Denkens, die unter dem Mangel an zwischenmenschlichen Erfahrungen leiden, auf die Spur kommen. Ich sollte noch einmal betonen, daß dieser Mangel an zwischenmenschlichen Erfahrungen möglicherweise selbst in einer Hirnstörung wurzelt.

Die gängigen Intelligenztests zielen meist auf zwei Fähigkeitsbereiche. Der erste umfaßt die sogenannten nonverbalen Fähigkeiten, die nicht davon abzuhängen scheinen, inwieweit jemand Sprache verstehen und verwenden oder sich sprachlich vermitteltes Wissen aneignen kann. Um zum Beispiel Puzzles zusammenzusetzen oder in sinnfreien Mustern Regelmäßigkeiten zu erkennen, braucht man eigentlich keine sprachlichen Fähigkeiten. Der zweite Fähigkeitsbereich dagegen ist stark auf die Sprache bezogen.

Im nonverbalen Teil von Intelligenztests schneiden autistische Kinder relativ gut ab. Zum Beispiel können manche von ihnen Puzzles sehr rasch zusammensetzen, selbst wenn die Einzelteile mit der Bildseite nach unten liegen, so daß nur an den Umrissen zu sehen ist, wie sie zusammengehören. Bei autistischen Kindern, die sprechen können, sind auch die rein sachbezogenen oder mechanischen Aspekte des Sprachverständnisses gut entwickelt, was sich etwa beim Einprägen von Listen mit Zahlen oder sinnlosen Wörtern oder beim Beantworten von Wissensfragen (»Wie viele Tage hat eine Woche?«) zeigt. In der allerersten Darstellung des autistischen Syndroms schrieb Leo Kanner 1943: »Der erstaunliche Wortschatz der sprechenden Kinder, das ausgezeichnete Gedächtnis für Ereignisse, die mehrere Jahre zurückliegen, die phänomenale Merkfähigkeit für Gedichte und Namen und die präzise Erinnerungsfähigkeit für komplexe Muster und Sequenzen lassen erkennen, daß die Intelligenz im üblichen Sinne des Wortes bei ihnen gut entwickelt ist.«[1]

Von einem intelligenten Menschen würden wir erwarten, daß er seine Intelligenz zumindest in einfachen Situationen auch anwenden kann, daß er in dem, was andere sagen, Wesentliches von Unwesentlichem zu unterscheiden vermag oder daß er bei einer Denkaufgabe erkennt, welche Fakten für die Lösung am wichtigsten sind. In diesen Punkten aber sind Autisten überfordert. Ein gängiger Intelligenztest enthält Fragen wie: »Was tust du am besten, wenn du dir in den Fin-

## Denken in Fesseln

ger schneidest?«, »Was machst du am besten, wenn ein Junge, der viel kleiner ist als du, mit dir zu kämpfen anfängt?«, »Was bedeutet das Wort Fell?«, »Was haben eine Katze und eine Maus gemeinsam?« Die Fragen sollen das allgemeine Auffassungsvermögen prüfen, zielen aber auch, wie die Beispiele zeigen, auf die zwischenmenschliche Wahrnehmung und die Fähigkeit, einem Gegenüber etwas zu erklären. Autisten sind oft ratlos, was sie antworten sollen.

Woran liegt das? Und warum sind autistische Kinder nur in begrenztem Maße zum kreativen und phantasievollen symbolischen Spiel in der Lage? Warum haben sie Schwierigkeiten, sich von einer bestimmten Sichtweise zu lösen? Warum fehlt ihnen die Flexibilität in Denken und innerer Haltung, die ein Kernmerkmal des menschlichen Geistes ist? In meinem 1993 erschienenen Buch über Autismus fasse ich meinen Erklärungsansatz folgendermaßen zusammen:

> Die *typischen* kognitiven und sprachlichen Behinderungen von autistischen Kindern sind zum größten Teil Folgeerscheinungen des weitgehenden Unvermögens, sich auf die Ich-Du-Bezogenheit mit anderen Menschen einzulassen. Das Unvermögen zieht Schwierigkeiten in verschiedenen Aspekten nach sich: im Verstehen der subjektiven Ausrichtungen und inneren Zustände von anderen Menschen und im Identifizieren damit; im Erkennen von Wesen und Form zwischenmenschlicher Austausch- und Kommunikationsvorgänge; im Wahrnehmen des Spektrums an koreferentiellen Haltungen, die jemand gegenüber einer gemeinsamen Realität einnehmen kann. Dies bezieht sich nicht nur auf die Probleme, die Autisten mit den pragmatischen Aspekten der Sprache haben [das heißt mit dem Abstimmen von Äußerungen auf die jeweilige Situation], oder auf ihre unflexiblen, eingleisigen Denkmuster, sondern auch auf das spärliche Fließen genau der Quellen, aus denen sich höhere kognitive Funktionen speisen – der Fähigkeiten zum schöpferischen Symbolgebrauch, zum »Alsob«-Denken und zum selbst-reflexiven Denken.[2]

Läßt sich bei autistischen Kindern wirklich ein Zusammenhang zwischen der grundlegenden Einschränkung ihrer zwischenmenschlichen Bezogenheit und ihren Denkschwierigkeiten herstellen? Ich denke ja. Wir müssen die Frage auf zwei Ebenen angehen. Wir brauchen eine Entwicklungstheorie, die zufriedenstellend erklärt, wie aus

## 7. Kapitel

der einen Art von Behinderungen jeweils die andere hervorgeht. Außerdem brauchen wir Belege dafür, daß der vermutete Zusammenhang nicht nur plausibel ist, sondern auch der Realität entspricht. Lassen Sie mich zwei Studien dazu vorstellen.

In der ersten untersuchten mein Kollege Tony Lee und ich, ob Intelligenzquotienten, die autistische Kinder in einem bestimmten Test erzielen, anders zu deuten sind als gleich hohe Intelligenzquotienten nicht-autistischer Kinder.[3] Bei dem betreffenden Test bekommen Kinder eine Reihe von Blättern gezeigt, auf denen jeweils vier Zeichnungen zu sehen sind. Die Anweisung ist zum Beispiel »Zeig auf den Zahnarzt« oder »Zeig auf Überraschung«, und das Kind soll auf das passende Bild zeigen. Wir baten Kollegen, sich den Test anzuschauen und uns zu sagen, welche der Aufgaben mit Emotionen zu tun hatten. Sie wählten Wort-Bild-Kombinationen mit Wörtern wie »entzückt«, »Meinungsverschiedenheit«, »Begrüßung« und »anknurren« sowie mit offensichtlicheren Emotionswörtern wie »Entsetzen« und »Überraschung« aus. Wir verglichen nun autistische und nicht-autistische Kinder, die denselben IQ erzielt hatten, und stellten fest, daß dieser tatsächlich auf unterschiedliche Weise zustande gekommen war.

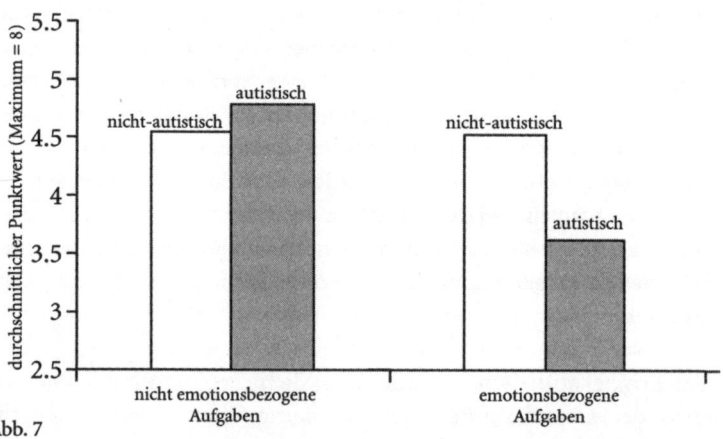

Abb. 7

Die emotionsbezogenen und nicht emotionsbezogenen Aufgaben sind für sich normal entwickelnde Kinder gleichermaßen schwer, und die Abbildung 7 zeigt, daß dies bei nicht-autistischen behinderten Kindern ähnlich war. Die autistischen Kinder dagegen, die fast identische Gesamtpunktwerte erzielt hatten, kamen mit den nicht emotionsbezogenen Aufgaben ein wenig besser zurecht, während sie bei den emotionsbezogenen Aufgaben häufiger falsche Antworten gaben. Diesem gängigen Intelligenztest sind also Hinweise darauf zu entnehmen, daß Sprache und Denken autistischer Kinder in Aspekten, die mit Gefühlen zu tun haben, Schwachstellen erkennen lassen.

Die zweite Studie zielt auf eine andere Ebene des Verständnisses für Menschen und ihr Bewußtsein, nämlich auf innere Haltungen wie Intentionen und Überzeugungen, um die es bereits in Kapitel 5 ging. Können autistische Kinder solche inneren Haltungen nachvollziehen – haben sie eine »Theorie der psychischen Welt«? Dies mag wie ein Spezialproblem erscheinen, das für unser großes Thema, das Denken, nur am Rande von Interesse ist ist. In Wahrheit aber ist die Fähigkeit, die psychische Ausrichtung anderer Menschen zu erfassen und sich auf sie einzustellen, ein wesentlicher Bestandteil der Struktur von Denken und Sprache.

In den letzten zehn Jahren war die Theorie der psychischen Welt ein zentrales Thema der Autismusforschung. Die Ergebnisse lassen sich so zusammenfassen, daß autistische Kinder eine sehr vage oder unvollständige Vorstellung davon haben, was in anderen Menschen vorgeht und wie ihr Bewußtsein beschaffen ist. Zum Beispiel führten Simon Baron-Cohen und seine Kollegen mit autistischen Kindern und einer Gruppe von Kindern mit Down-Syndrom, die in einem Sprachtest noch niedrigere Werte erzielt hatten, eine Variante des Maxi-Tests (siehe S. 145) durch. Etwa 85 Prozent der Kinder mit Down-Syndrom, aber nur 20 Prozent der autistischen Kinder gaben an, daß eine Puppe eine Murmel dort suchen würde, wo sie sich nach Überzeugung der Puppe befand (die Murmel war während ihrer Abwesenheit an einen anderen Ort gelegt worden). Die meisten der autistischen Kinder waren nicht in der Lage, die falsche Überzeugung der Puppe zu berücksichtigen, und gaben die Stelle an, wo sich die Murmel nun tatsächlich befand.[4]

Bei einer anderen Aufgabe stellte Baron-Cohen den Kindern Fragen zu Gehirn und zu Herz.[5] Die große Mehrheit der Kinder in jeder Gruppe gab zutreffende Antworten zu Ort und Funktion des Herzens

## 7. Kapitel

und zum Ort des Gehirns. Während aber drei Viertel der nichtautistischen Kinder spontan mentale Funktionen des Gehirns wie »Denken« erwähnten, war das nur bei einem Viertel der autistischen Kinder so. Von den übrigen autistischen Kindern sprachen die meisten die verhaltensauslösende Rolle des Gehirns an, zum Beispiel: »Es macht, daß man sich bewegt«, »rennen und gehen«.

Bei einer dritten Aufgabe sollten die Kinder zwischen äußerer Erscheinung und wirklicher Beschaffenheit unterscheiden. Man gab ihnen zum Beispiel eine realistisch aussehende Plastik-Schokoladentafel. Auf die Frage »Was ist das?« antworteten alle Kinder, das sei Schokolade. Als man sie aufforderte, das Objekt zu befühlen, und sie fragte: »Woraus ist das denn?«, erwiderten sie, es sei aus Plastik. Die Frage zur äußeren Erscheinung war: »Wie sieht es aus?«, die zur wirklichen Beschaffenheit lautete: »Was ist es wirklich?« Zwei Drittel der nicht-autistischen, aber nur ein Drittel der autistischen Kinder beantworteten diese Fragen korrekt. Die autistischen Kinder behaupteten bei der Mehrzahl der Fehler, die sie machten, das Objekt sei tatsächlich so, wie es aussehe – und einige versuchten sogar beharrlich, die Plastik-Schokolade zu essen. Die nichtbehinderten sowie die geistig behinderten, aber nicht-autistischen Kinder lachten meist über die Attrappe und machten Bemerkungen wie: »Das ist ja Spielschokolade!« Baron-Cohen interpretiert die Befunde so, daß für die autistischen Kinder die Wahrnehmungsinformationen ganz im Vordergrund standen und daß sie nicht in der Lage waren, sich auf Wissen zu stützen, durch das die äußere Erscheinung relativiert wurde.

Autistische Kinder begreifen offenbar nicht, wie das Bewußtsein funktioniert, oder besser besagt, wie *Menschen* als Wesen mit einem subjektiven Erleben funktionieren. Das Bewußtsein existiert nicht getrennt vom Körper in irgendeiner immateriellen Welt, und ebensowenig existiert unser lebendiger Körper in einer Sphäre, die keine Berührung mit dem Bewußtsein hat. Vor allem aber ist die Art und Weise, wie das Kind das Bewußtsein verstehen lernt, keineswegs unabhängig von seinen Beziehungen zu anderen Menschen, also zu ihrem Körper wie auch ihrem Bewußtsein, sondern beruht auf den besonderen Erfahrungen, die es in eben diesen Beziehungen macht. Autistischen Kindern entgehen solche Erfahrungen, und deshalb begreifen sie nur in begrenztem Maße, was es mit dem Bewußtsein auf sich hat.

## Denken in Fesseln

In einem Buch der US-amerikanischen Psychoanalytikerin Selma Fraiberg findet sich eine Fallgeschichte über das Mädchen Kathie.[6] Als Kathie zwei Jahre alt war, waren ihre sprachlichen Fähigkeiten im großen und ganzen mit denen anderer Kinder vergleichbar. Allerdings fiel auf, daß sie die persönlichen Fürwörter durcheinanderwarf. Wenn sie zum Beispiel wollte, daß die Mutter sie auf dem Arm trug, sagte sie: »Mag ich dich tragen?« Im Alter zwischen zweieinhalb und drei Jahren wurde klar, daß Kathie nicht imstande war, ein Spielzeug oder eine Puppe zu nehmen und damit etwas darzustellen. Sie war nicht in der Lage, im Spiel eine Situation nachzubilden oder zu erfinden. Als Kathie mit drei Jahren getestet wurde, konnte sie nicht so tun, als sei ein Stück Knetmasse ein Keks, und verstand außerdem persönliche Fürwörter falsch. Als jemand sie fragte: »Darf ich was von dem Keks abbeißen, Kathie?«, steckte sie die Knetmasse in den eigenen Mund und sagte: »Dieser Keks anders.« Erst mit vier Jahren fing Kathie an, mit Puppen zu spielen und, parallel dazu, persönliche Fürwörter richtig zu verwenden.

Bei Kathie erinnerte also einiges an autistische Merkmale, aber ihre Kontaktfreudigkeit machte deutlich, daß sie keineswegs autistisch war. Kathie war vielmehr von Geburt an blind.

Daß sich bei Blindheit das symbolische Spiel und das Verständnis von »ich« und »du« verzögert entwickelt, fügt sich nahtlos in mein Erklärungsmodell ein. Denn wenn ein blindes Kind Erfahrungen mit Objekten und Ereignisse macht, entgeht ihm ja oft, daß gleichzeitig auch ein anderer die Aufmerksamkeit auf diese Objekte und Ereignisse richtet. Es kann die emotionale Haltung des Gegenübers nicht sehen, die dem gleichen Ziel gilt. Deshalb bleibt ihm die Erfahrung mehr oder weniger vorenthalten, durch Identifizierung mit Haltungen von anderen wechselnde Perspektiven auf Objekte, auf Ereignisse und auf sich selbst einzunehmen. Das erklärt die Auffälligkeiten in Sprache, Denken und Spiel.

Es war ein aufregender Moment, als ich in den späten 80er Jahren auf die Fallgeschichte von Kathie stieß. Ich steckte mitten in einer heftigen Kontroverse über die Ursachen des Autismus, und mir ging mit einemmal auf: Bei blinden Kindern würden wir möglicherweise Hinweise darauf finden, daß autistische Denkstörungen auf Faktoren beruhen, die mit der sozialen Entwicklung des Kindes zu tun haben, und *nicht* auf einem angeborenen Fehlen von Mechanismen der Informationsverarbeitung. Ich sah die Literatur zu blinden Kindern durch und fand verstreute Falldarstellungen und die eine oder andere systematischere Studie, die darauf hindeutete, daß bei von Geburt an blinden Kindern einzelne Symptome des Autismus, aber auch die ganze Bandbreite des Syndroms recht häufig vorkommen. Aus den Studien ging indes nicht hervor, *wie* häufig Autismus oder autistische Züge bei blinden Kindern sind. Noch unklarer war, inwieweit solche psychischen Beeinträchtigungen im einzelnen tatsächlich denen bei sehenden autistischen Kindern entsprechen.

Ich tat mich mit Kollegen zusammen, um mehrere Studien mit blind geborenen Kindern zu konzipieren. Blinden und autistischen Kindern ist gemeinsam, daß es für sie sehr schwer ist, die Haltung eines Gegenübers zur Welt und zu ihnen selbst wahrzunehmen und nachzuvollziehen. Das behindert sie dabei, sich vom eigenen Blickwinkel zu lösen und zu begreifen, wie die Perspektive eines Menschen je nach Blickpunkt wechselt und daß im Vorgang des Symbolisierens ein Ding für ein anderes stehen kann.

Während nun aber das blinde Kind nicht *sehen* kann, welche Haltung ein Gegenüber zur Welt einnimmt, kann das sehende autistische Kind die anderen zwar sehen, aber ihre Haltung nicht *erkennen*. Das blinde Kind kann nicht sehen, wie die anderen die Aufmerksamkeit auf dieselbe Welt richten wie es selbst, und nicht mit Hilfe der Augen nachvollziehen, daß Menschen die Welt auf ihre je eigene Weise erfassen. Bei manchen blinden Kindern bringen die organischen Probleme, die die Blindheit verursachen, noch weitere Behinderungen mit sich (etwa weil sie sich auf weite Teile des Nervensystems auswirken). Dennoch spielt auch bei ihnen eine zentrale Rolle, daß sie nicht sehen können, wie andere Menschen zu ihnen und zur Welt in Beziehung treten. Das sehende autistische Kind dagegen ist offenbar außerstande, Menschen als Wesen mit Gefühlen wahrzunehmen.[7] Es reagiert auf ihre Gefühle nicht mit eigenen Gefühlen und identifiziert sich nicht mit ihren Haltungen, die sich auf Objekte und Ereignisse richten. Ihm fehlt es also nicht an Sehvermögen, sondern an der Fähigkeit, das Sehen und Hören eines Menschen und seiner Gefühlsäußerungen mit entsprechenden Gefühlen zu verbinden.

Als ich zum ersten Mal eine Schule für blinde Kinder besuchte, war ich erschüttert und berührt. Erschütternd war für mich, mitzubekommen, wie schwer es für manche blinde Kinder war, im Kontakt mit anderen Menschen zu bleiben, insbesondere mit ihren Mitschülern. Ich sah viele Kinder, die still für sich dasaßen, mit den Fingern herumspielten oder sich die Augen rieben und schweigend vor- und zurückwippten. Das war natürlich nicht bei allen Kindern so, und es berührte mich, zu erleben, wie mutig und findig sich blinde Kinder oft mit einer materiellen und sozialen Umgebung auseinandersetzen, die sie nicht sehen können. Ich war auch beeindruckt davon, wie sehr die Lehrerinnen und Lehrer bemüht waren, sowohl körperlichen als auch sprachlichen Kontakt zu den Kindern herzustellen. Freilich war das auch wirklich harte Arbeit, und oft fiel ein Kind in selbststimulierende und monotone Verhaltensweisen zurück, sobald der Erwachsene nicht mehr an seiner Seite war. Außerdem schien das kreative Spiel in den Aktivitäten der Kinder wenig Raum einzunehmen, ob sie nun für sich waren oder ermuntert wurden, sich mit Spielsachen zu beschäftigen. Das kreative Spiel fehlte nicht völlig, aber es wirkte nicht so zielgerichtet, lebendig und vielfältig wie bei sehenden Kindern.

Wenn man von Geburt an blinde, nicht-autistische Kinder sorgfältig und systematisch beobachtet, findet man die Vermutung bestätigt, daß der emotionale Kontakt mit anderen Menschen stark beeinträchtigt ist. Martin Bishop, ein Kollege, hielt in einer Studie die Interaktionen von fünf- bis neunjährigen blinden Kindern auf dem Spielplatz auf Video fest.[8] Wir hatten gemeinsam beschlossen, daß er einerseits eine Gruppe blinder Kinder beobachten würde, die recht gut in Kontakt mit anderen treten konnten, und andererseits eine Gruppe von Kindern, die zwar nicht autistisch waren, aber sich in ihren Beziehungen zu anderen erkennbar schwertaten. In der letzteren Gruppe verbrachten die Kinder einen Großteil der Zeit voneinander abgekapselt und spielten oder sprachen kaum einmal miteinander. Der Durchschnitts-IQ beider Gruppen war übrigens gleich. Die Studie machte deutlich, daß die für den Autismus typischen *Formen* einer Beeinträchtigung des zwischenmenschlichen Kontakts auch bei nicht-autistischen blinden Kindern zu beobachten sind.

In unserer Hauptstudie besuchte Rachel Brown in England sechs Schulen für sehbehinderte Kinder.[9] Wir beschlossen, uns auf Kinder zu konzentrieren, die von Geburt an vollkommen oder fast blind waren, denn selbst wenn ein Kind nur in begrenztem Maße visuelle Erfahrungen machen kann, scheint seine Entwicklung wesentlich anders zu verlaufen als die eines völlig blinden Kindes. Wir wählten Kinder aus, die zwischen drei und neun Jahren alt waren und bei denen keine Störung des Nervensystems festzustellen war. Wir führten einen Intelligenztest mit ihnen durch und beobachteten jedes Kind in mindestens drei zwanzigminütigen Phasen beim freien Spiel, im Klassenzimmer während einer Schulstunde und bei einem Sprachtest. Diese Beobachtungen werteten wir mit einer standardisierten Beurteilungsskala für autistische Symptome sowie mit einer Checkliste aus, die unter anderem auf folgende Aspekte zielte: Bezug zu anderen (Reaktionen auf aktive Versuche anderer, mit dem Kind in emotionalen Kontakt zu treten, Art des angestrebten körperlichen Kontakts, interaktives Spiel etc.), Bezug zur materiellen Umgebung, motorische Störungen, sprachliche Defizite. Wir befragten auch Lehrerinnen und Lehrer zum Verhalten der Kinder.

Es stellte sich heraus, daß bei nicht weniger als zehn der 24 untersuchten Kinder die klinischen Kriterien für Autismus gegeben waren. Dieser Anteil ist etwa 400mal so hoch, wie man das in einer Gruppe von sehenden Kindern erwarten würde. Wir verglichen dann neun der blinden Kinder, die die Kriterien für Autismus erfüllten, mit neun sehenden autistischen Kindern, die ihnen im Alter und im IQ ähnlich waren. Die zwei Gruppen ähnelten einander in vieler Hinsicht, aber es gab auch Anhaltspunkte für klare Unterschiede. Vor allem wirkten die blinden Kinder in ihrem Gefühlsausdruck weniger eingeschränkt, und ihre zwischenmenschlichen Beziehungen schienen enger zu sein. Man gewann bei den meisten von ihnen den Eindruck, daß die autistischen Züge weniger gravierend waren. Außerdem war bei neun der blinden, aber nur zwei der sehenden autistischen Kinder zu beobachten, daß sie zum symbolischen Spiel in der Lage waren, auch wenn sich dieses fast immer auf einem einfachen Niveau bewegte und ein Objekt nicht so eingesetzt wurde, daß es ein anderes bedeuten sollte. Nach dem klinischen Urteil der Untersucherin und Psychiaterin Rachel Brown ließen nur zwei der neun blinden Kinder die *typische Art* der sozialen Beeinträchtigung erkennen, die für sehende autistische Kinder charakteristisch ist und zu der das Empfinden gehört, daß kein emotionaler Kontakt mit dem Kind zustande kommt.

Die Ergebnisse zu den am stärksten beeinträchtigten blinden Kindern entsprachen unserer Erwartung, daß das vollständige Syndrom des Autismus in dieser Gruppe häufig vorkommt. Bei Kindern, die von Geburt an blind sind, scheint das Risiko für Autismus hoch zu sein, selbst wenn ihre soziale Behinderung dann eher weniger massiv ausfällt als bei autistischen Kindern, die sehen können. Die Blindheit scheint also bei der Entstehung der autistischen Symptomatik eine Rolle zu spielen. Andererseits wird aber deutlich, daß Blindheit allein keinen Autismus verursachen kann. Auch dieses Resultat hatten wir erwartet, weil es Alternativen gibt, wie man einem an sich kontaktfähigen, aber blinden Kind helfen kann, seine eigene Haltung zur Welt mit der eines Gegenübers abzustimmen.

Wenn Blindheit Autismus mitverursachen kann, dann würde man erwarten, daß der Autismus bei blinden Kindern einen anderen Verlauf nimmt als bei sehenden. In zwischenmenschlichen Beziehungen gibt es Mittel und Wege, das Hindernis der Blindheit zu umgehen. Einem blinden Kind zu der Erkenntnis zu verhelfen, daß andere Menschen sich in unterschiedlicher Weise auf eine gemeinsame Welt beziehen, ist nicht einfach, aber auch nicht unmöglich. Man muß sich den Tastsinn zunutze machen, klar wahrnehmbare Gefühlsäußerungen einsetzen und das Kind aktiv anleiten. Sobald das Kind sich die Sprache anzueignen beginnt, wird sie zu einem machtvollen Medium für zwischenmenschliche Lernprozesse. Von einem solchen Vorgehen profitieren sogar die blinden Kinder mit stärkeren autistischen Zügen, deren Schwierigkeiten mit zwischenmenschlichen Beziehungen nicht allein auf der Blindheit zu beruhen scheinen. Zumindest in manchen Fällen könnte es sein, daß sie ihren Autismus nach und nach ablegen.

Um das zu prüfen, untersuchen wir derzeit, wie sich die neun autistischen blinden Kinder, die wir vor fünf Jahren beobachteten, seither entwickelt haben. Bislang sieht es so aus, als seien bei einigen von ihnen die autistischen Züge mittlerweile schwächer als bei den sehenden Kindern, mit denen sie verglichen wurden, und zwar weil sie Wege gefunden haben, eine psychische Verbindung zu anderen Menschen aufzubauen. Falls unsere vorläufigen Resultate sich bestätigen sollten, wäre das ein Hinweis darauf, daß die Kinder aus einer intensiven sozialen Förderung Nutzen ziehen können. Außerdem deutet sich hier wiederum an, daß dasselbe Syndrom auf mehreren verschiedenen Wegen entstehen kann. Auch wenn Autismus offenbar sehr schwer zu behandeln ist, dürften bei manchen Kindern erhebliche Fortschritte zu erzielen sein.

Bis hierher lag das Augenmerk vor allem auf blinden Kindern, die das vollständige Bild des Autismus aufweisen. Eine unserer Hypothesen war, daß selbst diejenigen Kinder, deren zwischenmenschliche Beziehungen weniger von ihrer Blindheit beeinträchtigt waren, gewisse autistische Züge aufwiesen. Wir überprüften das, indem wir die *nicht*-autistischen blinden Kinder mit sehenden Kindern aus Regelschulen verglichen, die ihnen in Alter und IQ ähnlich waren. Kein einziges der sehenden Kinder ließ autistische Verhaltensweisen erkennen, aber jedes blinde Kind. Die beiden Gruppen unterschieden sich in mehrfacher Hinsicht, unter anderem was Beziehungen zu anderen Menschen anging, Reaktionen auf Objekte, sämtliche Ebenen der Kommunikation, Bewegungskoordination und interaktives Spiel. Nur die blinden Kinder zeigten die Tendenz, wortgetreu das zu wiederholen, was andere sagten.

Dieser letzte Aspekt ist von besonderem Interesse. Was könnte der Grund dafür sein, daß von Geburt an blinde Kinder dazu neigen, die Worte des Gegenübers direkt wiederzugeben? Sowohl bei blinden als auch bei autistischen sehenden Kindern gehen solche »Echos« oft mit Verwechslungen der persönlichen Fürwörter »ich« und »du« einher, wie Kathies Aufforderung »Mag ich dich tragen?« zeigt. Die Kinder hören einen Satz oder eine Wendung und geben das Gehörte Wort für Wort oder mit nur kleinen Abänderungen wieder. Die Formulierung wird sozusagen en bloc übernommen, als sei sie von der Person, die sie äußert, völlig unabhängig. Das Kind bringt die Formulierung offenbar nur damit in Zusammenhang, wie es selbst die Situation erlebt, aber nicht damit, wie der Sprecher sie erlebt. In der normalen Entwicklung dagegen interpretiert das Kind das Gesagte als etwas, das von einem anderen kommt, und paßt dann die Form der eigenen Äußerung der eigenen Perspektive an. Es übernimmt beispielsweise das »Mein!«, das den Besitzanspruch eines anderen Kindes zum Ausdruck bringt, um den eigenen Besitzanspruch zu bekunden. Blinde Kinder haben also anscheinend genau die Schwierigkeit, die Perspektive eines Gegenübers wahrzunehmen, die ich schon öfter hervorgehoben habe.[10]

Zwischen der Entwicklung blinder Kinder und der Entwicklung sehender autistischer Kinder scheint es wesentliche Überschneidungen zu geben, aber bislang ist noch nicht klar geworden, worin sie bestehen. In einer weiteren Studie untersuchten wir noch einmal, welche autistischen Züge möglicherweise bei Kindern auftreten, die von Geburt an blind sind. Wir wollten prüfen, ob sie verstehen, daß Menschen unterschiedliche Perspektiven einnehmen, die aber aufeinander bezogen sind. Haben blinde Kinder, die nicht autistisch sind, also Schwierigkeiten mit einem entscheidenden Aspekt der »Theorie der psychischen Welt«, so daß sie die Überzeugungen eines Gegenübers nicht wahrnehmen und nachvollziehen können?

Meine Kollegin Maggie Minter legte 21 blinden und 21 sehenden Kindern zwischen fünf und neun Jahren, die über vergleichbare sprachliche Fähigkeiten verfügten, zwei Aufgaben vor, die sich an die Experimente von Josef Perner und seinen Mitarbeitern anlehnten.[11] Bei der ersten Aufgabe reichte sie dem Kind eine lauwarme Teekanne und vergewisserte sich, daß es wußte, was es vor sich hatte. Dann fragte sie: »Was denkst du, was da drin ist?« Um klarzumachen, worauf sich die Frage bezog, klopfte sie an die Kanne oder ließ das Kind, wenn es sehbehindert war, die Kanne kurz betasten. Dann half sie ihm, etwas in eine Tasse zu gießen. Das Kind konnte nun sehen oder erfühlen, daß in der Kanne kein Tee, sondern Sand war. Sie fragte: »Was ist also wirklich in der Teekanne?« Alle Kinder gaben die richtige Antwort.

Es folgten zwei Fragen, die den entscheidenden Teil des Experiments darstellten. Die erste war: »Als du das [sie führte die Hand des Kindes an die Teekanne oder klopfte dagegen] vorhin spürtest, bevor ich etwas in die Tasse goß, was dachtest du da, daß hier drin ist?« Die Frage sollte klären, ob das Kind sich an die Überzeugung erinnern konnte, die es gehegt hatte, ehe es herausfand, wie sich die Sache wirklich verhielt. Um richtig zu antworten, mußte es in der Lage sein, zwischen einer falschen Überzeugung und der realen Situation zu unterscheiden. Die zweite Frage lautete: »Als nächste kommt jetzt Sue herein. Wenn sie das hier spürt, was wird sie dann wohl denken, was drin ist?« Damit wollten wir prüfen, ob das Kind einem anderen eine falsche Überzeugung zuschreiben konnte, obwohl es selbst wußte, was wirklich in der Kanne war.

## 7. Kapitel

Fast alle sehenden Kinder gaben richtige Antworten, während die Hälfte der blinden Kinder eine oder beide Fragen falsch beantwortete. Letztere gingen davon aus, was nach ihrem eigenen Wissen in der Kanne war. Mit anderen Worten, sie richteten die Aufmerksamkeit darauf, was im Moment für sie Realität war, und nicht darauf, wie sie selbst die Realität kurz zuvor noch aufgefaßt hatten oder wie eine andere Person, die von der äußeren Erscheinung getäuscht wurde, sie auffassen würde.

Bei der zweiten Aufgabe verwendeten wir drei große Streichholzschachteln und einen kleinen Bleistift. Die Schachteln waren mit verschiedenen Materialien überzogen, so daß sie durch Betasten leicht voneinander zu unterscheiden waren. Eine war mit Schmirgelpapier beklebt und wurde als die rauhe Schachtel bezeichnet. Die zweite, die weiche Schachtel, war mit Watte überzogen, die dritte, die glatte Schachtel, mit einer Folie. Rachel saß neben dem Kind, Maggie ihm gegenüber. Rachel ließ sich von dem Kind helfen, ihren Bleistift in die rauhe Schachtel zu legen, und ging dann unter einem Vorwand aus dem Raum. Maggie bat das Kind, ihr zu helfen und den Bleistift in die weiche Schachtel zu tun. Sie vergewisserte sich, daß dem Kind folgende drei Dinge bewußt waren: a. Rachel hatte nicht mitbekommen, was sie getan hatten, b. Rachel hatte den Bleistift in die rauhe Schachtel gelegt, c. der Bleistift war jetzt in der weichen Schachtel. Dann fragte Maggie: »Weiß Rachel, daß er jetzt in der weichen Schachtel ist?« und »Wenn Rachel zurückkommt, wo wird sie dann nach ihrem Bleistift suchen?« Sämtliche sehenden Kinder trafen eine korrekte Vorhersage, während es in der Gruppe der blinden Kinder eine statistisch signifikante Minderheit (von 20 Prozent) gab, die falsch antwortete.

Auffallend war, wieviel Sorgfalt wir darauf verwenden mußten, den blinden Kindern mit Worten und über den Tastsinn klarzumachen, wovon die Rede war. Teilweise waren ihre Antworten schwierig zu interpretieren, und wir mußten bei der Auswertung einige beiseite lassen, weil sie nicht eindeutig waren. Deshalb müssen wir mit unseren Schlußfolgerungen vorsichtig sein. Freilich machen die Ergebnisse durchaus deutlich, wie die Entwicklung des Denkens beim blinden Kind darunter leiden kann, daß es Schwierigkeiten bei der Koordination seiner Aufmerksamkeit mit der Aufmerksamkeit von anderen und bei der Ausrichtung auf ihre Perspektive hat. Die blinden Kinder

*Denken in Fesseln*

in unserer Studie waren begabter und in ihren Beziehungen weniger beeinträchtigt als viele andere, so daß das Denken von blinden Kindern, die das gesamte Syndrom des Autismus erkennen lassen, wesentlich massivere Defizite aufweisen dürfte. Wenn sich dies irgendwann bestätigen sollte, hätten wir einen weiteren Beleg dafür, daß die Entwicklung des Denkens und der sozialen Wahrnehmung weitgehend davon abhängt, wie gut Kinder das Geschehen zwischen sich selbst und anderen und zwischen anderen und der Welt zu erfassen vermögen.

Unsere Studien mit blinden Kindern zeigen, daß Autismus auf verschiedenen Wegen entstehen kann, weil es mehrere Arten von gravierenden Hemmnissen gibt, die das Erleben der Verbundenheit mit anderen Menschen und das Wahrnehmen ihrer Haltungen gegenüber einer gemeinsamen Welt gravierend stören können.

Bis vor etwa vier Jahren vertrat ich die Ansicht, daß die Defizite eines Kindes im zwischenmenschlichen Kontakt nur dann derart massiv werden können, daß es autistisch wird, wenn seine Konstitution von vornherein entsprechende Anomalien aufweist, zu denen dann in Ausnahmefällen auch noch Sinnesbehinderungen (insbesondere Blindheit) verschärfend hinzutreten. Extreme Vernachlässigung oder Mißhandlung, so glaubte ich, könne bei Kindern zwar zu psychischen Störungen und Verlangsamungen der geistigen Entwicklung führen, die dann aber nicht dem typischen Muster des Autismus entsprächen. Ich ging davon aus, daß die instinktive Tendenz, auf andere Menschen emotional zu reagieren, ihre Haltung zur Welt zu erkennen und sich mit ihr zu identifizieren, ein unverwüstliches Merkmal unserer natürlichen Ausstattung ist, das uns zu Menschen macht. Ich hatte nicht bedacht, daß Babys einem Grad an Vernachlässigung ausgesetzt sein können, bei dem sie gerade noch überleben können, während ihre Fähigkeit, auf andere Menschen zu reagieren, in katastrophalem Maße verkümmert. Ich hatte nicht gewußt, welchen Lebensbedingungen Säuglinge in den Waisenhäusern von Ceaușescus Rumänien ausgesetzt waren.

Eine der bestürzendsten Entdeckungen nach dem Ende des Ceaușescus-Regimes war das Elend der Kinder in Waisenhäusern. Viele der Kinder waren gar keine Waisen, sondern die Eltern hatten sie wegen ihrer extremen Armut dorthin gebracht. Viele Babys wurden nie aus

## 7. Kapitel

ihren Betten herausgenommen und hatten keinerlei Spielsachen. Manchmal wurde ihnen die Flasche, mit der man sie fütterte, einfach hingelegt, damit sie allein daraus tranken. Es gab praktisch keine längeren Interaktionen mit anderen Menschen, und sie hatten keine Möglichkeit, zu Betreuerinnen eine Beziehung aufzubauen. Auch die äußeren Bedingungen waren erbarmungslos. Zum Beispiel wurden Kinder häufig gewaschen, indem man einen Schlauch nahm und sie mit kaltem Wasser abspritzte.

Die Auswirkungen dieser Lebensbedingungen auf die Entwicklung der Kinder sind in mehreren Studien untersucht worden. Wenn sie zu Pflegeeltern kamen, machten sie oft bemerkenswerte Fortschritte. Im folgenden möchte ich die Ergebnisse einer besonders aufschlußreichen Studie von Michael Rutter und seinen Kollegen zusammenfassen.[12] Sie förderte etwas völlig Unerwartetes zutage, das sehr gut zu den Ergebnissen unserer Studien mit blinden Kindern paßt: Bei manchen der massiv und über einen langen Zeitraum vernachlässigten Kinder hatte sich das Syndrom des frühkindlichen Autismus entwickelt. Die Gruppe war klein, aber wesentlich größer, als es der statistischen Erwartung entsprochen hätte.

Die Studie umfaßte 111 rumänische Kinder, die vor ihrem dritten Geburtstag von englischen Familien adoptiert worden waren. Sie wurden im Alter von vier und sechs Jahren untersucht. Die meisten von ihnen waren in den ersten Lebensmonaten ins Waisenhaus gebracht worden und im ersten oder zweiten Lebensjahr nach Großbritannien gekommen. Kurz gesagt wies unter 16 Kindern eines ein Störungsbild auf, das dem des Autismus stark ähnelte, und ein weiteres ließ etwas schwächer ausgeprägte autistische Züge erkennen.

Die Forscher unterzogen diejenigen Kinder, bei denen Fachleute oder die Adoptiveltern mögliche autistische Merkmale festgestellt hatten, einer eingehenden klinisch-psychologischen Untersuchung. Die Merkmale waren nicht bei jedem Kind gleich, aber bei allen lagen schwerwiegende Probleme in zwischenmenschlichen Beziehungen und in der Verständigung vor. Die Kinder hatten Schwierigkeiten, Freundschaften zu schließen, und ihre Fähigkeit zur wechselseitigen Kommunikation wirkte verarmt. Sie konnten sich kaum in andere einfühlen, nahmen in der zwischenmenschlichen Interaktion selten Augenkontakt auf, setzten wenig Gesten ein, hatten einen begrenzten

*Denken in Fesseln*

Wortschatz und waren kaum zu einem wechselseitigen Gespräch in der Lage. Die Mehrheit der Kinder war sehr auf Sinneseindrücke und ungewöhnliche Interessen fixiert und zum Beispiel völlig fasziniert von Armbanduhren, Staubsaugern, Rohrleitungen oder neuen (ausschließlich neuen) Zehnpfundscheinen. Fast alle waren in den ersten Lebensmonaten ins Waisenhaus gekommen, die meisten gleich nach der Geburt.

Das Ziel der Studie war, die Entwicklungsanomalien durch systematische Interviews mit Eltern, Fragebogen für Eltern und Lehrer und detaillierte Beobachtung der Kinder zu dokumentieren. Am eingehendsten befaßte man sich mit drei Kindern, deren IQ im Bereich schwerer geistiger Behinderung lag, und mit sechs Kindern, deren geistige Behinderung weniger massiv war.

Die drei geistig schwerbehinderten Kinder waren alle relativ spät nach Großbritannien gekommen (als sie bereits über zwanzig Monate alt waren), und jedes hatte schlimmste Bedingungen erdulden müssen. Das erste war eine ausgesprochene Frühgeburt gewesen, das zweite hatte einen Hörschaden, das dritte hatte man in Rumänien die ganze Zeit allein in einem Raum gelassen. Bei ihnen schien das typische Störungsbild des Autismus vorzuliegen, und die Forscher nahmen die drastische Entwicklungsverzögerung als Hinweis auf eine Hirnschädigung. Aber selbst bei diesen schwerbehinderten Kindern wollte etwas nicht recht ins Bild des Autismus passen. Alle drei machten spontane Versuche, sich über Zeichensprache zu verständigen, und zwei versuchten sich anderen Menschen manchmal auf eine Weise anzunähern, die für autistische Kinder ungewöhnlich ist. Nachdem der Hörschaden des zweiten Kindes behoben worden war, machte es im Alter zwischen vier und sechs Jahren erhebliche Fortschritte. Selbst hier schienen die Ursachen der autistischen Symptomatik also nicht nur in einer Hirnschädigung, sondern auch in den *Erfahrungen* zu liegen, die das Kind machte.

Die sechs weniger stark behinderten Kinder wurden im Alter von vier und sechs Jahren mit Kindern aus einer anderen Studie verglichen, die das klassische Syndrom des Autismus aufwiesen. Es stellte sich heraus, daß das Verhalten der adoptierten rumänischen Kinder zwischen den zwei Untersuchungszeitpunkten nach und nach weniger autistisch wurde, während sich der Autismus der Vergleichsgruppe verstärkte. Bemerkenswert war auch, daß der durchschnittliche IQ der rumänischen Kinder von 57 auf 77 anstieg (der Durchschnitts-IQ der Gesamtbevölkerung liegt bei 100). Außerdem waren wiederum einige Merkmale zu beobachten, die für den Autismus untypisch sind. Ein Kind verwendete spontan Zeichensprache, ein anderes variierte seine Formulierungen, wenn ein Gegenüber nicht verstand, was es sagen wollte. Einige machten Versuche, anderen Menschen näher zu sein, oder ließen lebhafte Gefühlsregungen erkennen. Eines der Kinder hatte mit sechs Jahren Freunde, mit denen es spielte und sprach, und einige führten Dinge, die sie gemacht hatten, den Eltern vor, was für Autisten höchst ungewöhnlich ist. Allerdings waren die Wechselseitigkeit des zwischenmenschlichen Austauschs, die soziale Wahrnehmungsfähigkeit und das Einfühlungsvermögen nach wie vor sehr eingeschränkt. Die Kinder taten sich schwer, die Interaktion mit anderen in Gang zu halten, und wandten sich nur selten an die Eltern, um bei ihnen Geborgenheit und Trost zu finden. Die meisten zeigten auch stereotype Verhaltensweisen und ungewöhnliche, eng umschriebene Interessen. Auch diese Kinder mit, so nannten das die Autoren, »quasi-autistischen Verhaltensmustern« waren größtenteils kurz nach der Geburt ins Waisenhaus gekommen. Alle waren relativ spät, in ihrem zweiten Lebensjahr, in Großbritannien aufgenommen worden. Sie schienen nicht in stärkerem Maße an Unterernährung und anderen körperlichen Beeinträchtigungen gelitten zu haben als Waisen, die keine autistischen Züge aufwiesen.

Ich glaube nach wie vor, daß die Natur das Baby für die besonderen Erfahrungen, die es in der Begegnung mit anderen Menschen machen kann, so ausgerüstet hat, daß es auch aus sehr wenigen zwischenmenschlichen Impulsen großen Gewinn ziehen wird. Die Studie mit den rumänischen Kindern zeigt aber, daß sich bei manchen Kindern Autismus entwickelt, wenn sie praktisch jeder menschlichen Zuwendung beraubt sind. Es muß einen Grund geben, warum das nicht schon vorher bekannt war. Wahrscheinlich liegt es daran, daß Autismus auf diesem Wege *nur* entsteht, wenn extremste Bedingungen vorliegen, und auch dann nur bei einem kleinen Teil der Kinder. In fast allen anderen Fällen von Autismus trägt etwas im Kind selbst dazu bei, daß die Entwicklung blockiert wird.

Nehmen wir an, daß zumindest einige der blinden Kinder und der rumänischen Waisen, von denen ich in diesem Kapitel berichtet habe, nicht mit einer Hirnstörung auf die Welt gekommen und dennoch autistisch geworden sind. Das soll nicht heißen, daß die Entwicklung des Gehirns durch den Mangel an Erfahrung, den Blindheit und massive psychische Vernachlässigung zur Folge haben, keinen Schaden nähme. Die Nahrung des Gehirns sind Erfahrungen, und ohne sie verkümmert das Nervensystem. Die Entdeckung, daß sich unter den beschriebenen Umständen das klinische Bild des Autismus entwickeln kann, stellt traditionelle Erklärungsmodelle des Autismus ernsthaft in Frage. Es sind also Zweifel angebracht, wenn die Ursachen der psychischen Defizite, die den Autismus kennzeichnen, einzig und allein im Gehirn des betroffenen Menschen gesucht werden.

## 8 Das Selbst und die anderen

Wenn ein Kind Formen des sozialen Kontakts, die für uns Menschen spezifisch sind, nicht zu erfahren vermag, hat das gravierende Auswirkungen darauf, wie sich bei ihm die Bewußtheit von der eigenen Person und auch das Denken entwickeln. Aufschlußreich ist dabei, welche Aspekte der Selbst-Bewußtheit und des Denkens betroffen sind, denn sie sind nicht allesamt blockiert.

Dies wird an der folgenden Fallgeschichte eines Mannes deutlich, der die meisten normalen Denkvorgänge nicht mitvollziehen kann, einige aber durchaus. An der Selektivität seiner Defizite ist zu sehen, daß bei ihm keine allgemeine geistige Behinderung vorliegt. Es ist nicht so, daß ihm aufgrund seiner genetischen Ausstattung oder von Umwelteinflüssen sozusagen die Hardware fehlen würde, die für Denkvorgänge im Gehirn notwendig ist. Vielmehr scheint er zu ganz außerordentlichen Leistungen des Gedächtnisses und des logischen Denkens imstande zu sein. Er ist aber hilflos, wenn es um ganz alltägliche Denkleistungen geht. Es wäre eine Übertreibung, zu sagen, daß er kein Selbst hat. Er findet sich in seiner physischen Umgebung zurecht und hat sogar gelernt, in bestimmten Zusammenhängen das Wort »ich« zu verwenden. Trotzdem scheint er nicht über die Art von Selbstbewußtheit zu verfügen, die den meisten Menschen eigen ist. Zum einen ist sein Denken über Dinge eingeengt, zum anderen ist er kaum in der Lage, sich selbst zum Gegenstand seines Denkens zu machen.

Es handelt sich um einen der ersten Autisten, der ausführlich beschrieben wurde. Martin Scheerer, Eva Rothmann und Kurt Goldstein nennen ihn in ihrem 1945 erschienenen Aufsatz »L«.[1] L kam zum ersten Mal zu ihnen, als er elf Jahre alt war. Der Grund war eine massive Lernbehinderung. In einem gängigen Intelligenztest erreichte er nur einen IQ von 50. Dinge zu verstehen und über sie nachzudenken bereitete ihm offensichtlich größte Mühe. Allerdings war er trotz seiner gravierenden und beeinträchtigenden Denkschwäche in

*Das Selbst und die anderen*

der Lage, den Wochentag jedes beliebigen Datums zwischen 1880 und 1950 zu nennen. Er konnte auch angeben, an welchem Wochentag und Datum er das erste Mal an einem Ort gewesen war, und wußte meistens noch die Namen und Geburtstage aller, denen er dort begegnet war. Er konnte Wörter vorwärts und rückwärts buchstabieren und Melodien nach Gehör nachspielen.

Andererseits war L außerstande, eine imaginäre Situation zu verstehen oder zu ersinnen. Mit Spielsachen konnte er nichts anfangen, und es gab auch keine Anzeichen dafür, daß er Als-ob-Spiele begriff. Zum Beispiel zeigte er, so verständig er in manchem auch wirkte, keinerlei Interesse daran, mit Puppen und Figuren, die Briefträger, Polizisten oder Vater und Mutter darstellten, Situationen und Begebenheiten aus seinem Leben nachzuspielen. Das Interagieren imaginärer Personen hatte für ihn keine Bedeutung.

L hatte nie ein Interesse an seiner sozialen Umgebung erkennen lassen. In den ersten Lebensjahren schien er die Anwesenheit von Menschen kaum zu bemerken und zeigte keine Gefühlsregungen gegenüber anderen Kindern, selbst wenn sie weinten. Seine Beziehungslosigkeit hatte etwas Unheimliches. Als er zu sprechen lernte, war er zu einem wechselseitigen Gespräch nicht in der Lage. Ein Hin und Her zwischen Selbst und Gegenüber kam nicht zustande. Wenn er doch einmal reagierte, sagte er selten etwas über die Gründe von Handlungen oder Ereignissen, so als ob ihm deren Bedeutung entginge oder sie es nicht wert gewesen seien, anderen mitgeteilt zu werden.

Diese zwischenmenschlichen und geistigen Defizite gingen einher mit einer anderen Auffälligkeit: L schien sich seiner selbst nicht bewußt zu sein. Er war offenbar blind dafür, was andere über ihn und sein Verhalten denken mochten, und bemerkenswert unbefangen. Zum Beispiel zeigte er keine Scham, wenn er nackt durchs Haus spazierte. Er bewegte sich auf eine Weise umher, die seltsam und beunruhigend war, denn er schlug ständig mit den Händen gegen seine Hüften und rieb die vier Finger jeder Hand wie in einem Trommelwirbel gegen den Daumen. Er schien auf die Menschen um ihn herum nicht zu achten und es auch nicht wahrzunehmen, wenn sie ihm ihre Aufmerksamkeit zuwandten. Es war, als kämen in seinem Inneren Menschen praktisch nicht vor. Das Fehlen einer Verbindung zwischen ihm und anderen wurde auch daran deutlich, daß er sie nicht nachahmte.

## 8. Kapitel

Er reagierte nicht, wenn andere Kinder ihm seine Sachen wegnahmen. Das ist *höchst* ungewöhnlich für ein Kind.

Bei genauerem Hinsehen können wir zwischen den Eigentümlichkeiten von L's Denken und seinem Mangel an Selbst-Bewußtsein und sozialer Wahrnehmung einige Zusammenhänge erkennen. Bis zum Alter von 15 Jahren konnte L die Eigenschaften von Dingen nur angeben, indem er beschrieb, was man mit ihnen in bestimmten Situationen anfing oder was er selbst mit ihnen tat. Die Autoren des Aufsatzes nennen das einen selbstzentrierten Sprachgebrauch. Eine Orange zum Beispiel definierte er als »das, mit dem ich ausdrücke«, einen Briefumschlag als »etwas, in das ich reintue«. Er verstand keine übertragenen Bedeutungen und wäre zum Beispiel durch jede Bedeutungsnuance von »Wiege«, die sich nicht auf eine ganze konkrete Wiege in einer realen Situation bezogen hätte, völlig überfordert gewesen. Er konnte, mit anderen Worten, die Bedeutung eines Wortes nicht aus dessen üblicher Verwendung herauslösen und sie daran anpassen, was ein Gegenüber in einem anderen Zusammenhang mit dem Wort meinte. Er verstand nicht, was es heißt, daß Dinge verschieden, einander ähnlich oder absurd sein können. Noch mit 15 Jahren definierte er den Unterschied zwischen einem Ei und einem Stein so: »Ein Ei esse ich, einen Stein werfe ich.« Als ein Arzt einmal sagte: »Auf Wiedersehen, mein Sohn«, erwiderte L: »Ich bin nicht dein Sohn.« Auf die Frage: »Was würde geschehen, wenn du einen Menschen niederschießt?« antwortete er: »Er kommt ins Krankenhaus.« Beachten Sie bitte, daß die Antwort *nicht falsch* ist, aber ausgesprochen seltsam. Sie verrät, daß L sich in einem völlig anderen Bezugssystem als der Fragende bewegt. Er versteht jedes einzelne Wort der Frage und entnimmt der Aufeinanderfolge der Wörter einen Sinn. Die emotionale Bedeutung der Frage aber entgeht ihm.

Die emotionale Bedeutung der Frage zielt auf ihn selbst als Person: Wenn *er* jemanden niederschießen würde... In den Sätzen, die ich von L zitiert habe, verbirgt sich aber ein Paradox. Als er etwa 13 Jahre alt war, hatte er begonnen, das Fürwort »ich« zu verwenden, und nahm also beim Sprechen offenbar Bezug auf sich selbst. Demnach hatte er in gewisser Weise einen Begriff von sich als Person. Die Zitate zeigen allerdings, wie sehr dieser Begriff an der Oberfläche bleibt. Der Bezug auf die eigene Person entsprang anscheinend nicht einem

Gegenüberstellen von Selbst und anderen, durch das sie sich voneinander abheben, und ließ auch nicht die Flexibilität und Beweglichkeit erkennen, die erforderlich sind, um die Perspektiven anderer nachzuvollziehen (und zum Beispiel übertragene Bedeutungen zu erfassen). Die Welt hatte für L nur ein einziges Zentrum, nur einen Ort, von dem aus er sie erlebte. Es war kein Selbst vorhanden, das auf andere bezogen gewesen wäre, sondern nur eines, das dahintrieb, ohne in Beziehungen verankert zu sein.

Das Fallbeispiel L's macht anschaulich, wie beim Autismus erhebliche Defizite im Denken mit einem stark eingeengten Bewußtsein von der eigenen Person einhergehen. Wie kann jemand, obwohl sein IQ dem eines nur halb so alten nichtbehinderten Kindes entspricht, solche erstaunlichen Gedächtnisleistungen vollbringen, Kalenderberechnungen durchführen und Melodien nachspielen? Wie läßt sich das angesichts seines sehr lückenhaften Denkvermögens erklären? Die Antwort ist wiederum: Das Denken kann nur dann zu einem flexiblen und schöpferischen Medium der menschlichen Intelligenz werden, wenn seine Entwicklung den Weg über das Bewußtsein anderer nimmt. Einem Menschen, der die geeigneten Formen der Interaktion mit anderen Menschen nicht erlebt – und deshalb die entsprechende Beziehung zwischen Selbst und anderen nicht entfalten kann –, fehlen die Grundvoraussetzungen und die mentale Flexibilität, die für Denken und Vernunft notwendig sind.

Es kann einem einen Schock versetzen, wenn man jemandem mit einer derart begrenzten und eingeengten Vorstellungskraft begegnet und dann erlebt, wie geschickt er im Rechnen ist oder wie gut er sich Dinge, die einem freilich eher unwesentlich erscheinen, einprägen kann. Als ich einer Schule für autistische Kinder einen Besuch abstattete, kam dort ein mir unbekannter etwa zehnjähriger Junge auf mich zu. Er trug mit monotoner Stimme eine Liste von Fragen vor, die wie einstudiert wirkte: »Wie heißt du?«, »Wo wohnst du?«, »Wo bist du geboren?«, »An welchem Datum bist du geboren?« Gehorsam beantwortete ich eine Frage nach der anderen, obwohl ich das Gefühl hatte, daß ihn meine Auskünfte wenig interessierten und er immer nur rasch zur nächsten Frage weitersprang. Schließlich entzog ich mich der nicht enden wollenden Befragung, und er ging in sein Klassenzimmer. Sechs Monate später suchte ich die Schule erneut auf. Als ich

## 8. Kapitel

durch die Eingangstür kam, hatte ich wieder denselben Jungen vor mir. Er spulte dieselbe Liste von Fragen ab: »Wie heißt du?« Ich nannte meinen Namen. »Wo wohnst du?« Ich sagte es ihm. »Wo bist du geboren?« »In London.« »An welchem Tag bist du geboren?« Ich erwiderte: »Sag du es mir.« Und er nannte mir das korrekte Datum. Diese Gedächtnisleistung mag keine große Sensation gewesen sein, aber sie hatte etwas Schockierendes und Unheimliches an sich.

Manche vertreten die Auffassung, das Selbst sei eine Art Fiktion, etwas, das nur existiere, weil wir dächten, daß es existiere. Denn wenn es das Selbst wirklich gibt, wie kommt es dann, daß jemand, wenn er »ich« oder »ich selbst« sagt, im einen Moment eher sein Bewußtsein oder seine Psyche meint und im nächsten eher seinen Körper im Blick hat? Die Frage geht aber am Kern der Sache vorbei. Denn wenn das Denken ein Selbst voraussetzt, dann kann diese angebliche Fiktion nur ersinnen, wer bereits über ein Selbst verfügt – was bedeutet, daß das Selbst keineswegs eine Fiktion ist. Wir können also die Gegenfrage stellen: Menschen haben sowohl einen geistigen als auch einen körperlichen Anteil – aber würden wir deshalb sagen, daß sie nicht wirklich existieren?

Die Vorstellung, die ich von mir selbst habe, ist eine Vorstellung von mir selbst als einem Menschen. Es läßt sich kaum denken, was für eine andere Art von Vorstellung ich von mir selbst haben könnte. Sich als Mensch unter anderen zu verstehen ist ein wesentlicher Bestandteil des Selbsterlebens. Hinter der Frage nach dem körperlich-geistigen Selbst verbirgt sich also die tiefergehende Frage: Wie wird uns klar, daß Menschen einen Körper und ein Bewußtsein haben?

Ich möchte diese eher abstrakten Erörterungen nun fürs erste beiseite lassen und zunächst einige Fakten dazu vorstellen, wie wir einen Menschen als Menschen wahrnehmen. Genauer gesagt geht es darum, wie dieser Wahrnehmungsvorgang im Lichte der Autismusforschung erscheint. Ausgangspunkt ist die Frage, ob autistische Kinder fähig sind, einen anderen Menschen *als Menschen* wahrzunehmen, und somit die Voraussetzungen dafür haben, eine vollständige Vorstellung von sich selbst als Person zu entwickeln.[2]

In dem folgenden Experiment von Jane Weeks und mir gab es keine richtigen oder falschen Antworten.[3] Wir wollten nur prüfen, ob autistischen Kindern dieselben Dinge auffallen würden wie nichtautistischen. Auf die Vorderseite einer Schachtel waren zwei Porträtfotos von Erwachsenen geklebt. Sie unterschieden sich in Geschlecht, Gesichtsausdruck (heiter und eher bedrückt) und Art der Kopfbedeckung (Wollmütze und Schlapphut). Die Kinder bekamen gesagt, sie sollten auf *einen* Punkt achten, in dem sich die beiden Fotos unterschieden.

Dann wurden ihnen nacheinander 16 weitere Fotos vorgelegt. Jedes zeigte ein anderes Gesicht, und die Aufgabe war, zu entscheiden, zu welchem der beiden Gesichter auf der Schachtel es »gehörte«. Auf der Oberseite der Schachtel befand sich über jedem der zwei Fotos ein Schlitz. In diese Schlitze sollten die Kinder die 16 Fotos einwerfen, je nachdem, zu welchem der zwei Fotos das neue Foto paßte. Auf den 16 Fotos waren sämtliche Kombinationen von Mann/Frau, heiter/bedrückt und Wollmütze/Schlapphut vertreten. Wenn ein Kind die Fotos in die Schachtel einwarf, konnten wir also erkennen, nach welchem Kriterium es sie sortiert hatte. Glücklicherweise hielten sich fast alle Kinder durchweg an dasselbe Kriterium, so daß ohne weiteres zu erkennen war, auf welches Merkmal sie geachtet hatten.

Nehmen wir an, ein Kind hatte nach Kopfbedeckungen sortiert, so daß es, ungeachtet des Geschlechts und des Gesichtsausdrucks, sämtliche Fotos von Leuten mit Schlapphut in den Schlitz über dem Foto der Frau mit Schlapphut steckte und alle Fotos von Leuten mit Wollmütze in den anderen Schlitz. Dieses Vorgehen war vollkommen korrekt und zeigte einfach, daß das Kind sich beim Sortieren nicht nach dem Geschlecht oder dem Gesichtsausdruck gerichtet hatte, sondern nach der Kopfbedeckung. In der zweiten Phase des Experiments wurden die Ausgangsfotos durch zwei neue von Personen ersetzt, die nun denselben Hut trugen, sich aber wie zuvor in Geschlecht und Gesichtsausdruck unterschieden. Dieselben 16 Fotos wurden gemischt, und das Kind sollte beim Sortieren jetzt auf ein *anderes* Merkmal achten, in dem sich die zwei Fotos auf der Schachtel unterschieden. Falls das Kind in diesem zweiten Durchgang nach Geschlecht sortierte, wurden hinterher an der Schachtel neue Fotos angebracht, auf denen die zwei Personen sich nun weder in ihrer Kopfbedeckung noch im Geschlecht unterschieden. Das Kind sollte ein weiteres Unterscheidungsmerkmal erkennen und die 16 Fotos erneut einsor-

## 8. Kapitel

tieren. In diesem dritten Durchgang blieb also nur ein Unterscheidungsmerkmal übrig.

Zwei Drittel der autistischen wie auch zwei Drittel der nicht-autistischen Kinder sortierten die Fotos zunächst nach Geschlecht (wobei ihr Kriterium theoretisch auch die Haarlänge der Porträtierten hätte sein können). Es gab also keinen Zweifel, daß *beide* Gruppen in der Lage waren, ein Merkmal zu erfassen, in dem sich die zwei Ausgangsfotos unterschieden, und die 16 Fotos konsequent nach diesem Kriterium zuzuordnen. Das nächste Ergebnis war, daß unter den autistischen Kindern dreimal so viele nach Kopfbedeckung wie nach Gesichtsausdruck sortierten, während unter den nicht-autistischen Kindern doppelt so viele nach Gesichtsausdruck wie nach Kopfbedeckung sortierten.

Das war noch nicht alles. Die Zahl der autistischen und nicht-autistischen Kinder, die bei irgendeinem der Durchgänge spontan nach Geschlecht sortierten, war gleich, und dasselbe galt für das Kriterium der Kopfbedeckung. Während aber alle 15 nicht-autistischen Kinder früher oder später nach Gesichtausdruck sortierten, taten das neun der 15 autistischen Kinder *nie*. Sie schienen den Unterschied in der Mimik nicht zu erfassen, selbst wenn er das einzige Merkmal der zwei Ausgangsfotos war, nach dem sie die 16 Fotos hätten sortieren können. Selbst als sie ganz am Ende die explizite Anweisung bekamen, nach Gesichtsausdruck zu sortieren, bekamen das nur zehn der 15 autistischen Kinder durchgängig hin.

Man ist versucht zu sagen, daß autistische Kinder für die Gefühle anderer fast blind sind. Das trifft den Sachverhalt sicherlich, aber das Problem liegt tiefer. Sie werden von den Gefühlen anderer Menschen nicht *bewegt*. Wie ich bereits betont habe, ist die Fähigkeit, sich von anderen bewegen zu lassen, von entscheidender Bedeutung für die Entfaltung des Denkens wie auch des Einfühlungsvermögens. In der Interaktion mit einem Gegenüber werde ich in Richtung seiner psychischen Position gezogen, geschoben, geschubst, gelockt, gesogen oder gezerrt. Die emotionale Ansprechbarkeit erweist sich also als Facette von etwas, das noch tiefer geht und noch umfassender ist. Ohne dieses Etwas kann sich das Selbst nicht wirklich entwickeln. Sind also weniger direkt auf Emotionen bezogene Vorgänge auszumachen, wenn sich in der Beziehung des Selbst zu einem anderen Selbst

*Das Selbst und die anderen*

Bewegungen vollziehen, die im Bewußtsein Veränderung auslösen? Die Imitation könnte genau der Vorgang sein, nach dem wir suchen. Bei der Imitation übernimmt man etwas von einem Gegenüber. Wir müssen einem einjährigen Kind nur eine Weile zuschauen, um zu erkennen: Was es tut und wie es das tut, ist schon ganz durchdrungen von dem, was es bei anderen mitbekommen hat. Der Vorgang erschöpft sich nicht darin, daß das Kind das nachahmt, was seine Eltern tun, und den Stil, in dem sie es tun. Es sind auch subtilere Kräfte im Spiel, durch die typische Merkmale eines Erwachsenen auf ein Kind übergehen. Unsere geistigen Fähigkeiten machen uns zum *Homo sapiens*, aber in unserer Neigung, andere zu imitieren, gibt es etwas ebenso Grundlegendes, das uns zum *Homo imitans* macht. Dieses Etwas ist die Fähigkeit, sich mit anderen zu identifizieren, und am Autismus wird deutlich, daß sie letztlich ein emotionaler Vorgang ist.

Das Imitieren ist bei autistischen Kindern von einem Geheimnis umgeben. Fallgeschichten wie die von L weisen darauf hin, daß ihnen die Neigung zum spontanen Imitieren, die beim sich normal entwickelnden Baby und Kleinkind so ins Auge springt, mehr oder weniger fehlt. Trotzdem schneiden autistische Kinder manchmal erstaunlich gut ab, wenn man ihre Fähigkeit prüft, Handlungen nachzuahmen, die für sie neu sind, und zwar selbst wenn zwischen Vorführung und Imitation eine Pause liegt.

Mein Kollege Tony Lee und ich beschlossen, die Nachahmungsfähigkeiten und -defizite autistischer Menschen unter einem neuen Blickwinkel zu erforschen.[4] Wir gingen davon aus, daß autistische Kinder und Jugendliche durchaus fähig sind, zielgerichtete Handlungen von anderen nicht nur wahrzunehmen, sondern auch nachzuahmen. Sie können mitverfolgen und verstehen, was geschieht, wenn sich jemand einer bestimmten Strategie bedient, um ein Ziel zu erreichen. Falls sie dasselbe Ziel ansteuern wollen, sind sie in der Lage, sich die Strategie des anderen anzueignen. Dies bereitet ihnen keine Schwierigkeiten. Der problematische Punkt für sie ist die Identifizierung mit dem anderen.

Für unser Experiment mußten wir zunächst einmal geeignete Utensilien zusammentragen. Ich grub einen alten Pfeifenständer aus, der eine Leiste mit Schlitzen für die Pfeifenstiele hatte. Wir fanden

## 8. Kapitel

auch einen etwa 25 Zentimeter langen Stab, der zu einem Baukasten gehört hatte. Mit diesen beiden Gegenständen würde Tony im ersten Teil des Experiment die nachzuahmende Handlung vorführen: Er würde den Pfeifenständer in die Hand nehmen, ihn wie eine Geige gegen die Schulter halten und den Stab an den Schlitzen vorbeiziehen, um einen schnarrenden Laut zu erzeugen.

Beim Stöbern durch den ausrangierten Plunder in unserem Haus stieß ich auf einen mit Bohnen gefüllten Stoff-Frosch, der die an unserem Experiment teilnehmenden Kinder sicher ansprechen würde. Ich fand auch ein nie benutztes Geschenk an mich, einen hölzernen Massageroller mit Griff, der auf die Füße entspannend wirken sollte (ich war aber zu kitzlig dafür). Was sollten wir mit diesen beiden Sachen anfangen? Wir beschlossen, daß Tony den Frosch auf der rechten Handfläche ruhen lassen sollte, um ihn dann an die Stirn zu führen und damit dreimal darüberzuwischen. Dann würde er den Frosch auf den Tisch legen und mit dem Massageroller darüberwalzen.

Als nächstes fiel mir ein, daß ein japanischer Besucher mir einmal einen kleinen Stempel aus Elfenbein, der ein komplexes Motiv trug, und dazu ein Stempelkissen geschenkt hatte. Wir hielten es für unwahrscheinlich, daß die Kinder in unserer Studie diese Art von Stempel schon einmal benutzt hatten, also setzten wir ihn bei der folgenden Aufgabe ein.

Außerdem lieh sich Tony von seinen Kindern ein Spielzeug, einen etwa 15 Zentimeter hohen Polizisten aus Plastik, der auf verborgenen Rollen stand. Wenn man ihn auf einen Tisch stellte und seinen Kopf hinunterdrückte, bewegte er sich wie von selbst vorwärts.

Wir testeten 16 autistische Kinder und Jugendliche (die zwischen neun und 19 Jahren alt waren) und 16 nicht-autistische Kinder und Jugendliche, die ihnen in Alter und sprachlichen Fähigkeiten ähnlich waren. Der jeweilige Teilnehmer saß Tony am Tisch gegenüber. Tony holte den Pfeifenständer und den Stab hervor und sagte: »Paß auf.« Er legte den Pfeifenständer an die Schulter und zog den Stab dreimal an der Kante mit den Schlitzen entlang. Dann legte er beides weg, nahm Frosch und Massageroller, sagte wieder: »Paß auf«, wischte sich in drei kurzen Bewegungen mit dem Frosch über die Stirn und walzte dann mit dem Massageroller über den Frosch. Bei den Aufgaben mit dem Stempel und dem rollenden Polizisten wurde die Handlung nur einmal vorgeführt. Den Kindern wurde wohlgemerkt nicht mitgeteilt, daß sie später die Sachen selbst in die Hand bekommen würden. Sie sollten einfach nur zuschauen.

Tom demonstrierte die Handlungen in zwei unterschiedlichen Stilen. In jeder Gruppe sah die Hälfte der Kinder, wie Tony mit dem Stab energisch über den Pfeifenständer strich, so daß ein Stakkato-Laut entstand, wohingegen die andere Hälfte eine ruhige und sanfte Bewegung beobachtete. Die eine Hälfte der Kinder sah, wie er sich mit dem Frosch in abrupten, energischen Bewegungen über die Stirn fuhr, während er der anderen Hälfte sanftere, streichelnde Bewegungen vorführte. Die eine Hälfte sah, wie er den Stempel kraftvoll auf das Stempelkissen und dann auf das Papier drückte, die andere Hälfte sah ihn behutsame Rollbewegungen ausführen. Bei der letzten Aufgabe sah die eine Hälfte, wie Tony den Kopf des Polizisten mit zwei ausgestreckten Fingern hinunterdrückte, und die andere Hälfte sah, wie er dafür die Vorderseite des angewinkelten Handgelenks nahm. Jeder Teilnehmer sah jeweils nur eine Variante einer Handlung, ingesamt aber eine Mischung aus energischen und sanften Bewegungen (beziehungsweise, bei der Aufgabe mit dem Polizisten, den ersten oder den zweiten Stil des Hinunterdrückens).

Es folgte eine zehnminütige Phase, in der der jeweilige Teilnehmer einen Sprachtest vorgelegt bekam, der mit den Imitationsaufgaben in keinerlei Zusammenhang stand. Nach der Pause holte Tony den Pfeifenständer und den Stab hervor, gab sie dem Teilnehmer und sagte nur: »Mach etwas damit.« Der Teilnehmer hatte Zeit, mit den Gegenständen zu tun, was er wollte. Falls nötig, half Tony nach einer Weile mit einer Frage nach: »Weißt du noch genau, was ich damit gemacht habe?« Damit wollten wir sicherstellen, daß die Reaktion des Teilnehmers nicht deshalb ausblieb, weil ihm unklar war, was von ihm erwartet wurde. Es zeigte sich, daß dieses Nachhelfen sehr wenig Einfluß auf die Imitationen hatte, und deshalb werde ich nicht weiter darauf eingehen.

Die Videoaufzeichnungen des Experiments wurden gekürzt und Beurteilern vorgespielt, die den Stil der Imitationen einschätzten, ohne zu wissen, welchen Stil der Teilnehmer jeweils gesehen hatte. Unsere Hypothese war, daß die autistischen Kinder und Jugendlichen die zielgerichteten Handlungen Tonys durchaus nachahmen würden, nicht aber den Stil, in dem er sie ausführte.

## 8. Kapitel

Kommen wir zu den Ergebnissen des Experiments. In beiden Gruppen führten fast alle Teilnehmer den Stab über den Pfeifenständer, um einen Klang zu erzeugen. Sie benutzten Stempel und Stempelkissen, um das Motiv auf das Papier zu übertragen. Und sie drückten den Kopf des Polizisten hinunter, um die Figur in Bewegung zu setzen. (Zur Aufgabe mit dem Frosch werde ich gleich kommen.) Dies machte deutlich, daß fast alle Teilnehmer aufmerksam verfolgt hatten, was Tony tat, und bestrebt waren, den Effekt zu erzielen, auf den jede einzelne Handlung hinauslief.

Die große Mehrheit der nicht-autistischen Teilnehmer führte jede Handlung auch in dem Stil aus, den Tony demonstriert hatte. Elf von 16 übernahmen zum Beispiel das energische oder sanfte Streichen des Stabes über den Pfeifenständer. Dreizehn drückten den Kopf des Spielzeugpolizisten genau auf die Weise hinunter, die sie bei Tony gesehen hatten. Viele verwendeten sogar, was sehr auffallend war, große Sorgfalt darauf, das Handgelenk anzuwinkeln oder zwei Finger auszustrecken, ehe sie den Kopf des Polizisten hinunterdrückten, obwohl diese ungewöhnlichen Handhaltungen völlig unnötig waren, um den gewünschten Effekt zu erzielen. Den Kindern und Jugendlichen schien etwas daran zu liegen, die Handlung genauso wie Tony auszuführen, und er mußte fast bei keinem mit einer Frage nachhelfen.

Bei den autistischen Teilnehmern fielen die Resultate ganz anders aus. Nur eine kleine Minderheit imitierte den Stil, in dem die Handlungen vorgeführt worden waren, obwohl sie ohne weiteres in der Lage waren, sich die für das Erzielen des angestrebten Effekts notwendige Strategie anzueignen. Zum Beispiel strichen nur zwei der 16 autistischen Teilnehmer so energisch oder sanft mit dem Stab über den Pfeifenständer, wie ihnen das Tony demonstriert hatte (bitte denken Sie daran, daß die Auswerter der Videoaufnahmen nicht wußten, welchen Stil er jeweils verwendet hatte), und nur vier ahmten die Art und Weise nach, in der Tony den Kopf des Polizisten hinuntergedrückt hatte. Die Mehrzahl der autistischen Teilnehmer drückten den Kopf auf die einfachste Weise hinunter, die möglich war, nämlich mit der Handfläche. Um den Polizisten in Bewegung zu versetzen, war das Nachahmen von Tonys Stil nicht notwendig, also ließen sie den Stil außer acht.

Wie sind die Ergebnisse zu interpretieren? Wie ich bereits sagte, beobachteten die nicht-autistischen Teilnehmer Tony aufmerksam und waren anscheinend bestrebt, jede der Handlungen genauso wie er auszuführen. Sie imitierten Tony *als Person* und übernahmen deshalb nicht nur die Strategie, die er zum Erreichen des angestrebten Effekts einsetzte, sondern ebenso seinen Stil. Bei den autistischen Teilnehmern war das anders. Auch sie sahen ihm aufmerksam zu und schienen nachher bestrebt zu sein, den Effekt zu erzielen, den er vorgeführt hatte – aber sie beoachteten und imitierten *die Handlung* und nicht die handelnde Person. Das mag zunächst einmal bizarr klingen, denn wie können wir eine Handlung beobachten und imitieren, ohne zugleich die handelnde Person zu beobachten und zu imitieren? In gewisser Weise ist das unmöglich. Auch ein Mensch, der nicht autistisch ist, kann sich das, was ein anderer ihm vorführt, auf recht verschiedene Weise anschauen. Nehmen wir an, ich fordere Sie auf, *mir* etwas nachzumachen. Dann fordere ich Sie auf, *meine Handlung* nachzuahmen, und führe Ihnen vor, wie sich ein Ziel mittels einer bestimmten Methode erreichen läßt. Der Unterschied zwischen den zwei Anweisungen ist wohl nur ein gradueller, aber ich hoffe, es wird deutlich, daß die zweite Situation der inneren Ausrichtung des Autisten näher kommt als die erste. Seine Art zu imitieren hat etwas Unpersönliches.

Diese Interpretation mag auf Vermutungen beruhen, aber die Befunde selbst sind unbestreitbar. Tatsache ist, daß die autistischen Teilnehmer die zielgerichteten Handlungen ohne weiteres nachahmen konnten, aber den Stil der Ausführung nicht übernahmen. Das lag übrigens, wie wir anhand weiterer Verhaltenseinschätzungen durch die Beurteiler überprüften, nicht daran, daß sie besonders unbeholfen oder nicht in der Lage gewesen wären, Handlungen energisch oder sanft auszuführen.

Ein weiteres Resultat erwies sich gewissermaßen als das Sahnehäubchen unseres Experiments. Es kam zustande, ohne daß wir es angestrebt hätten. Wir hatten einfach herumprobiert, welche verschiedenen Handlungen sich mit unseren Utensilien ausführen ließen, und zufällig beinhalteten dann am Ende zwei der vier ausgewählten Handlungen eine Ausrichtung der handelnden Person auf den eigenen Körper: Tony legte den Pfeifenständer an der *Schulter* an, bevor er mit dem Stab darüberfuhr, und er wischte sich mit dem Frosch über die *Stirn*.

## 8. Kapitel

Warum ist dieser Punkt wichtig? Er hat nichts mit dem Stil der Handlungen zu tun, dafür aber mit etwas anderem, das für unser Thema von zentraler Bedeutung ist. Ich habe betont, wie wesentlich bei der Imitation, wie schon beim Reagieren auf Gefühlsäußerungen, das Bewegtwerden durch andere Menschen ist. So wie die Gefühlsäußerungen eines Menschen einen anderen dazu bewegen können, mit ihm zu fühlen, so kann ein Mensch sich durch Imitation mit einem anderen identifizieren. Auch das ist eine Bewegung hin zur Position des Gegenübers. Der Imitierende übernimmt dabei etwas von der inneren Ausrichtung des anderen.

Unser Experiment ist, und das ist entscheidend, so aufgebaut, daß sich unterscheiden läßt, ob ein Teilnehmer sich nun mit Tony identifiziert oder ob er nur das »Verhalten« Tonys nachahmt, ohne sich auf ihn als handelnde Person zu beziehen. Denken Sie daran, daß der Teilnehmer jeweils sieht, wie Tony den Pfeifenständer *sich selbst* an die Schulter legt und mit dem Stofffrosch *sich selbst* über die Stirn wischt. Nur wenn der Teilnehmer sich mit Tony identifiziert, wird er hernach den Pfeifenständer *sich selbst* an die Schulter legen oder *sich selbst* mit dem Frosch über die Stirn wischen. Nur eine Rollenübernahme kann dazu führen, daß der Teilnehmer Tonys auf sich selbst gerichtete Handlung als etwas aufgreift, das sich dann in bezug auf einen anderen Körper, nämlich den des Teilnehmers selbst, wiederholen läßt. Der Teilnehmer ahmt, mit anderen Worten, die Handlung *als eine jeweils auf die eigene Person gerichtete* nach. Er übernimmt nicht nur die Handlung, sondern auch ihre Ausrichtung auf die eigene Person. Wer nur die Handlung selbst nachahmt, bemerkt den Aspekt der Ausrichtung auf die eigene Person gar nicht oder kümmert sich nicht darum.

Bei den zwei genannten Aufgaben ahmten etwa zwei Drittel der nicht-autistischen Teilnehmer Tonys Ausrichtung auf die eigene Person nach und richteten die Handlungen auf den eigenen Körper aus. Von den 16 autistischen Teilnehmern aber hielten nur zwei den Pfeifenständer an den Hals oder den Oberarm. Als Tony bei den übrigen mit einer Frage nachhalf, hielten nur drei weitere Teilnehmer den Pfeifenständer an den eigenen Körper (aber nicht so, wie Tony das vorgemacht hatte). Außerdem berührten 14 nicht-autistische, aber nur fünf autistische Teilnehmer mit dem Frosch die eigene Stirn. Bei dieser Aufgabe war nicht nur die Handlung selbst, sondern auch der angestrebte Effekt auf die eigene Person gerichtet, und deshalb fiel besonders auf, daß nur neun autistische Teilnehmer (gegenüber 15 nicht-autistischen) den Frosch überhaupt in die Hand nahmen, während alle außer einem mit dem Massageroller über ihn walzten. Es war, als hätten einige der autistischen Kinder das auf die eigene Person gerichtete Wischen der Stirn gar nicht recht wahrgenommen, obwohl ihnen das Nachahmen der anderen Handlungen keine Schwierigkeiten bereitete.

Die autistischen Teilnehmer ließen sich also in zweierlei Hinsicht nicht dazu bewegen, die Ausrichtung Tonys aufzugreifen. Erstens übernahmen sie den Stil nicht, in dem er die Handlungen ausführte, zweitens identifizierten sie sich nicht mit ihm, das heißt, sie ahmten seine auf sich selbst gerichteten Handlungen nicht in der Weise nach, daß sich diese nun ihrerseits auf sich selbst richteten. Allerdings waren sie sehr wohl in der Lage, die Strategien zu übernehmen und nachzuahmen, durch die er den mit einer Handlung jeweils angestrebten Effekt erzielte. Sie waren demnach fähig, aus dem Beobachten Tonys etwas zu lernen. Sie waren auch motiviert, das Gelernte umzusetzen, als sie Gelegenheit dazu bekamen. Bei der Umsetzung des Gelernten verharrten sie aber offenbar in der Position eines distanzierten Beobachters von Handlungen und Handlungseffekten. Sie vollzogen keine innere Bewegung.

Daraus ergeben sich wichtige Folgerungen für die Vorstellung, die wir uns vom Selbst machen. Sich mit einem anderen zu identifizieren bedeutet, ihn als eine Person mit Eigenschaften wahrzunehmen, die man sich zu eigen machen kann. Sie erweitern das eigene Selbst. In unserem Experiment zur Imitation mag dieser Vorgang wenig nuanciert wirken, aber wenn man sich vorstellt, daß derartige Identifizierungen ständig geschehen, meist ohne daß sie bemerkt werden, dann wird einem klar, daß es sich hierbei um einen äußerst wirksamen kulturellen Vermittlungsprozeß handelt. Das Kind lernt, indem es immer wieder in die Rollen anderer schlüpft und Dinge »so wie sie« tut oder sieht und entsprechende Haltungen zur Welt einnimmt. Das bringt uns erneut auf einen Aspekt des Spracherwerbs, der für das Verständnis des Selbst beim Autismus von wesentlicher Bedeutung ist, nämlich zu den Fürwörtern »ich« und »du«.

## 8. Kapitel

Die Besonderheiten der Wörter »ich« und »du« habe ich weiter oben bereits dargelegt. Ein zweijähriges Kind hört die Mutter zum Beispiel in nachdrücklichem Ton sagen: »Ich mache das!« Wenn das Kind nun lernt, mit »Ich mache das!« auszudrücken, daß es selbst etwas tun will, dann ist etwas Bemerkenswertes geschehen. Es hat verstanden, daß das Wort »ich« sich nicht auf die Mutter bezieht – zumindest nicht immer. Das Wort »ich« bezieht sich auf das Kind selbst – zumindest wenn es das Wort selbst ausspricht. Ähnlich verhält es sich mit dem Wort »du« oder auch mit »mein« und »dein«. Die Wörter sind nicht wie Namen, die fest mit dem jeweiligen Individuum verbunden sind. Ihre Bedeutung verschiebt sich, je nachdem, wer gerade spricht.

Wie wir gesehen haben, lernt das Kind solche Wörter begreifen und benutzen, indem es sich mit dem Sprecher identifiziert. Es erkennt, daß ein nachdrückliches »Ich mache das!« der Mutter die Haltung des Beharrens auf etwas oder der Satz »Das ist meins!« einen Besitzanspruch zum Ausdruck bringt. Wenn das Kind also selbst eine dieser Haltungen einnimmt, muß es sozusagen nur noch den Satz verwenden, der die momentane Haltung bekundet. Es ahmt dann die Mutter nach und sagt in nachdrücklichem Ton »Ich mache das!« oder »Meins!« Falls autistische Kinder kaum in der Lage sind, sich mit anderen Menschen zu identifizieren, wäre zu erwarten, daß sie mit persönlichen Fürwörtern nur schlecht zurechtkommen. Der Grund wäre nicht, daß die persönlichen Fürwörter ein komplexer und schwer zu erlernender Aspekt der Grammatik sind, sondern daß sie so eng mit bestimmten zwischenmenschlichen Vorgängen verquickt sind. Die Begriffe »du« und »ich« gründen in Beziehungen zwischen Selbst und einem Gegenüber, die tiefer reichen als die Sprache selbst.

Schon in den frühesten Berichten über autistische Kinder sind Anomalien ihres Gebrauchs von persönlichen Fürwörtern beschrieben. Kanner fiel auf, daß manche der Kinder Fürwörter einfach nur zu wiederholen schienen, anstatt die zu einem Rollenwechsel gehörenden sprachlichen Modifikationen vorzunehmen. Sie schienen wie ein Echo wiederzugeben, was ein anderer sagte, und brachten die Fürwörter offenbar nicht damit in Zusammenhang, daß der andere etwas aus seinem besonderen Blickwinkel äußerte, sondern nur mit dem aktuellen Geschehen, so als habe dieses mit den beteiligten Personen eigentlich nichts zu tun. Wenn die Mutter das autistische Kind fragt: »Willst du

*Das Selbst und die anderen*

ein Bad nehmen?«, drückt das Kind seinen Wunsch später möglicherweise mit denselben Worten aus: »Willst du ein Bad nehmen?« Oft sind die Anomalien weniger offensichtlich als in diesem Beispiel, zum Beispiel wenn das autistische Kind von sich in der dritten Person spricht oder seine Wünsche und seinen Willen nie kundtut.

Eine Studie von Tony Lee, Shula Chiat und mir veranschaulicht, daß autistische Kinder nur zum Teil begreifen, was es mit den persönlichen Fürwörtern auf sich hat.[5] Sie benutzen »ich« und »du« nicht durchweg falsch, scheinen aber keinen klaren Begriff davon zu haben, was es bedeutet, »ich« zu sein oder sich an ein »du« zu wenden. Wir stellten eine Gruppe mit autistischen und eine Gruppe mit nicht-autistischen Jugendlichen zusammen, und wie üblich wählten wir die Teilnehmer so aus, daß sie einander in Alter und sprachlichen Fähigkeiten ähnlich waren. Wir befragten zwei Lehrer, ob die Jugendlichen je die Personalpronomen durcheinanderbrachten. Kein einziger der nicht-autistischen Jugendlichen, aber 17 der 25 autistischen Jugendlichen machten manchmal entsprechende Fehler. Zufällig hielten wir ein Beispiel dafür auf Video fest, als ein Teilnehmer beim Weggehen sagte: »Danke, daß du mit dir gesprochen hast, Tony.«

Das Hauptergebnis unserer Studie war, daß die autistischen Jugendlichen beim Benennen von Fotos gegenüber sich selbst und Tony (der den Test durchführte) eine ziemlich distanzierte Haltung erkennen ließen. Tony legte ihnen Fotos paarweise vor – zum Beispiel eines von Tony, auf dem er einen Schal trug, und eines von dem Jugendlichen ohne Schal – und stellte einfache Fragen wie »Wer ist auf dem Foto zu sehen?« oder »Wer hat den Schal an?« Die große Mehrzahl der minderbegabten autistischen Jugendlichen bezeichnete sich und Tony durchweg mit dem Eigennamen, während die nicht-autistischen Jugendlichen oft von »ich« und »du« sprachen. Tony gab auch jedem Teilnehmer einen Stapel Fotos von anderen Jugendlichen aus ihrem Umfeld in die Hand und sagte: »Sag mir, wer die sind.« Unter die Fotos war auch eines von dem Teilnehmer selbst und eines von Tony. Hier fiel vor allem auf, daß die autistischen Kinder sagten, das Foto von Tony zeige »Tony«. Obwohl er neben ihnen saß, sagten sie nicht, es zeige »dich«.

Wenn ich Ihnen ein Foto von mir zeigen und sagen würde, das sei ein Foto von Peter, wären Sie wohl etwas irritiert. Und wenn ich ein Foto von Ihnen hervorholen und es mit Ihrem Namen bezeichnen würde, dann würden Sie sich fragen, ob mir denn bewußt ist, daß Sie darauf abgebildet sind. Für einen Autisten ist die Erfahrung der eigenen Person also offenbar kein fester Bezugspunkt, und er scheint eine relativ große Distanz zu seinem Gegenüber zu haben. Wir könnten auch sagen, die autistischen Jugendlichen in unserer Studie identifizierten sich nicht mit dem Foto von sich selbst; es schien ihnen nichts zu bedeuten, daß die Person auf dem Bild »ich« war. Es war, als hätte das Foto für sie nichts mit dem aktuellen Geschehen zwischen ihnen und Tony zu tun.

Beim Phänomen des Bewußtseins von der eigenen Person stoßen wir also auf eine Variation unseres bekannten Themas: Was im Individuum geschieht, ist eng verknüpft mit dem, was zwischen ihm und anderen Menschen geschieht. Weil das autistische Kind nicht in emotionalen Kontakt zu anderen und insbesondere zu ihren inneren Haltungen tritt, liegt ihm auch wenig daran, welche Haltung sie ihm gegenüber einnehmen. Es identifiziert sich folglich nicht mit anderen, so daß es im Extremfall (der nicht bei allen autistischen Menschen gegeben ist) überhaupt keine innere Bewegung vollzieht, die von seiner ursprünglichen Position wegführen würde, und somit *keinerlei* Haltung zu sich selbst einnimmt. Ich habe erwähnt, wie unbefangen L durchs Haus spazierte, offenbar ohne sich der eigenen Person in dieser Situation bewußt zu sein und ohne auf die Empfindungen anderer zu achten. In seinem Bewußtsein schien es keinen Ort zu geben, von dem aus er sich durch die Augen anderer – oder, was noch wichtiger wäre, durch ihr Bewußtsein – betrachtete.

Jeder, der Erfahrung mit autistischen Kindern hat, weiß allerdings, daß das Ganze in Wirklichkeit komplexer ist. Es ist ergreifend, wie schmerzlich bewußt manchen der Kinder ist, daß sie nicht wie andere sind. Ein Autist sagte einmal zu Michael Rutter, er komme sich anders als andere Menschen vor, weil er nicht Gedanken lesen könne. Tony Lee und ich beschlossen, zu erforschen, was begabtere autistische Jugendliche denn tatsächlich über sich selbst denken.

Wie wir alle wissen, vergleichen sich die meisten Jugendlichen ständig mit Gleichaltrigen und grübeln darüber nach, ob sie so attraktiv oder stark wie die anderen sind, so viele Freunde haben wie sie oder sich in anderen Punkten mit ihren Freunden oder Mitschülern messen können. Wir vermuteten, daß das bei autistischen Jugendlichen nicht so ist, weil sie auf die Haltungen anderer kaum Bezug nehmen.

Wie autistische Jugendliche über sich selbst denken, ließ sich wohl am besten herausfinden, wenn wir sie danach fragten. Wir wollten dabei systematisch vorgehen, ohne daß es unnatürlich wirkte. Obgleich die Studie nicht als methodisch strenges Experiment gedacht war, verglichen wir autistische und nicht-autistische Jugendliche, die sich in Alter und sprachlichen Fähigkeiten ähnlich waren. Denn wir mußten sicherstellen, daß Auffälligkeiten in den Antworten der Autisten nicht daher rührten, daß sie sich nicht gut ausdrücken konnten, und wirklich etwas über ihr Selbstbild aussagten. Wir achteten also sorgfältig darauf, daß die zwei Gruppen, was Ausdrucksfähigkeit und Komplexität der Sprache anging, einander sehr ähnlich waren.

Tony führte mit jedem Teilnehmer ein Interview durch, das William Damon und Daniel Hart entwickelt haben, um das Selbstbild von Kleinkindern zu untersuchen.[6] Das Interview verläuft halbstrukturiert, das heißt, die Reihenfolge der Fragen ist flexibel, und man kann behutsame Hilfestellungen geben, die zu detaillierteren Antworten anregen sollen. Am Anfang stehen Fragen wie: »Wie würdest du dich beschreiben?« und »Was für ein Mensch bist du?« Dann versucht man zu ermitteln, warum der Befragte die genannten Merkmale für wichtig hält. Man fragt außerdem: worauf er bei sich selbst stolz ist; in welcher Hinsicht er in fünf Jahren wohl derselbe oder anders sein wird; wie er gerne wäre; wie er sich von Jahr zu Jahr verändert; wie er der geworden ist, der er jetzt ist; was ihn von allen, die er kennt, unterscheidet. Bei jedem Punkt gibt der Interviewer Anregungen, um in Erfahrung zu bringen, was der Teilnehmer alles über sich zu sagen weiß.

Wir zeichneten die Interviews auf Video auf und ließen sie transkribieren. Im nächsten Schritt ermittelten wir dann »Sequenzen«, das heißt Abschnitte des Interviews, in denen ein Teilnehmer ein bestimmtes Merkmal erwähnte und näher beschrieb. Die Sequenzen ließen sich aus dem Interview sozusagen heraustrennen, so daß die Beurteiler nicht wußten, ob die jeweilige Sequenz aus einem Interview mit einem Autisten stammte. Sie stuften jede Sequenz nach dem Merkmal ein, auf das sie sich bezog. Dabei gab es vier Hauptkategorien: a. äußerliche Merkmale, die den Körper des Jugendlichen oder Dinge betrafen, die ihm gehörten, b. Merkmale seiner Aktivitäten,

c. soziale Merkmale, die sich unter anderem auf zwischenmenschliche Interaktionen bezogen, und d. psychische Merkmale, die Emotionen, Gedanken und Vorlieben des Jugendlichen betrafen. In jeder der vier Kategorien wurde auch beurteilt, auf welcher »Beschreibungsebene« sich der Jugendliche bewegte. Eine komplexere Ebene lag zum Beispiel vor, wenn er auch äußerliche Merkmale und Merkmale von Aktivitäten in Zusammenhang mit zwischenmenschlichen Interaktionen brachte. Uns interessierte insbesondere, ob das Denken der autistischen Jugendlichen über sich selbst weniger von zwischenmenschlichen Erfahrungen und von Vergleichen mit anderen geprägt war als das der nicht-autistischen Jugendlichen.

Es zeigte sich, daß die beiden Gruppen ihre körperlichen Merkmale auf sehr ähnliche Weise beschrieben, ob es nun direkt um den Körper oder um Aktivitäten wie etwa beim Sport ging. Erstaunlicherweise gaben sie auch ähnlich viele Antworten, die sich auf psychische Zustände bezogen. Allerdings unterschieden sie sich hierbei in der *Art* der Antworten. Die autistischen Jugendlichen hoben eher ihre Vorlieben als ihre Gefühle oder ihre geistigen Fähigkeiten hervor. Außerdem ging es in den Fällen, in denen sie von Emotionen sprachen, nur darum, daß sie aufgedreht, froh, aufgeregt, durcheinander oder guter Dinge waren, wobei die Aussage in zwei Fällen eher nach einer Verhaltens- als nach einer Gefühlsbeschreibung klang (»Mir liefen hier kleine Tränen runter« und »Ich mache dann so komische Sachen, rumkreischen und rumbrüllen«). Dagegen waren die emotionsbezogenen Aussagen der nicht-autistischen Jugendlichen viel breiter gefächert. Sie sprachen zum Beispiel davon, daß sie wütend, ärgerlich, nervös oder beschämt waren, daß sie manchmal richtig gemein werden konnten oder daß sie geweint hatten, weil sie jemanden vermißten.

Der Hauptunterschied zwischen den beiden Gruppen bestand darin, daß nur sehr wenige Aussagen der autistischen Jugendlichen zwischenmenschliche Beziehungen betrafen und davon wiederum der größte Teil nur auf die soziale Wahrnehmung zielte (zum Beispiel wenn sie sich als »brav« oder »nett« bezeichneten). Das galt nicht nur für explizit soziale Merkmale – über die die nicht-autistischen Jugendlichen etwa viermal so viele Aussagen machten –, sondern auch für diejenigen Beschreibungsebenen von äußerlichen Merkmalen, Aktivitätsmerkmalen und psychischen Merkmalen, die Attraktivität und zwischenmenschliche Interaktionen betrafen. Halb so viele autistische wie nicht-autistische Jugendliche erwähnten ihre Familien. Am auffallendsten war, daß 70 Prozent der nicht-autistischen Jugendlichen von einem Freund sprachen, aber nur ein einziger autistischer Jugendlicher einmal ganz beiläufig einen Freund erwähnte. Nur ein Viertel der autistischen gegenüber 90 Prozent der nicht-autistischen Jugendlichen machten weitere Aussagen, in denen es um zwischenmenschliche Beziehungen ging, etwa darum, daß sie anderen halfen, daß sie von anderen schikaniert wurden oder daß sie einer Gruppe wie den Pfadfindern angehörten.

Es folgen einige Beispielsequenzen, in denen der Interviewer mit »I« und der Jugendliche mit »J« bezeichnet sind. Die ersten drei Interviewausschnitte stammen von nicht-autistischen Jugendlichen mit leichter geistiger Behinderung, die letzten drei von autistischen Jugendlichen, die in Alter und sprachlichen Fähigkeiten mit den anderen drei Jugendlichen vergleichbar waren. Ich möchte betonen, daß allen Jugendlichen im Laufe des Interviews genau dieselben Fragen gestellt wurden. Die Ausschnitte sind so ausgewählt, daß sie einen Eindruck von den behandelten Themen geben.

*Erste nicht-autistische Jugendliche*

I: Was für ein Mensch bist du?
J: Ein Mädchen.
I: Warum ist es für mich wichtig, zu wissen, daß du ein Mädchen bist?
J: Ich find's furchtbar, ein Mädchen zu sein – igitt!
I: Du findest das furchtbar?
J: Ja.
I: Du wärst lieber ein Junge.
J: Mhm.
I: Was wäre dann anders, wenn du ein Junge wärst?
J: Na, es gefällt mir, ein Junge zu sein, weil du dich dann für alles mögliche interessierst, du hängst mit Jungs rum, hängst mit Freunden rum, wie das mein Bruder so macht.
I: Wenn du sagst »rumhängen«, was meinst du damit?
J: So rumhängen mit vielen anderen.

## 8. Kapitel

I: Einfach mit ihnen zusammen sein.
J: Mhm. Wenn ich ein Mädchen bin, komm ich nicht mit den Leuten klar.
I: Du kommst nicht mit den Leuten klar? Das überrascht mich sehr.
J: Nur – nur mit zwei Leuten komm ich klar. Das sind Susan und Mike. Mit fünf Leuten komme ich klar. Das sind Susan, Mike, Peter, James – nein, Susan, Mike, Peter, Anne, Maria – nein. Das sind die fünf Leute, mit denen ich klarkomme.

*Zweite nicht-autistische Jugendliche*

I: Worauf bist du bei dir stolz?
J: Daß ich mit den Mädchen in meinem Wohnheim klarkomme.
I: Ist es wichtig, mit ihnen klarzukommen?
J: Ja. Eine von denen ist meine beste Freundin, Mary.
I: Ja.
J: Sie ist eine meiner besten Freundinnen.
I: Sie ist deine beste Freundin, und du kommst klar mit ihr?
J: Ja.
I: Warum ist es so wichtig, mit den anderen klarzukommen?
J: Damit man Freunde findet.
I: Ja. Es ist also wichtig, Freunde zu haben?
J: Ja.
I: Und kannst du mir sagen, warum?
J: Wenn man mit den anderen nicht klarkommt, gibt's Krach und so weiter.

*Dritter nicht-autistischer Jugendlicher*

I: Gibt es Dinge, die du an dir selbst nicht magst?
J: Daß die anderen mich die ganze Zeit aufregen.
I: Ja. Und warum passiert das?
J: Ich weiß nicht, warum. Sie meckern einfach an mir rum, und ich geh ihnen in die Falle und reg mich wirklich auf. Ich kann richtig gemein werden.
I: Daß du so gemein werden kannst – ist das etwas, auf das du nicht stolz bist?

J: Ja.
I: Wie kriegst du das in den Griff?
J: Ich weiß nicht recht. Der einzige, der mich beruhigen kann, ist mein Bruder. Wenn ich wirklich die Beherrschung verliere, dann ist er der einzige, der mich beruhigen kann.

*Erster autistischer Jugendlicher*

I: In welchen Dingen bist du anders als, sagen wir, vor fünf Jahren? Wie alt bist du jetzt?
J: Zehn.
I: Du bist zehn. Also was war anders bei dir, als du fünf Jahre alt warst?
J: Nein, da bin ich ein Jahr alt gewesen. Als ich eins war, konnte ich nicht aufhören zu schreien.
I: Ja. Jetzt schreist du also nicht mehr.
J: Und ich hatte Epilepsie.
I: Ja.
J: Ich hatte Tabletten.
I: Ja. Nimmst du jetzt noch Tabletten?
J: Nein. Weil ich nicht mehr so viel schreie.
I: Weißt du noch, warum du geschrien hast?
J: Ich glaube, weil ich Epilepsie hatte.
I: Ja. Wie hast du dich gefühlt, als du Epilepsie hattest?
J: Na ja, ich konnte einfach nicht aufhören zu schreien.

*Zweiter autistischer Jugendlicher*

I: Was für ein Mensch möchtest du gerne sein?
J: Ich möchte ein Mann sein.
I: Ja. Warum ist das wichtig? Warum willst du ein Mann sein?
J: Damit ich Sachen sägen kann.
I: Sachen sägen?
J: Holz sägen.
I: Ja. Und warum ist das wichtig, das Holzsägen?
J: Darum.
I: Gut. Gibt es noch andere Gründe, warum du ein Mann sein willst?

## 8. Kapitel

J: Äh... Schrauben wo reindrehen.
I: Ja. Also weil du dann das ganze Werkzeug benutzen kannst?
J: Ja.
I: Gut. Warum ist es wichtig, mit Werkzeug zu arbeiten?
J: Darum.

*Zweiter autistischer Jugendlicher (später)*

I: Gibt es jemanden auf der Welt, der genau wie du ist?
J: Das ist Mami.
I: Mami?
J: Ja.
I: In welchen Dingen ist sie denn wie du?
J: Äh, weil... sie hat das gemacht. Sie geht wie ich.

*Dritter autistischer Jugendlicher*

I: Wir haben über das Größerwerden geredet, und da hast du vorhin gesagt, wenn du älter wirst, mußt du anfangen, Sachen allein zu machen. Was für Sachen wirst du denn allein machen müssen, wenn du 18 bist?
J: Du mußt in Pubs gehen und so, weil du in dem Alter in Pubs gehen darfst.
I: Und was tust du dann im Pub?
J: Du... du trinkst Bier oder Whisky oder Brandy oder Bitterbier.
I: Und warum trinken das die Leute?
J: Weil sie das wollen. Sie haben Durst.
I: Warum trinken sie dann nicht einfach Wasser?
J: Weil sie dir in Pubs kein Wasser geben, in Pubs mußt du Bier trinken.
I: Ach so. Du wirst also in Pubs gehen, wenn du älter bist?
J: Ja.
I: Gibt es vielleicht noch andere Gründe, warum es wichtig ist, in einen Pub zu gehen, außer daß du Durst hast und was trinken willst?
J: Ja, um was zu essen.

*Das Selbst und die anderen*

Es dürfte deutlich geworden sein, daß begabtere autistische Jugendliche durchaus über sich selbst sprechen können. Dabei zeigt sich, worin sie nicht-autistischen Jugendlichen ähnlich und worin sie von ihnen verschieden sind. Sie können ihren Körper beschreiben, ihr Tun, ihre Vorlieben und (in begrenztem Maße) ihre Gefühle. Aber sie sprechen nicht von nuancierteren Gefühlen und erwähnen vor allem nur selten Familie, Freunde oder Gleichaltrige. Sie ziehen kaum einmal Vergleiche zwischen sich und anderen.

In der Vorstellungswelt von Jugendlichen, die nicht autistisch sind, aber eine leichte geistige Behinderung haben, existiert ein facettenreicher sozialer Kosmos, in dem sie selbst einen Platz haben und von Familie und Freunden beeinflußt werden und umgekehrt diese beeinflussen. In der Vorstellungswelt von autistischen Jugendlichen dagegen kommen Menschen kaum vor, und ihr Bild von sich selbst wirkt blaß und konturlos. Bei den autistischen Interviewpartnern kam es recht häufig vor, daß sie über sich selbst zu sprechen begannen, dann aber, als gebe es wenig mehr darüber zu sagen, vom Thema abschweiften. Mein Kollege Tony hatte oft das Gefühl, daß er, so sehr er sich auch anstrengte, nicht zu fassen bekam, wie sie sich selbst eigentlich sahen und wie sie ihrer Vorstellung nach von anderen gesehen wurden. Es war eine beunruhigende Erfahrung, sich erst zu bemühen, Zugang zu ihrer Welt zu bekommen, und sich darin dann verloren und orientierungslos zu fühlen.

Die Autismusforschung lehrt uns vieles über das Denken und über die Verankerung von Selbst-Bewußtheit und Selbstbild in zwischenmenschlichen Beziehungen. Wir haben gesehen, wie das Denken sich entwickelt, wenn es nicht in gemeinsamen Perspektiven auf die Welt verwurzelt ist, und wie das Selbst sozusagen oberflächlich bleibt, wenn es nicht auf die Formen der Selbstwahrnehmung gegründet ist, die der emotionale Kontakt mit den inneren Haltungen eines Gegenübers mit sich bringt. Unsere eigene innere Welt unterscheidet sich grundlegend von der abgekapselten und einsamen Welt der Autisten, weil sie durchdrungen ist vom Zwischenmenschlichen und Intersubjektiven und wir Merkmale und Perspektiven von uns selbst und anderen ständig zueinander in Beziehung setzen. Ohne »die Konstitution der gemeinsamen und [der] Eigenwelt«, sagt der deutsche Kin-

## 8. Kapitel

derpsychiater Gerhard Bosch, seien Ich-Erfahrung und Denken des Kindes drastisch verarmt.[7]

Vieles bleibt noch zu klären. Ein Rätsel ist beispielsweise, daß Autisten mit ungewöhnlichen Begabungen trotz ihrer erheblichen Behinderungen in bestimmten Bereichen sehr differenziert denken können und durchaus einen Begriff von sich selbst haben. Die Entwicklung dieser eingegrenzten, aber eindrucksvollen Fähigkeiten zu ergründen wird Aufgabe künftiger Forschung sein.

# 9 Das Bewußtsein verstehen

Wenn ein kleines Kind das Bewußtsein verstehen lernt, verwandelt sich dadurch sein Denken. Umgekehrt könnten wir aber auch sagen: Weil in seiner Fähigkeit zu denken Veränderungen vor sich gehen, verwandelt sich sein Verständnis vom Bewußtsein.

Am deutlichsten tritt das zutage, wenn ein Kind Symbole zu verwenden beginnt. Meiner Auffassung nach fängt es damit an, weil es begreift, daß Menschen fähig sind, Dingen Bedeutung zuzuweisen. Es macht Bedeutungen an bis dahin sinnfreien Lauten fest (später auch an Liniengebilden auf Papier) und läßt im Spiel das eine Objekt für ein anderes stehen. Das zeigt, daß es das Bewußtsein als ein Instrument begreift, mit dem Menschen Dingen Bedeutung zuweisen. Es versteht, daß jeder Mensch eine subjektive Perspektive, seine eigene Form der Welterfahrung hat. Die Erkenntnis, daß Menschen etwas von unterschiedlichen Positionen aus betrachten können, führt im Innenleben des Kindes zu revolutionären Veränderungen: Es kann ein Objekt so verwenden, daß es ein anderes darstellt, und die Worte, mit denen ein Sprecher etwas aus seiner Sicht ausdrücken will, so aufgreifen und modifizieren, daß sie seine eigene Perspektive zum Ausdruck bringen.

Zur selben Zeit entdeckt es, daß es Einsichten, zu denen es in seinen zwischenmenschlichen Beziehungen gelangt, mit Hilfe von Symbolen festhalten kann. In gewissem Sinne kann es sich einen wirklichen Begriff vom Bewußtsein – und damit von sich selbst und von anderen Menschen – erst bilden, wenn es diese Vorstellungen mit Hilfe von Worten oder anderen Symbolen zu fassen vermag. Genau in einer Phase also, in der ihm klarer wird, was es heißt, daß wir Wesen mit einem Bewußtsein sind, eignet es sich ein neues Instrument an, mit dem es diese Einsicht festigen und vertiefen kann. Symbole und insbesondere Worte helfen ihm, die Erfahrungen, die es im Kontakt mit anderen Menschen gesammelt hat, einzuordnen und zu verarbeiten.

## 9. Kapitel

Das Kind kann sich nicht am eigenen Schopf aus dem Sumpf ziehen. Andere Menschen helfen ihm, den Weg ins Reich des symbolischen Denkens zu finden und zu verstehen, was es bedeutet, ein Bewußtsein zu haben.

Bislang haben wir uns auf die frühkindliche Entwicklung konzentriert. Wie nähert das Kind sich aber, ausgehend von den Erfahrungen, die es im zwischenmenschlichen Kontakt macht, schließlich der Vorstellung an, die wir Erwachsenen uns von einem Menschen machen? Wie begreift es vor allem, daß Menschen eine besondere Art von »Ding« sind, das sowohl ein Bewußtsein als auch einen Körper hat? Wie kommt es, daß sich das Kind, wie seine Worte sehr deutlich erkennen lassen, schon bald eine Vorstellung von etwas anscheinend so schwer Faßbarem wie dem Bewußtsein gebildet hat?

Viele denken, ein Mensch würde den Körper eines anderen wie einen Gegenstand wahrnehmen. Andererseits ist ihnen klar, daß er sich sozusagen seines eigenen Bewußtseins bewußt ist. Sie können sich wohl nicht völlig irren, denn es ist unbestreitbar, daß Körper *tatsächlich* Dinge sind, und daß wir *tatsächlich* unseres eigenen Bewußtseins gewahr sind. Es gibt da nur ein Problem: Warum glauben wir, daß andere menschliche Körper ein Bewußtsein wie das unsere haben?

Oft wird folgendermaßen argumentiert: Ich kann den Körper des anderen, aber nicht sein Bewußtsein sehen. Zu meinem eigenen Bewußtsein habe nur ich selbst direkten Zugang. Weil der andere einen Körper hat, der dem meinen gleicht, gelange ich zu der Schlußfolgerung, daß er auch ein Bewußtsein wie ich hat. Ich schließe von mir auf ihn. Diese Erklärung scheint plausibel zu machen, warum wir nur einen Körper sehen, ihm aber ein Bewußtsein zuschreiben. Sie stützt sich auf die gängige Unterscheidung zwischen Körper und Geist.

Die Argumentation hat freilich viele Schwachstellen. Die scharfsinnigste Analyse der Schwachstellen stammt von dem Philosophen Ludwig Wittgenstein.[1] Leider lassen sich seine Überlegungen nicht leicht zusammenfassen. Ich muß mich deshalb auf einige skizzenhafte Hinweise beschränken.

Es gibt mehrere Gründe, warum ich zu der Erkenntnis, daß andere Menschen ein Bewußtsein haben, nicht durch einen Analogieschluß der geschilderten Art gelangt sein kann. Denn die Annahme, daß man zu Anfang nur vom eigenen Bewußtsein, aber nicht vom Bewußtsein anderer weiß, ist unhaltbar. Nehmen wir an, ich würde andere Menschen so neutral wahrnehmen wie zum Beispiel einen Stein oder einen Baum. Ein Stein oder ein Baum scheinen so anders als ich zu sein, daß ich ganz sicher keine Analogie zu mir herstellen und folgern würde, daß der Stein oder der Baum ein Bewußtsein wie ich hat. Vielleicht denken Sie jetzt, das gehe am Thema vorbei, weil Steine und Bäume keinen Körper wie wir haben. Indes bietet die »Beobachtung«, daß ein anderer Körper Hände, Beine und einen Kopf hat wie ich, keine sichere Basis für die Schlußfolgerung, daß dieser Körper auch ein *Bewußtsein* wie ich hat. Er würde mir immer noch sehr, sehr anders als ich selbst vorkommen, eben weil ihm all die Merkmale eines Innenlebens abgehen, die ich von mir selbst kenne. Deshalb ist die Vorstellung, ich würde einem Körper ein Bewußtsein zuschreiben, viel weniger einleuchtend als die Idee, daß ich einem *Menschen* ein Bewußtsein zuschreibe.

Außerdem unterstellt die obige Argumentation, ich würde mir ganz allein einen Begriff von meinem Bewußtsein bilden. Denn das wäre ja die Voraussetzung dafür, daß ich diese Vorstellung dann mit anderen Körpern verknüpfen kann. Damit ein Begriff aber seine Funktion erfüllt, muß er einheitlich und treffend verwendet werden. Man muß deshalb die Möglichkeit haben, zu prüfen, ob der Begriff richtig und nicht mal so, mal so verwendet wird. Hier kommen nun andere Menschen ins Spiel.

Nehmen wir ein einfaches Beispiel. Ein Kind lernt die Bedeutung des Wortes »froh« dadurch, daß es hört, wie andere den Begriff auf seine eigenen Erfahrungen und auf die Erfahrungen anderer anwenden. Wenn das Kind nun sich selbst oder andere mit dem Wort bezeichnet, wenn sie erkennbar unglücklich sind, wird man es korrigieren. Sobald es das Wort richtig verwenden kann, hat es sich den damit verbundenen Begriff angeeignet. Man könnte nun einwenden, das Bezeichnen anderer als »froh« sei lediglich ein Indiz dafür, daß das Kind über den Begriff verfügt. Es habe nämlich zuvor schon einen Begriff von »froh« gehabt, der sich nur auf die eigene Person bezieht, und wende diesen nun auf andere an. Der Einwand führt aber in eine Sackgasse, weil es keinen Begriff gibt, der nur auf einen einzigen Fall (hier: auf die eigene Person) angewendet wird. Sinn und Zweck eines

## 9. Kapitel

Begriffs ist ja gerade, daß er für verschiedene Fälle gilt: Das Kind hat den Begriff »froh« erst dann erworben, wenn es ihn auf sich selbst *und* auf andere anwenden kann.

Das bedeutet, es muß erst einmal Erfahrungen mit anderen Menschen (die ein Bewußtsein haben) machen, ehe es einen Begriff vom Bewußtsein gewinnen kann. Außerdem muß es fähig sein, eine Korrektur als Korrektur aufzufassen. Die Vorstellung, daß es den Begriff des Bewußtseins von sich aus bilden und zutreffend anwenden könnte, ergibt keinen Sinn. Außerdem würde (wenn die Ideen, die ich in diesem Buch vortrage, in irgendeiner Weise stichhaltig sind) das Kind sicher nicht in kulturell vorgegebenen Symbolen zu denken beginnen – ob nun über das Bewußtsein oder irgend etwas anderes –, wenn es zuvor nicht in engem Kontakt mit dem Bewußtsein anderer war.[2]

In vorangegangenen Kapiteln habe ich zahlreiche Belege dafür zusammengetragen, daß das Baby den Körper eines anderen Menschen in ganz besonderer Weise wahrnimmt und darauf reagiert. Alles weist darauf hin, daß es *durch* die körperlichen Äußerungen der anderen ihre Gefühle erfaßt. Der französische Philosoph Merleau-Ponty sagt: »Ich lebe im Gesichtsausdruck des anderen und fühle, wie er in meinem lebt.« Wir nehmen einen anderen Menschen auf eine Weise wahr, die uns in sein subjektives Leben gleichsam hineinzieht.

Die Schriften Wittgensteins halfen mir, diesen Vorgang besser zu verstehen. Es folgen drei Zitate aus seinen *Bemerkungen über die Philosophie der Psychologie*, die ich besonders erhellend finde:

»Man *sieht* Gemütsbewegung.« – Im Gegensatz wozu? – Man sieht nicht die Gesichtsverziehungen und schließt nun, er fühle Freude, Trauer, Langeweile. Man beschreibt sein Gesicht unmittelbar als traurig, glückstrahlend, gelangweilt, auch wenn man nicht im Stande ist, sonst irgend eine Beschreibung der Gesichtszüge zu geben. (Band 2, Bemerkung 570)

Man kann eine Veränderung eines Gesichts merken und mit den Worten beschreiben, das Gesicht habe einen härteren Ausdruck angenommen, – und doch nicht im Stande sein, die Änderung mit räumlichen Begriffen zu beschreiben. Dies ist ungeheuer wichtig. – Vielleicht sagt nun jemand: wer das tut, beschreibe eben nicht die Veränderung des Gesichts, sondern nur der Wirkung auf ihn selbst […]. (Band 1, Bemerkung 919)

*Das Bewußtsein verstehen*

»Ich sehe, daß das Kind den Hund anrühren will, sich aber nicht recht traut.« Wie kann ich das sehen? – Ist diese Beschreibung des Gesehenen auf gleicher Stufe mit einer Beschreibung sich bewegender Formen und Farben? Liegt ein Deuten vor? Nun, bedenke, daß du ja auch einen Menschen nachmachen kannst, der etwas angreifen möchte, sich aber nicht traut! (Band 1, Bemerkung 1066)

Das erste Zitat besagt, daß wir eine Art direkten Zugang zum Bewußtsein anderer haben. Wir nehmen ein Lächeln nicht als eine nach oben geschwungene Konfiguration des Mundes wahr, um aus ihr die logische Schlußfolgerung zu ziehen, daß der Betreffende sich freue. Ich würde wetten, daß Sie zum Beispiel, als Sie das letzte Mal von einem Baby mit einem breiten Lächeln bedacht wurden, die Gestalt seines Mundes nicht einmal bemerkt haben. Ein derartiges Lächeln aber kann eine sehr starke Wirkung in uns auslösen, und darum geht es im zweiten Zitat: Das Charakteristische am Wahrnehmen von Emotionen ist die Art der Wirkung, die sich dabei in uns einstellt. Das dritte Zitat ist vielleicht das rätselhafteste, aber es deutet an, daß unsere Fähigkeit, die körperlich ausgedrückten inneren Haltungen eines Gegenübers nachzuahmen und uns mit ihnen zu identifizieren, für das Verständnis seines Bewußtseins entscheidend ist. Die von Wittgenstein gewählten Beispiele – die Fähigkeit, etwa die Langeweile eines Menschen oder einen härteren Ausdruck seines Gesichts wahrzunehmen, die Scheu eines Kindes, das einen Hund anfassen will – machen deutlich, wie subtil die beteiligten Vorgänge sein können.

Ich möchte noch einmal auf die schwerste Störung zurückkommen, die das Wahrnehmen eines fremden menschlichen Körpers beeinträchtigen kann: auf den frühkindlichen Autismus. Autistische Kinder geben uns eine Vorstellung davon, wie anders das Leben wäre, wenn wir in den Äußerungen anderer Menschen Gefühle weder sehen noch hören könnten. Ich möchte ein letztes Experiment zu diesem Thema schildern.

Janet Ouston, Tony Lee und ich wollten eine Aufgabe konzipieren, die für Kinder nur dann zu bewältigen war, wenn sie emotionale Bedeutungen in einem Gesicht wahrzunehmen vermochten.[3] Wir brauchten zudem eine Kontrollaufgabe, um die Wahrnehmung von Gesichtern zu prüfen, wenn keine Emotionen im Spiel waren. Als

## 9. Kapitel

geeignet erschien uns eine Aufgabe, bei der die Kinder verschiedene Menschen anhand ihrer Gesichter auseinanderhalten sollten. Wenn sie hierzu in der Lage waren, aber Schwierigkeiten hatten, emotionale Gesichtsausdrücke zu erkennen, dann wäre das ein Hinweis darauf, daß emotionale Gesichtsausdrücke sie vor spezifische Probleme stellten.

Die Aufgabe ist im Detail schwer zu beschreiben. Im Kern ging es darum, Fotos von frohen, traurigen, wütenden und angstvollen Gesichtern und Fotos von anderen Personen, die dieselben Emotionen zeigten, einander zuzuordnen.[4] Das frohe Gesicht von Person A sollte dem frohen Gesicht von Person B zugewiesen werden, das wütende Gesicht von A dem wütenden Gesicht von B, und so weiter. Die Kontrollaufgabe bestand darin, Fotos von Gesichtern mit unterschiedlichen emotionalen Gesichtsausdrücken jeweils einer von vier Personen – A, B, C, D – zuzuordnen. Das frohe Gesicht von Person A gehörte zum wütenden Gesicht von A, das frohe Gesicht von B zum wütenden Gesicht von B, und so weiter.

Sowohl autistische als auch nicht-autistische Kinder kamen mit der Aufgabe gut zurecht. Sie hatten keine Schwierigkeiten, Fotos nach emotionalen Gesichtsausdrücken oder nach Personen zuzuordnen. Sie konnten frohe Gesichter mit anderen frohen Gesichtern in Verbindung bringen, auch wenn es sich um verschiedene Menschen handelte, und sie konnten das Foto einer Person einem anderen Foto derselben Person zuweisen, auch wenn die zwei Fotos unterschiedliche Emotionen wiedergaben. Das zeigte zwar, daß beide Gruppen eine recht einfache Sortieraufgabe sehr gut bewältigten, aber die Frage blieb: Gingen sie auf dieselbe Weise vor? Hatten die emotionalen Gesichtsausdrücke für die autistischen Kinder dieselbe Bedeutung wie für die nicht-autistischen? Oder reduzierte sich ein fotografiertes Lächeln für sie eben auf die nach oben geschwungene Mundlinie? An kleinsten Veränderungen im Gefühlseindruck, den ein Gesicht uns vermittelt, können Sie und ich Emotionen erkennen – aber können autistische Kinder das auch?

Um das zu prüfen, deckten wir Teile der zuzuordnenden Fotos ab. Zunächst verdeckten wir den Mund, dann auch die Stirn, so daß sich die jeweilige Emotion nur anhand der Augenpartie beurteilen ließ. Bei der Kontrollaufgabe verwendeten wir dieselben Abdeckungen,

*Das Bewußtsein verstehen*

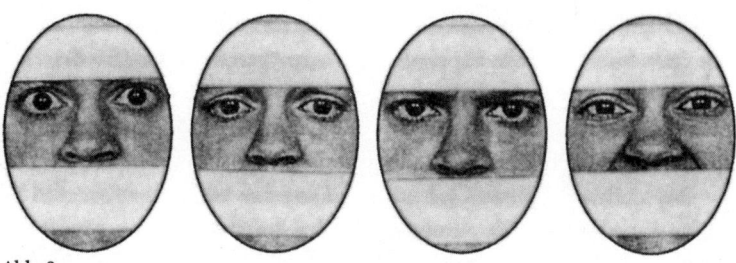

Abb. 8

um das Erkennen einer Person zu erschweren. In Abbildung 8 sehen Sie die Fotos aus der Versuchsbedingung, in der Mund und Stirn abgedeckt waren.

Wir erwarteten, daß die nicht-autistischen Kinder imstande sein würden, die fotografierten Emotionen zuzuordnen, selbst wenn nur wenig vom Gesicht zu sehen war. Die Augen würden ihnen einen hinreichenden Eindruck von dem vermitteln, was die Person zum Ausdruck brachte. Autistische Kinder dagegen würden große Mühe mit dieser Aufgabe haben, aber ebensogut wie die nicht-autistischen abschneiden, wenn es um das Zuordnen verschiedener Fotos zur selben Person ging.

Unsere Vermutungen bestätigten sich. Beim Zuordnen verschiedener Bilder zur selben Person hatten beide Gruppen um so mehr Schwierigkeiten, je mehr von den Gesichtern verdeckt war. Die Kinder beider Gruppen hatten also mehr Mühe, Person A, B, C oder D zu erkennen, wenn sie nur einen kleinen Ausschnitt des Gesichts vor sich hatten. Die nicht-autistischen Kinder waren, weil sie nach ihrem Gefühlseindruck gehen konnten, auch bei den teilweise abgedeckten Fotos in der Lage, gleiche Emotionen bei unterschiedlichen Personen zu erkennen. Hier aber schnitten die autistischen Kinder erheblich schlechter ab.

Bei der letzten Variante unseres Experiments ließen wir uns von einer Überlegung Wittgensteins anregen:

Halte die Zeichnung eines Gesichts verkehrt und du kannst den Ausdruck des Gesichts nicht erkennen. Vielleicht kannst du auch sehen, daß es lacht, aber doch nicht genau, wie es lacht. Du könntest das Lachen nicht nachahmen, oder seinen Charakter genauer beschreiben.

## 9. Kapitel

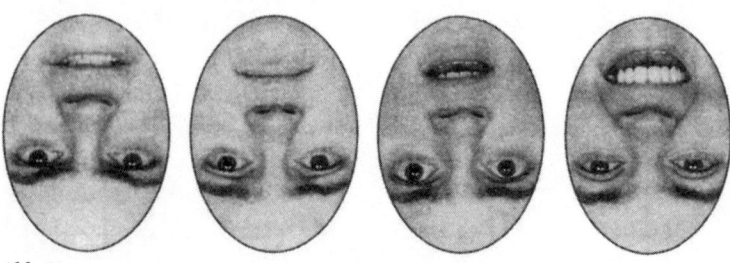

Abb. 9

Und doch kann das umgekehrte Bild den Gegenstand höchst genau darstellen. (Band 1, Bemerkung 991)

Im letzten Schritt präsentierten wir also die vier Fotos auf dem Kopf und ohne Abdeckungen und gaben den Kindern ebensolche Fotos, die sie den anderen zuordnen sollten. Sie sollten also wie zuvor Fotos nach Emotionen beziehungsweise nach Personen ordnen, aber diesmal mit Gesichtern, die sie verkehrt herum sahen (siehe Abbildung 9).

Diesmal war der Unterschied zwischen den beiden Gruppen frappierend. Das Diagramm in Abbildung 10 stellt die Ergebnisse des Durchgangs dar, bei dem die Fotos nach Emotionen zu sortieren waren. Daß die nicht-autistischen Kinder mit den auf dem Kopf stehenden Gesichtern wenig anzufangen wußten, war kaum verwunderlich: Die Aufgabe überforderte sie. Überraschenderweise aber kamen die autistischen Kinder damit erheblich besser zurecht als mit den Gesichtern, bei denen wir Mund und Stirn abgedeckt hatten. Während sie sich mit den zum Teil verdeckten Gesichtern sehr schwergetan hatten, schnitten sie beim Zuordnen von emotionalen Gesichtsausdrücken, die verkehrt herum präsentiert wurden, wesentlich besser ab als die nicht-autistischen Kinder. Ein ähnliches Resultat ergab sich beim Zuordnen verkehrt herum gezeigter Fotos zur selben Person.

Bei den umgedrehten Gesichtern sind die Emotionen natürlich nicht mehr in der Weise erkennbar, daß sie den Gefühlseindruck auslösen, anhand dessen wir sie üblicherweise erfassen. Die Aufgabe war im Grunde darauf reduziert, optische Muster oder Einzelmerkmale wiederzuerkennen. Sobald aber die Aufgabe keinen emotionalen

*Das Bewußtsein verstehen*

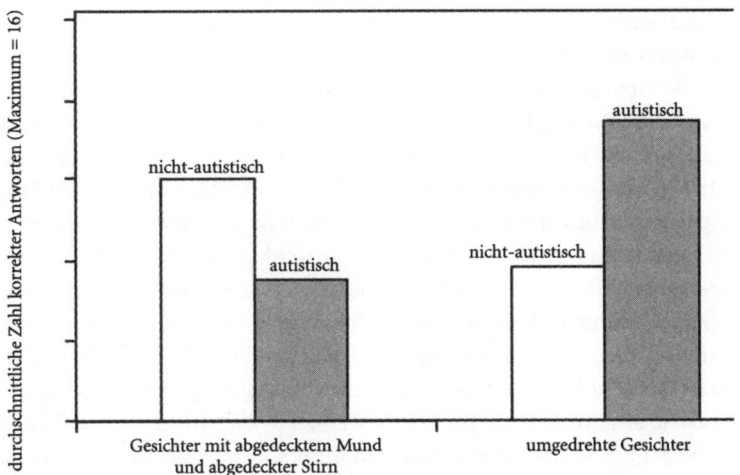

Abb. 10

Inhalt mehr hatte, übertrafen die autistischen Kinder die nicht-autistischen. Das veranschaulicht, wie autistische Kinder Menschen offenbar erleben. Sie können feine Details in Gesichtern unterscheiden, sehen aber keine emotionale Bedeutung darin. Die Gefühlsdimension der körperlichen Äußerungen anderer Menschen bleibt ihnen verborgen.

Die meisten von uns leiden nicht unter Autismus. Der Schmerz oder die Freude eines anderen löst eine Bewegung in uns aus und berührt uns. Wir treten zu anderen auf eine Weise in Beziehung, die für Menschen spezifisch ist. Das gilt für Babys und Kleinkinder ebenso wie für Erwachsene. Einen lebenden Körper wahrzunehmen bedeutet für uns mehr, als einen Gegenstand wahrzunehmen – es bedeutet, in emotionalen Kontakt mit einem Menschen zu treten. Er hat eine subjektive, geistige Dimension, die wir sehen und spüren. Wir begreifen also, was das Bewußtsein ist – was Gedanken, Gefühle, Absichten, Überzeugungen sind –, indem wir auf direktem Wege erfassen, daß hinter dem Verhalten einer Person eine subjektive Dimension steht. Unsere Wahrnehmung eines Körpers und seiner Äußerungen schließt ein, daß wir das Innenleben, das sich in den äußeren Formen manifestiert, wahrnehmen und darauf reagieren. Formen des Fühlens (*Forms of Feeling* heißt ein Buch meines verstor-

## 9. Kapitel

benen Vaters Bob Hobson) bilden das Fundament des psychischen Kontakts zwischen menschlichen Wesen.[5]

Das Fazit ist, daß wir zuallererst *Menschen* erfahren und erkennen. Das Wissen, daß Bewußtsein und Körper voneinander verschieden sind, stellt sich erst danach ein. Wir wissen, was ein Mensch ist, weil ein Mensch uns emotionalen Kontakt und Austausch anbietet. Mit Menschen erleben wir wechselseitige mentale Verbindungen, die sich zu Gegenständen nicht herstellen. Das Kind geht nicht so vor, daß es zuerst das Verhalten von Menschen beobachtet und dann zu dem Schluß kommt, daß sie ein Bewußtsein haben. Es hat keine »Theorie«, daß ein Mensch ein Bewußtsein hat, denn es braucht keine. Bei Autisten aber sehen wir, wie es jemandem wohl ergeht, der auf eine solche Theorie angewiesen ist. Im ersten Kapitel S. 27 habe ich einen hochintelligenten erwachsenen Autisten zitiert, der sagte: »Dann wurde mir plötzlich klar, daß es Menschen gibt. *Aber nicht so, wie das Ihnen klar ist. Ich muß mir immer noch in Erinnerung rufen, daß da Menschen sind.*«

Die Idee, daß ein Kind seine Vorstellung vom Bewußtsein wie auch seine Vorstellung vom menschlichen Körper aus den Erfahrungen gewinnt, die es mit diesem merkwürdigen zusammengesetzten Ding namens Mensch macht, mag für viele noch immer seltsam und befremdlich wirken. Näherliegend wäre für uns eigentlich, daß Babys zuerst Körper wahrnehmen und auf sie reagieren und dann erst in einer viel späteren Phase entdecken oder schlußfolgern, daß es ein Bewußtsein gibt. Das Baby, so sind wir geneigt anzunehmen, gelangt zu einem vollständigen Bild vom Menschen, indem es irgendwann seine Vorstellungen von Körper und Bewußtsein zusammenfügt. Wir tun uns schwer, diesen Sachverhalt vom Kopf auf die Füße zu stellen.

Mir hat hierbei wiederum ein Mensch geholfen, der an Autismus leidet. Dem achtzehnjährigen jungen Mann war es nicht möglich, den Begriff »Freund« zu verstehen. Das lag sicherlich nicht daran, daß es ihm an sprachlichen Fähigkeiten mangelte. Er hatte anspruchsvolle Schulprüfungen in Englisch und Deutsch bestanden. In ganz bestimmten Bereichen aber verstand er Dinge nicht, die für die meisten Leute selbstverständlich sind. Am meisten beschäftigte ihn, daß ihm nicht in den Kopf ging, was ein Freund ist. Er fragte wieder und wieder: »Bist du ein Freund?«, »Ist er ein Freund?«, und so weiter. Als er einige Zeit in einer Klinik war, gab sich das Stationspersonal größte Mühe, ihm zu vermitteln, was ein Freund ist. Sie stellten ihm sogar einen Gefährten zur Seite, der ihn in die Geschäfte des Ortes begleitete und mit ihm über persönliche Dinge redete. Doch es war vergebens. Er kam nicht dahinter, was ein Freund ist.

Warum nicht? Was ist am Begriff Freund so speziell, daß er derart schwer zu fassen ist? Die Antwort lautet, daß dieser Begriff sich nicht an an bloßen Verhaltensmerkmalen festmachen läßt, die ein außenstehender Beobachter wahrnimmt. Man muß das Anteilnehmen, Streiten und Konkurrieren erleben, die zu einer Freundschaft dazugehören. Den meisten Kindern fällt es nicht schwer, die Bedeutung des Wortes »Freund« zu erlernen, weil ihnen diese Erfahrungen zugänglich sind. Sie kennen die Sache schon, auf die das Wort verweist und die sich nicht anhand äußerlicher Merkmale beschreiben läßt. Bei dem autistischen jungen Mann war das anders. Ihm war fast kein emotionaler Kontakt zu den Menschen um ihn herum möglich, und deshalb fehlten ihm einfach Erfahrungen mit anderen, die ihm begreiflich gemacht hätten, was ein Freund ist.

Ähnlich verhält es sich nun mit dem Vorgang, in dem wir einen Menschen als ein mit einem Bewußtsein ausgestattetes Wesen wahrnehmen. In gewisser Weise besteht das Problem für Autisten nicht so sehr darin, das Phänomen des Bewußtseins zu verstehen. Wesentlicher ist, daß sie nicht zu erfassen vermögen, wie im Verhalten eines Menschen sein geistiges und emotionales Innenleben zum Ausdruck kommt. Meiner Ansicht nach rühren die Schwierigkeiten eines autistischen Kindes daher, daß es Beziehungen zu anderen Menschen nur bruchstückhaft zu erleben vermag.

Stellen Sie sich vor, daß Sie einen Computer vor sich haben, der sprechen kann. Er redet sogar über seine Gefühle, sieht aber mehr oder weniger aus wie ein Briefkasten. Vielleicht bilden Sie sich im Laufe der Zeit ein, daß er durchaus ein wenig menschenähnlich reagiert, wie ein altmodischer und recht untersetzter Roboter oder wie die rollende Blechkiste R2D2 aus *Krieg der Sterne*. Wie würden Sie nun reagieren, wenn jemand diesen elektronischen Apparat aus dem Fenster wirft? Und wie würden Sie andererseits reagieren, wenn jemand einen Menschen aus dem Fenster zu werfen versucht? Es ist einfach nicht möglich, für einen Computer, so beredt er auch sein mag,

## 9. Kapitel

dieselbe Art von Achtung und Anteilnahme zu empfinden wie für einen Menschen. Erst wenn er wie ein Mensch auszusehen und zu handeln beginnt und wie ein Mensch zu fühlen scheint, werden Sie ihm auch ähnliche Empfindungen wie einem Menschen entgegenbringen.

Stellen Sie sich nun etwas anderes vor, nämlich daß Sie ohne die Fähigkeit geboren wären, auf andere Menschen anzusprechen. Sie würden einen menschlichen Körper so erleben, daß er weder innere Haltungen zum Ausdruck bringt noch in Ihnen selbst Haltungen auslöst, die gegenüber einem Menschen angebracht sind. Der Körper würde Ihr Interesse stärker reizen als ein Briefkasten, weil er sich bewegt, Dinge tut und Laute von sich gibt. Aber seine Anziehungskraft wäre weder größer noch geringer als der eines interessanten Gegenstandes. Was könnte Sie je dazu bringen, sich in einen solchen Körper einzufühlen oder ihn als Sitz eines Bewußtsein zu betrachten und dementsprechend mit ihm zu interagieren? Wenn Sie Menschen stets als bloße Gegenstände erleben würden, dann könnten Sie sich keinen Begriff davon bilden, was ein Mensch ist. Sie würden einfach nicht wissen, was das Wort »Mensch« bedeutet, genauso wie der autistische junge Mann nicht wußte, was »Freund« bedeutet. Sie hätten auch keinerlei Vorstellung davon, was ein Bewußtsein ist. Das ist im großen und ganzen die Situation, in der sich Autisten befinden, auch wenn sie Handlungen anderer Menschen wahrnehmen und nachahmen können.

Bei Menschen, die nicht unter Autismus leiden, ergibt sich der emotionale Kontakt mit anderen von selbst. Es ist nicht so, daß wir etwa Sorge um andere oder Haß auf sie empfinden können, weil wir ihnen ein Bewußtsein zuschreiben. Es ist andersherum: Zu der Erkenntnis, daß andere Menschen ein Bewußtsein haben, gelangen wir, weil wir eine emotionale Verbindung mit ihnen erleben. Der Ausgangspunkt sind daher die Haltungen, die wir zu anderen einnehmen. Das gilt in der frühen Kindheit und das ganze Leben hindurch. Wittgenstein sagt: »Meine Einstellung zu ihm ist eine Einstellung zur Seele. Ich habe nicht die *Meinung*, daß er eine Seele hat.«[6] Es ist ein Irrtum zu glauben, das Einfühlen in andere gründe in unserem Wissen, daß sie ein Bewußtsein haben. Sicherlich macht uns das Wissen, daß in anderen Menschen Ähnliches vor sich geht wie in uns selbst, und das Nachvollziehen ihrer Perspektive einfühlsamer, aber das ist sekundär. Denn unser Wissen um das Innenleben anderer und unsere Fähigkeit zur Rollenübernahme können sich nur auf dem Boden unserer spontanen Gefühlsreaktionen aufeinander entfalten. Ohne das Wechselspiel von Haltungen, das ihnen in den ersten Lebensmonaten vorausgeht, wären sie nicht möglich.

Ich hoffe, daß mittlerweile zwei Dinge deutlich geworden sind. Erstens müssen wir, um begreifen zu können, daß andere Menschen ein subjektives Erleben haben (das heißt ein Bewußtsein), emotionale Beziehungen zu anderen erfahren. Zweitens haben wir in diesen Beziehungen direkten Zugang zu ihrem Bewußtsein, ohne daß komplizierte Zwischenschritte mit Herleitungen, Analogien und Schlußfolgerungen notwendig wären. Das Bewußtsein ist nicht so verborgen oder abstrakt, wie es scheinen mag. Der Philosoph Woodruff Smith schreibt dazu: »Ich sehe nicht nur ›sie‹, ich sehe auch, daß ›sie traurig ist‹... Eine solche intuitiv erspürte Erfahrung ist ein direktes Gewahrsein ihres Kummers... Dies ist die Art und Weise, wie wir anderen begegnen.«[7]

Das Baby erlebt von Beginn an, daß es zu Menschen anders in Beziehung tritt als zu Gegenständen. So weit, so gut. Es hat aber noch einen langen Weg vor sich, bis es den Unterschied zwischen Menschen und Gegenständen auch *versteht*. Auf andere Menschen so zu reagieren, wie wir nur auf Menschen reagieren, ist das Fundament dafür, daß wir das Bewußtsein verstehen lernen, aber auf diesem Fundament muß die Vorstellung vom Bewußtsein dann erst aufgebaut werden. Ein Baby weiß noch nicht, was ein Gedanke ist, was ein Gefühl ist oder (das kommt sehr viel später) was eine Überzeugung ist. Erst indem es sich dieses Wissen nach und nach erwirbt, wird es zum Denken fähig. Um die nötigen Schritte machen zu können, ist es darauf angewiesen, daß es von einer Wiege des zwischenmenschlichen Kontakts getragen und in seiner geistigen Entwicklung gefördert wird.

Entscheidend ist, daß das Baby Erfahrungen mit der Mutter oder mit einem anderen Gegenüber teilt und sich außerdem als ein von ihnen gesondertes Wesen erlebt.[8] Es merkt, wann sein Handeln im Einklang mit dem der Mutter ist oder wann es nicht damit harmoniert. In dieser Phase ist es sehr wichtig, daß Mutter und Baby viel Zeit miteinander verbringen und sich im mimischen Wechselspiel beispielsweise anlächeln. Sie tauschen Gurr- und andere Laute, liebkosende und andere Berührungen und eine Fülle an kommunikativen Gesten aus. Psychologen benennen das alles mittlerweile mit dem Ausdruck »Verhaltensweisen«, der mir einigermaßen zuwider ist. Denn die mimischen, gestischen und lautlichen Äußerungen von Mutter und Baby sind Teil eines intensiven zwischenmenschlichen Kontakts.

Das Baby muß erst Erfahrungen mit jemandem teilen, um zu verstehen, was Teilen ist. Es muß herausfinden, daß das Teilen von Erfahrungen etwas ist, das geschieht und irgendwann aufhört, aber erneut anfangen kann, um dann wieder aufzuhören. Es merkt, daß es das Teilen selbst initiieren kann, wenn es das will. So lernt das Baby, wie das ist, in Verbindung und nicht in Verbindung zu einem Gegenüber zu sein, und es stellt fest, daß der Kontakt mit einem anderen Menschen eine besondere Art von Erfahrung ist. Voraussetzung für all das ist, daß das Baby über die Fähigkeit verfügt, auf die Gefühle anderer mit eigenen Gefühlen zu reagieren. Dies ist der erste Schritt auf dem Weg, der zum Verstehen des Bewußtseins hinführt.

Im zweiten Schritt beginnt das Kind zu erfassen, wie Haltungen und Handlungen eines Gegenübers sich auf Objekte und Ereignisse in einer Welt richten, die dem Kind und dem Gegenüber gemeinsam ist.[9] Das heißt nicht, daß das Kind bereits wirklich versteht, daß Menschen ein Bewußtsein haben, sondern lediglich, daß es sie auf zunehmend komplexe Weise wahrnimmt. In dieser Phase der sekundären Intersubjektivität wird ihm klar, daß sie eine eigene Perspektive auf Objekte und Ereignisse haben. Die Welt hat sich verändert, weil sie nun für einen anderen etwas anderes bedeuten kann. Darüber hinaus aber erreicht das Selbst des Kindes eine neue Entwicklungsstufe. Erst einige Zeit später wird sich das Kind als Individuum unter anderen Individuen begreifen, aber schon jetzt hat sich eine Grenze zwischen Selbst und anderen herausgebildet. Zum Beispiel zeigt das Baby den anderen Gegenstände. Es erkennt, daß das notwendig ist, um den Kontakt zu einem Menschen herzustellen, dessen Aufmerksamkeit möglicherweise auf etwas anderes gerichtet ist. Selbst und anderer, die zwei Seiten derselben Medaille sind, nehmen im Bewußtsein des Kindes Konturen an. Das Selbst hat, weil das Bewußtsein von der eigenen Person im Wahrnehmen anderer Menschen gründet, eine körperliche wie auch eine geistige Dimension.

*Das Bewußtsein verstehen*

Elizabeth Bates und andere haben gezeigt, daß sich in der Phase der sekundären Intersubjektivität zwei Formen der Kommunikation unterscheiden lassen.[10] Bei der einen fordert das Kind einen Erwachsenen dazu auf, etwas zu tun und ihm zum Beispiel eine Süßigkeit zu geben oder ein Spielzeug in Gang zu setzen. Bei der anderen zeigt das Kind dem Erwachsenen etwas oder richtet die eigene Aufmerksamkeit auf dasselbe Objekt wie er aus.

Diese zweite Form der Beziehungsaufnahme durch das Kind ist für uns von besonderem Interesse. Denn wenn ich jemanden um etwas bitte, muß ich mich dazu nicht sehr weit in ihn hineinversetzen. Ich will einfach, daß der andere für mich etwas tut. Das Kind muß sich, um eine Bitte zu äußern, also nur im klaren darüber sein, daß ein anderer Dinge tun kann. Oft schließt das Bitten natürlich auch noch mehr ein, zum Beispiel daß das Kind die Mutter, von der es etwas will, anschaut. Das Hauptziel ist aber, sie zum Handeln zu bewegen.

Die Situation ist eine ganz andere, wenn das Kind der Mutter Dinge zeigt oder auf andere Weise Erfahrungen mit ihr teilt. Es geht ihm nur darum, in Kontakt mit ihr zu treten. Das Kind ist auf Äußerungen der Mutter aus, die bekunden, daß sie ihre Aufmerksamkeit auf das richtet, was es tut oder ihr zeigt, und in emotionalem Kontakt mit ihm steht. Mit anderen Worten, das Kind sucht die Verbindung zur subjektiven Dimension der Mutter, die in ihren Äußerungen des Interesses oder Entzückens zutage tritt.

Es ist kein Zufall, daß es autistischen Kindern an der Fähigkeit zu *teilen* mangelt. Bei autistischen Kleinkindern kommt es nur sehr selten vor, daß sie anderen etwas zeigen oder sie auf etwas hinweisen, und sie folgen kaum einmal mit dem Blick, wenn andere auf ein Objekt schauen oder zeigen. Sie sind nicht in der Lage, Dinge oder Erfahrungen mit anderen zu teilen. Sie verändern auch nicht ihre Gefühle gegenüber der Welt, indem sie sie mit den Gefühlen anderer abstimmen. Sie schauen nicht zu einem Erwachsenen hin, wenn sie etwas vor sich haben, das Angst oder Neugier auslösen könnte, und die Haltung einer Person, die sich vor etwas fürchtet, übt auf sie keine Wirkung aus. Sie können zwar zielgerichtete Handlungen nachahmen, aber sie schenken einem Gegenüber oft keine Beachtung und nehmen keinen Kontakt zu ihm auf, so daß sie in ihrem Tun einfach fortfahren, ohne von seinem Tun beeinflußt zu werden. Es gäbe verschiedenste Möglichkeiten, durch den anderen etwas über die Welt zu lernen – wie sie Dinge einschätzen und mit ihnen umgehen sollen oder wie sie im Spiel eine Sache durch eine andere darstellen können –, doch sie scheinen diese Möglichkeiten oft gar nicht zu bemerken.

Im dritten und letzten Schritt, der ins Reich des Denkens führt, verändert das Kind nicht nur seine Haltungen, indem es sie auf die Haltungen anderer abstimmt, nimmt ihre Gefühlsäußerungen und Verhaltensweisen nicht nur wahr und reagiert auf sie, äußert nicht nur Laute, die sich auf Objekte und Ereignisse zu beziehen scheinen – sondern es weiß auch, *daß* es das alles tut. Es wird nicht mehr nur in die Rollen und Perspektiven anderer hineingezogen und somit von ihnen beeinflußt, sondern es kann sich nun auch selbst dafür entscheiden, sich in andere hineinzuversetzen. Es kann die Perspektive anderer nachvollziehen und *weiß* dabei, daß das deren Perspektive ist. Es kann Dinge nicht nur benennen, sondern auch an andere gerichtete Kommentare dazu abgeben. Bei manchen Kindern steigt die Schnelligkeit, mit der sie neue Wörter dazulernen, sprunghaft an, und jedes Wort, das andere äußern, ist ein potentieller Kandidat für ihr eigenes Vokabular. Das Kind erkennt, daß die Bedeutung eines Wortes, das andere ihm gegenüber verwenden, bestehen bleibt, wenn es das Wort ihnen gegenüber verwendet. Es begreift, daß es selbst Bedeutungen zuweisen und im symbolischen Spiel von einer Sache auf eine andere verlagern kann.

Das ist es, was wir unter Denken verstehen. Das Kind, das noch keine zwei Jahre alt ist, kann sich in einem mentalen Raum umherbewegen und auf die eigenen Haltungen und Handlungen Bezug nehmen. Es kann Symbole im Bewußtsein festhalten und mit diesen Symbolen denken. Es kann andere Personen im Bewußtsein festhalten und sich auf ihre Wünsche, Gefühle und Intentionen beziehen. Es beginnt wechselnde Perspektiven einzunehmen und zwischen Handlungsalternativen zu wählen. Im symbolischen Spiel kann es Ereignisse darstellen, die in der Vergangenheit geschehen sind oder vielleicht in der Zukunft stattfinden werden.

Damit all das möglich wird, müssen sich in seinem Bewußtsein bestimmte Dinge herauskristallisiert haben. Es versteht, daß es ein Selbst unter anderen ist, die ebenso ein Selbst haben. Es nimmt Perspektiven und Haltungen ein, die mit den Perspektiven und Haltungen anderer sowohl zusammenhängen als auch von ihnen gesondert sind. Ihm ist deshalb klar, daß Bedeutungen an Menschen gebunden sind, das heißt, daß wir Dingen Bedeutungen zuweisen können. Wir können Haltungen (und damit auch Gedanken) vom ursprünglichen Kontext lösen und Dingen wie Lauten oder Liniengebilden, die für sich genommen nichts bedeuten, Bedeutungen zuweisen. Das Kind kann beschließen, daß es eine Sache für eine andere stehen lassen will. Es stellt fest, daß Worte Bedeutungen tragen, die für andere und für es selbst gleich bleiben. Es erkennt, daß es Wörter richtig oder falsch benutzen kann, und orientiert sich an den Hinweisen, die es von anderen erhält.

Aber *wie*, auf welche wundersame Weise, ist das Kind zu all dem gekommen? Immer wenn ich an diesen Punkt meiner Argumentation komme, wird mir ein wenig mulmig. Denn es gibt wenig Belege, geschweige denn Beweise dafür, *wie* diese umwälzenden Veränderungen vonstatten gehen. Doch ich will mir ein Herz fassen...

Ich glaube nicht, daß wir angeborene Mechanismen bemühen müssen, um den dritten Schritt ins Reich des Denkens zu erklären. Andere aber meinen, zu einem bestimmten Zeitpunkt entwickle sich im Gehirn des Kindes, ähnlich wie in einem Computer, eine neue Verschaltung, so daß das Kind fähig wird, die eigenen Repräsentationen der Welt ihrerseits zu repräsentieren. Einfacher ausgedrückt heißt das, daß es nun die eigenen Gedanken zum Gegenstand seines Denkens machen kann. In gewisser Weise kommt das dem nahe, was ich ausgeführt habe. Allerdings habe ich den Akzent nicht darauf gelegt, daß das Kind Gedanken über die eigenen Gedanken entwickelt, sondern daß es Haltungen zu den eigenen Haltungen einnimmt. Die Wichtigkeit dieser Unterscheidung liegt darin, daß Gedanken *aus Haltungen entstanden sind*.

Das Kind entdeckt sich selbst als ein Wesen, das denken kann. Diese Fähigkeit schließt unter anderem das Bewußtsein von der eigenen Person, das Einnehmen von Perspektiven und den Gebrauch von Symbolen ein. Damit das Kind sich selbst als denkendes Wesen begreifen kann, muß es in der Lage sein, auf die Haltungen anderer, die auf die Welt und das Kind selbst gerichtet sind, so zu reagieren, daß es dabei eine emotionale Bewegung vollzieht. Voraussetzung ist also, daß es zu erfassen vermag, worauf sich die Haltungen richten,

## 9. Kapitel

die in den körperlichen Äußerungen der anderen zum Ausdruck kommen, und daß es sich als Reaktion darauf mit den anderen identifiziert.

Diese Fähigkeiten und Vorgänge sind Elemente des in Kapitel 4 s. S. 114 beschriebenen Beziehungsdreiecks. Sobald ein Kind die Vorgänge in dem Dreieck zu erfassen vermag, fällt bei ihm früher oder später der Groschen. Was den letzten Anstoß dazu gibt, ist unklar. Vielleicht ist am Ende ausschlaggebend, daß das Kind einfach genügend Erfahrungen mit den Haltungen gesammelt hat, die andere zu einer gemeinsam wahrgenommenen Welt einnehmen. Vielleicht muß das Kind erst dazu angeleitet werden, Bedeutungsveränderungen nicht nur zu beobachten, sondern auch selbst vorzunehmen. Vielleicht ist der entscheidende Prozeß der, daß es erst die Haltungen anderer zu seinen eigenen Haltungen immer wieder nachvollziehen muß, ehe es solche Haltungen zu sich selbst von allein einnehmen kann. Und vielleicht muß sich auch das Gehirn bis zu einem bestimmten Punkt entwickelt haben. Ich bezweifle aber, daß dabei jene spezifische Verschaltung im Spiel ist, die andere vermuten. Denn erforderlich ist eigentlich nur, daß die Leistungskapazität des Gehirns ganz allgemein anwächst. Alles übrige dürfte sich dann aus den Vorgängen der Identifizierung und der Rollenübernahme ergeben.

Kommen wir nun auf den Symbolgebrauch zurück. Ein Kind kann Symbole erst verwenden, sobald es etwas vom Wesen eines Symbols begriffen hat – *und* sobald es in gewissem Maße begriffen hat, worauf es selbst hinauswill, wenn es eine Sache für eine andere stehen läßt. Ich möchte das noch zugespitzter formulieren: Ein Kind wird zum kreativen Symbolisieren nicht dadurch fähig, daß die Rechenleistung seines Hirn-Computers wächst oder daß es sein kognitives Repertoire um eine neue Strategie der Informationsverarbeitung erweitert, sondern durch die Erkenntnis, daß der Gebrauch von Symbolen etwas ist, für das ihm bereits die Mittel zur Verfügung stehen.

Das mag kurios klingen: daß ein Kind fähig wird, etwas zu tun, weil es erkennt, daß es dazu fähig ist. In den meisten Zusammenhängen würden die Wendung »erkennen, daß man zu etwas fähig ist« allerdings bedeuten, daß man dem eigenen Repertoire damit eine einzelne neue Fähigkeit hinzufügt. Hier verweist sie darauf, daß das Kind sich ein ganzes Repertoire neu aneignet. Aber gilt das nicht für viele Situationen im Leben? Oft spornen wir ein Kind mit den Worten »Du kannst es!« an – und zwar besonders wenn es etwas im Prinzip schon kann (aber nicht weiß, daß es das kann) und dazu »nur« seine bereits vorhandenen Fertigkeiten auf einen neuen Kontext anwenden müßte. Eine ähnliche Situation liegt vor, wenn seine auf den ersten Blick sehr begrenzten Fähigkeiten sich mit Hilfe eines neuen Werkzeugs erweitern und verwandeln lassen. In unserem Fall ist das neue Werkzeug ein einfacher Trick: Die eine Sache soll für eine andere stehen. Das einzige Problem ist, daß wir das erst können, wenn wir wissen, daß wir es können.

Um Entwicklungsphänomene zu erklären, kann man entweder bei Fähigkeiten ansetzen, die man als voneinander gesondert betrachtet, um dann zu zeigen, wie sie im Laufe der Entwicklung miteinander verknüpft werden. Oder man setzt bei Fähigkeiten und Funktionsaspekten an, die man sich als ineinander verschränkt oder gar verschmolzen vorstellt, um dann zu beschreiben, wie sie sich im Laufe der Zeit aufgliedern oder ausdifferenzieren. Ich möchte das Verknüpfungsmodell und das Ausdifferenzierungsmodell nun bei einigen der Themen, mit denen wir uns befaßt haben, miteinander kontrastieren.

Das Verknüpfungsmodell besagt, daß die Psyche des Babys in einen kognitiven Aspekt (Gedanken oder ihre Vorläufer), einen motivationalen Aspekt (den Willen) und einen affektiven Aspekt (die Gefühle) unterteilt ist. Das Kind könne zum Beispiel das Gefühl der Scham erst dann empfinden, wenn es sich einen Begriff von diesem Gefühl gebildet habe und vor allem bereits über eine Vorstellung von sich selbst verfüge. Das Ausdifferenzierungsmodell dagegen geht davon aus, daß es von komplexen Gefühlen wie Scham auch primitivere Vorformen gibt, die eine bestimmte Beziehung zwischen dem Kind und seiner Welt zum Ausdruck bringen. Die Vorformen setzen nicht voraus, daß das Kind schon über differenzierte Begriffe verfügt. Allgemeiner gesprochen entwickeln sich laut diesem Modell die Gedanken und Gefühle des Kindes aus etwas Zusammengesetztem, nämlich aus verschiedenen Formen des Bezogenseins auf ein Gegenüber. Aus den Haltungen und Intentionen, die die Beziehung zwischen dem Kind und seiner Welt bestimmen, kristallisiert sich ganz allmählich das Denken heraus. Der russische Sprachpsychologe Lew Wygotski deutete das an, als er schrieb, »daß in jedem Gedanken das affektive Verhält-

## 9. Kapitel

nis des Menschen zu der in diesem Gedanken dargestellten Wirklichkeit verarbeitet ist«.[11]

Dem Verknüpfungsmodell zufolge nimmt das Kind zunächst nur die Körper von Menschen wahr und folgert daraus auf die Existenz eines Bewußtseins. Dann muß es die Vorstellungen von Körper und Geist sozusagen miteinander verschweißen. Aus Sicht des Ausdifferenzierungsmodells dagegen leitet das Kind die Vorstellungen von Körper und Geist aus etwas Zusammengesetztem ab, nämlich aus dem Wahrnehmen von Menschen. Die »Ursituation des Teilens« zwischen Baby und Bezugsperson (so nennen das Werner und Kaplan in einer klassischen Abhandlung[12]) führt dazu, daß das Kind sich selbst und die anderen nach und nach als Wesen mit einem Bewußtsein begreift. Die Vorstellung, die es sich von seinem eigenen Bewußtsein bildet, entsteht also parallel zu der Vorstellung, die es vom Bewußtsein anderer gewinnt.

Laut dem Verknüpfungsmodell ist das Kind erst in der Lage, zu denken, und lernt dann hinterher, seine Gedanken anderen mitzuteilen. Das Ausdifferenzierungsmodell dagegen besagt, daß das Kind zuerst einmal fähig ist, mit anderen zu kommunizieren, und daß sich im Laufe dieser Kommunikation dann Gedanken herausbilden, die in ihm selbst ablaufen. Dieser Erklärungsansatz bietet eine Lösung für das Rätsel, warum es möglich ist, Gedanken von einem Menschen zum anderen zu übermitteln: Symbole existieren zuallererst *zwischen* Menschen und werden erst in einem zweiten Schritt zum Medium des Denkens, das sich im *einzelnen* Menschen vollzieht.

Ich möchte betonen, daß echte Kommunikation erst durch das Teilen von Erfahrungen möglich wird. Wenn ich Laute nur äußere, damit etwas Bestimmtes geschieht, etwa so, wie ich einem Roboter Anweisungen oder Kommandos geben würde, ist das keine Kommunikation im eigentlichen Sinne. Zur Kommunikation gehört auch, daß ich auf ein Gegenüber Einfluß ausübe und von ihm beeinflußt werde, wobei zwischen meinem und seinem Bewußtsein ein Austausch von Gefühlen, Gedanken und so weiter stattfindet. Deshalb ist das Teilen – das meiner Auffassung nach stets einen emotionalen Aspekt hat – ein grundlegendes Element jeder Form von Kommunikation. Einfacher gesagt: Gefühle, die eine Verbindung zwischen einem Menschen und einem anderen herstellen, sind die Voraussetzung dafür, daß das Kind

## Das Bewußtsein verstehen

überhaupt den Wunsch entwickelt, anderen etwas mitzuteilen, und außerdem wahrzunehmen vermag, daß sie ihm etwas mitzuteilen versuchen. Natürlich umfaßt die Kommunikation noch komplexere Vorgänge. Der Hörer muß zum Beispiel nicht nur erkennen, daß der Sprecher ihm etwas mitteilen will, sondern auch, daß der Sprecher darauf abzielt, ihm eben diese kommunikative Intention bewußt zu machen (denken Sie an Magrittes Pfeifenbild und an die Szene, in der Hamlet Polonius mit immer wieder neuen Deutungen einer Wolkenform verwirrt). Diese Feinheiten brauchen uns hier aber nicht weiter zu beschäftigen.

Kommen wir zu einer letzten Gegenüberstellung der beiden Modelle, die eine übergreifende Frage betrifft. Dem Verknüpfungsmodell zufolge beginnt ein Kind als Individuum und wird dann zu einem sozialen Wesen. Das Ausdifferenzierungsmodell dagegen besagt, daß wesentliche psychische Fähigkeiten ihren Ursprung in der zwischenmenschlichen Sphäre haben und ausgehend von dort dann zu psychischen Funktionsaspekten des Individuums werden.

Ich habe die Kontraste zwischen den beiden Modellen durchaus überzeichnet. Wir dürfen vor allem nicht vergessen, daß die zwischenmenschliche Wahrnehmung des Kindes entscheidend davon beeinflußt wird, welche Erfahrungen es macht. Wichtig ist außerdem, daß der Einblick, den es in das eigene Bewußtsein gewinnt, dann seiner Fähigkeit zugute kommt, sich in andere hineinzuversetzen. Und sobald es fähig wird, mit Symbolen zu operieren, kann sein Denken dann tatsächlich ein zum Teil privater und unsichtbarer Vorgang werden. Aus entwicklungspsychologischer Sicht ist die entscheidende Frage, welche Grundvoraussetzungen das Kind mitbringt, damit diese Schritte möglich werden.

Eine Methode, um zu untersuchen, wie ein Kind das Wesen des Bewußtseins begreifen lernt, besteht darin, ihm zuzuhören. Inge Bretherton und ihre Kollegen fragten Mütter, wann ihr Kind zum ersten Mal innere Zustände wie Gefühle und Gedanken mit Worten bezeichnet hatte.[13] Mit 21 Monaten hatten viele der Kinder Wörter wie »küssen« und »weinen« sowohl auf sich selbst als auch auf andere angewandt, und manche hatten auch schon Wörter für innere Zustände wie »traurig«, »wütend«, »Angst« oder »Hunger« benutzt. Als ihnen Bilder mit mimischen Gefühlsäußerungen von Kindern gezeigt wur-

## 9. Kapitel

den, sagten einige angesichts von traurigen Kindern spontan Dinge wie »er weint«, »weinen«, »Baby weint«, »oje, weint«. Manchmal wollten sie dem Bild auch die Tränen abwischen, küßten es oder machten ein Weinen nach. Kinder, die gerade zwei Jahre alt geworden waren, begannen sich offenbar bereits über innere Zustände Gedanken zu machen. Ein 25monatiges Kind zum Beispiel sagte über einen Luftballon, den es zum Platzen gebracht hatte: »Ich hab ihn kaputt gemacht, ich bin traurig.« Ein anderes sagte: »Die Frauen da, die machen mir angst.« Bei 24monatigen Kindern, die zu Hause beobachtet wurden, zeigte sich, daß sie spontan über innere Zustände wie Traurigkeit, Kummer, Freude, Zuneigung und Müdigkeit sprachen.

Henry Wellman und seine Kollegen ließen zweijährige Kinder die Handlungen und Gefühlsreaktionen von Figuren in drei verschiedenen Geschichten beurteilen.[14] In der ersten Geschichte wollte eine Puppe etwas haben, das an zwei möglichen Orten hätte sein können, suchte an dem einen Ort und fand den Gegenstand. In der zweiten Geschichte konnte die Puppe dort, wo sie nachschaute, nichts finden. In der dritten fand sie einen reizvollen Gegenstand, der aber nicht der gewünschte war. Die Kinder wurden gefragt, was die Puppe tun würde – entscheidend dabei war, ob sie wohl weitersuchte – und ob sie froh oder traurig sein würde. Die Kinder lösten die Aufgabe mit Leichtigkeit und sagten beispielsweise, die Puppe, die nichts oder einen anderen als den gewünschten Gegenstand gefunden hatte, sei traurig.

In Interviews mit etwas älteren Kindern ergeben sich noch deutlichere Hinweise auf die Fähigkeit, Psychisches und Materielles auseinanderzuhalten. Man kann Dreijährige zum Beispiel nach dem Unterschied fragen zwischen einem Keks, den ein Junge in der Hand hat, und einem Keks, an den ein Junge denkt: Welchen von beiden kann ein anderer sehen oder berühren, und welcher von beiden läßt sich in seiner Gestalt beliebig verändern? Ähnliche Fragen kann man auch zu geträumten, erinnerten oder phantasierten Objekten und Ereignissen stellen: »Kann ein Junge einen Baum, von dem er träumt, mit der Hand berühren? – Warum nicht?« Dreijährige antworteten auf solche Fragen zum Beispiel: »Nein, weil er in seinem Kopf ist«, »Nein, weil er den nur träumt«, »Nein, weil er nur an ihn denkt und ihn nicht sehen kann«. In diesem Alter können Kinder also schon recht klar benennen, worin sich psychische und konkrete Ereignisse unterscheiden.

## Das Bewußtsein verstehen

Wellman und seine Kollegen fragten Dreijährige schließlich noch, was eine Figur in einer Geschichte tut, wenn sie »denkt«, daß ein gewünschter Gegenstand sich an einem Ort befindet, und der Gegenstand in Wirklichkeit woanders ist. Sie sollten auch von den Handlungen einer Person Rückschlüsse auf ihre Überzeugungen und Wünsche ziehen: »Jane sucht nach ihrem Kätzchen. Das Kätzchen versteckt sich unter einem Stuhl, aber Jane sucht unter dem Klavier nach ihm. Was denkst du, warum sie das tut?« Viele der dreijährigen Kinder schienen bereits zu verstehen, daß die Überzeugungen und Wünsche einer Person zusammenwirken, so daß sie auf eine bestimmte Weise handelt. Trotzdem dauert es, wie wir in Kapitel 5 gesehen haben, noch ein Jahr, bis ein Kind vollkommen verstanden hat, was es bedeutet, von einer falschen Überzeugung auszugehen.

Die Studien zeigen, daß Kinder ab etwa zweieinhalb Jahren immer differenzierter über Bewußtseinsvorgänge nachdenken und sprechen können. Je klarer ihre Vorstellungen vom Bewußtsein werden, desto flexibler wird ihr Denken und desto besser sind sie insbesondere in der Lage, über ihr eigenes Innenleben zu reflektieren.

Ich möchte nun auf ein Thema zurückkommen, das ich am Beginn des ersten Kapitels angeschnitten habe. Gibt das Bild, das wir von der Entwicklung des Denkens in der frühen Kindheit gezeichnet haben, auch Aufschluß darüber, wie die Entwicklung des Denkens in der Evolution der Primaten verlaufen ist? Ich denke ja.

Primaten wie Schimpansen und Paviane verfügen vielleicht über ihre eigenen Formen des Denkens, aber von symbolischem Denken kann bei ihnen nicht die Rede sein (außer vielleicht bei einigen wenigen Schimpansen, die von Menschen aufgezogen wurden). Um herauszufinden, warum das so ist, sollten wir ihre nicht-sozialen mentalen Fähigkeiten sowie ihre sozialen Fähigkeiten unter die Lupe nehmen, um zu sehen, wie ihre mentalen Stärken und Beschränkungen zu erklären sind.

Michael Tomasello hat einen maßgeblichen Überblick über den derzeitigen Forschungsstand vorgelegt.[15] Die durchaus beeindruckenden Fähigkeiten von Schimpansen, Nahrung (selbst wenn sie versteckt ist) zu finden, zu erkennen und an sich zu bringen, sind unter Säugetieren nicht einzigartig. Es ist sogar ungewiß, ob ihre Fähigkeit,

## 9. Kapitel

zur Futterbeschaffung Werkzeuge einzusetzen, wirklich weiter als bei allen anderen Tierarten entwickelt ist. Die einzige Art von Intelligenzaufgaben, in denen sie andere Tiere übertreffen, haben mit dem Erkennen von Beziehungen zwischen Gegenständen zu tun. Sie können beispielsweise lernen, unter drei Objekten das herauszusuchen, das nicht zu den anderen beiden paßt. Im Bereich der nicht-sozialen Intelligenz von Primaten werden wir aber wohl vergebens nach Hinweisen darauf suchen, welches die letzten Schritte auf dem Entwicklungsweg waren, der zum menschlichen Denken hinführte.

Vielleicht ist das Bindeglied, das in der Entwicklungsgeschichte des Denkens noch fehlt, in den sozialen Fähigkeiten von Schimpansen zu finden. Schimpansen legen untereinander ein gewisses Einfühlungsvermögen an den Tag, und die Art, wie sie ihre sozialen Beziehungen wahrnehmen, erinnert an uns Menschen. Laut Tomasello ist ein kennzeichnendes Merkmal eines Primaten seine Fähigkeit, nicht nur die Beziehung zwischen sich selbst und anderen, sondern auch bestimmte Aspekte der Beziehungen zwischen den anderen zu erfassen. Wenn zum Beispiel Tier A von Tier B angegriffen wird, dann greift A möglicherweise ein mit B verwandtes Tier an, was darauf hinweist, daß A die Beziehung zwischen den beiden kennt. Oder A nimmt C, der einen höheren Rang als B einnimmt, zum Verbündeten, ist sich also des Rangunterschieds zwischen ihnen bewußt. Oder A versucht B bei dem Versuch zu stören, ein Bündnis gegen ihn zu bilden. Umgekehrt kann es auch geschehen, daß Tier D eingreift und die Situation zwischen A und B zu entschärfen versucht. An solchen Interaktionen wird deutlich, daß das soziale Gefüge von Primatengruppen sehr komplex ist. Und wenn Schimpansen dem Denken tatsächlich näher sind als andere Tiere, könnte das daran liegen, wie sie soziale Beziehungen wahrnehmen.

Entscheidend für die Entwicklung des Denkens ist indes auch das soziale *Lernen*. Was genau lernt ein Schimpanse von anderen? Gelangt er durch seine Interaktionen mit ihnen zu neuen Einsichten? Falls ja, zu welchen? Können diese Einsichten die Art und Weise verändern, wie er zu Dingen in Beziehung tritt, also in die inneren Vorgänge eingreifen, die seinen Umgang mit der Welt bestimmen?

Wie Ratten und andere Tiere lernen Schimpansen aus dem Beobachten anderer zweifellos sehr viel. Ein kleiner Schimpanse beobach-

*Das Bewußtsein verstehen*

tet, wie seine Mutter ein Stück Holz umdreht, und sieht, daß darunter Insekten sind. Später folgt er dann ihrem Beispiel. Imitiert er also die Mutter? Die sorgfältige Analyse derartiger Situationen sowohl in freier Wildbahn als auch in forschungsmethodisch kontrollierten Situationen ergibt laut Tomasello, daß der Schimpanse eher etwas über die Welt lernt als über die Art und Weise, wie er auf sie einwirken kann. Denn er setzt lediglich Fertigkeiten und Strategien ein, über die er ohnehin bereits verfügt, um Nutzen aus dem zu ziehen, was ihm das Verhalten eines anderen Schimpansen gezeigt hat. Wenn die Mutter das Stück Holz umdreht, lernt der kleine Schimpanse, daß darunter Insekten sind. Er versucht aber nicht, das konkrete Verhalten oder die Verhaltensstrategie der Mutter zu reproduzieren. Er imitiert die Mutter nicht, sondern eifert ihr sozusagen nur nach: Er versucht das Endergebnis ihrer Handlungen zu reproduzieren, bedient sich dazu aber eigener Methoden.

Auch wenn ein Schimpanse die kommunikativen Gesten eines anderen Schimpansen zu kopieren scheint, ist das kein Nachahmen im strengen Sinne. Vielmehr richtet er sein Verhalten danach aus, was ihm helfen oder nicht helfen wird, beim anderen das gewünschte Verhalten hervorzurufen. Als Tomasello und seine Kollegen sämtliche gemeinsamen und nicht gemeinsamen Gesten der Schimpansen zusammentrugen, die sie im Yerkes Primate Center in Atlanta über einen Zeitraum von zwölf Jahren beobachtet hatten, stellten sie fest, daß zwischen den Mitgliedern einer Gruppe Gesten nicht häufiger ausgetauscht wurden als zwischen Individuen, die nicht zur selben Gruppe gehörten. Sie fanden auch keine Hinweise darauf, daß eine neue Geste, die ein Schimpanse erwarb, daraufhin von anderen imitiert wurde.

Den Gebrauch von Gesten bei Schimpansen und Menschen zu vergleichen ist besonders aufschlußreich, denn dabei treten die typisch menschlichen Beziehungsmerkmale, die ich im Zusammenhang mit der Phase der sekundären Intersubjektivität beschrieben habe, recht deutlich hervor. Schimpansen richten Gesten aneinander – zum Beispiel um Spiel und Sexualverhalten zu regulieren –, aber sie verweisen damit *nicht* auf Objekte und Ereignisse in der Welt. In der direkten Interaktion miteinander setzen sie Gesten nicht ein, um anderen Dinge zu zeigen und Erfahrungen mit ihnen zu teilen, sondern nur, damit sie dies und das tun. Außerdem funktionieren die Gesten, wie Toma-

## 9. Kapitel

sello unterstreicht, nur in eine Richtung und sind nicht intersubjektiv. Der kleine Schimpanse berührt die Mutter am Hinterteil, damit sie in die Hocke geht und er aufsteigen kann, doch würde ein anderer Schimpanse ihn mit derselben Intention berühren, würde er nicht verstehen, was der andere will. Ebenso können Menschenaffen, die darauf trainiert wurden, Menschen durch Zeigen zu Nahrung hinzudirigieren, nichts damit anfangen, wenn umgekehrt ein Mensch sie durch Zeigen zu dirigieren versucht.

Es gibt aber einen Punkt, an dem die Trennlinie zwischen nichtmenschlichen Primaten und Menschen weniger deutlich ist. Bei Schimpansen, die von Menschen aufgezogen werden, lassen sich nämlich Formen des Lernens beobachten, die bei Schimpansen, die in freier Wildbahn aufwachsen oder in Gefangenschaft von der eigenen Mutter großgezogen werden, nicht vorkommen. Tomasello und seine Kollegen untersuchten die Imitation bei drei »enkulturierten« Schimpansen, die von klein auf unter Menschen und anderen Schimpansen aufgewachsen waren.[16] Im Alltag wurden sie immer wieder dazu angehalten, an verschiedenen typisch menschlichen Aktivitäten teilzunehmen, die sie dazu anregten, die Aufmerksamkeit gemeinsam mit anderen auf ein Objekt zu richten und auf es einzuwirken. Sie hörten auch die Menschen um sie herum sprechen und wurden mit einem von Hand zu bedienenden Apparat vertraut gemacht, der Symbole darbot. Man testete auch drei von der eigenen Mutter aufgezogene Schimpansen, die mit Menschen erheblich weniger Umgang gehabt hatten, und außerdem Gruppen von 18 und 30 Monate alten Kindern. Ein Versuchsleiter führte eine Reihe von Aktionen mit Gegenständen vor. Er zog zum Beispiel ein Objekt an einer Leine zu sich her und zeigte, wie man einen Hebel einsetzt. Der Schimpanse oder das Kind bekam dann entweder direkt nach der Vorführung oder nach einem zweitägigen Intervall den betreffenden Gegenstand in die Hand und sollte nachahmen, was der Versuchsleiter damit gemacht hatte.

Die von Menschen aufgezogenen Schimpansen kopierten das Verhalten des Versuchsleiters wesentlich häufiger als die von der Mutter aufgezogenen Schimpansen. Zum Beispiel reproduzierte der von der Mutter aufgezogene Schimpanse, der am besten abschnitt, den Zielpunkt einer für ihn neuartigen Handlung und die dafür eingesetzten

Mittel viel weniger häufig als der enkulturierte Schimpanse mit der schlechtesten Testleistung. Die enkulturierten Schimpansen waren in ihrer Fähigkeit, auf Objekte gerichtete Handlungen nachzumachen, den Kleinkindern recht ähnlich. Dennoch neigten sie offenbar dazu, dem Versuchsleiter eher nur nachzueifern, anstatt ihn wirklich zu imitieren, denn wenn sie die vorgeführte Aktion sofort wiederholen sollten, reproduzierten sie, anders als die Kinder, meist nur das Ziel der Handlung, ohne die vom Versuchsleiter dafür eingesetzten Mittel zu übernehmen. Verglichen mit den von der Mutter aufgezogenen Schimpansen eigneten sie sich aber wesentlich mehr Aspekte der vorgeführten Aktionen an.

Die Ergebnisse lassen sich auf verschiedene Weise interpretieren. Eine Erklärung wäre etwa, daß die enkulturierten Schimpansen immer wieder gelobt worden waren, wenn sie ihre menschlichen Ersatzeltern nachgemacht hatten. Dies könnte ihre Bereitschaft erhöht haben, dem Versuchsleiter ihre Aufmerksamkeit zuzuwenden und sein Handeln zu kopieren. Tomasello und seine Kollegen zogen allerdings die Erklärung vor, daß daß es durch das Aufwachsen unter Menschen zu einer »Sozialisierung der Aufmerksamkeit« gekommen war, die dann bei einer gemeinsamen Beschäftigung mit Objekten und Ereignissen zum Tragen kam.

Tomasello arbeitet heraus, daß Menschen sich von nichtmenschlichen Primaten durch ihre »gemeinsame Aufmerksamkeit« unterscheiden. Er legt den Akzent allerdings darauf, wie wir die Handlungsziele eines Gegenübers und seine Strategien zum Erreichen der Ziele erkennen. Von nichtmenschlichen Primaten, so sagt er, unterscheiden wir uns dadurch, daß wir andere »als Wesen sehen, die über Ziele und Verhaltensstrategien zum Erreichen dieser Ziele verfügen und Fortschritte zu diesen Zielen hin mit Hilfe von Wahrnehmungs-, Aufmerksamkeits- und geistigen Prozessen verfolgen können«.

Tomasello geht nicht darauf ein, wie das Kind begreift, daß andere Menschen ihre eigene innere Perspektive haben. »Gemeinsame Aufmerksamkeit« bedeutet, in Kontakt zu der psychischen Verbindung zu treten, in der ein anderer zur Welt steht, und ich glaube nicht, daß das Erkennen von Zielen und das Übernehmen entsprechender Handlungsstrategien ausreichen, um eine solche Gemeinsamkeit herzustellen. Meiner Ansicht nach müssen wir untersuchen, warum Menschen,

## 9. Kapitel

im Gegensatz zu Schimpansen, eine Verbindung untereinander aufbauen, die es ihnen ermöglicht, sowohl sich selbst als auch andere Menschen als Wesen mit einem subjektiven Erleben zu begreifen. Nur so wird sich erklären lassen, warum die Gesten nichtmenschlicher Primaten sich, wie ich beschrieben habe, von denen einjähriger Kinder unterscheiden. Nur auf diesem Wege kommen wir den Ursprüngen des kreativen Symbolisierens auf die Spur.

Wir können offenbar davon ausgehen, daß es bei Schimpansen kein symbolisches Denken, keinen Gebrauch von Sprachsymbolen und kein symbolisches Spiel gibt und daß sie keine Vorstellung vom Bewußtsein anderer haben. Warum ist das so? Liegt es nur daran, daß die äußere Schicht des Schimpansengehirns – der Neokortex, der beim Menschen so hochentwickelt scheint – für diese Fähigkeiten größer sein oder effizienter arbeiten müßte? Falls ja, was hat dann zur Höherentwicklung des menschlichen Gehirns geführt?

Ich denke, die Antwort ist: Schimpansen fehlt *die Fähigkeit, sich im emotionalen Kontakt zu anderen mit ihnen zu identifizieren.* Wir wir gesehen haben, führt diese Fähigkeit im Innenleben des Menschenbabys eine Umwälzung herbei. Wenn Schimpansen diese Fähigkeit erwerben könnten, dann würde sich, so glaube ich, auch ihr Innenleben verwandeln.

Dank Michael Tomasello konnte ich dem Yerkes-Gehege für Schimpansen in Atlanta einen Besuch abstatten. Ich saß da und blickte einen Schimpansen an, der auf der anderen Seite eines Zauns saß und mich anblickte. Als Psychoanalytiker habe ich gelernt, die Gegenübertragung zu analysieren, das heißt, ich versuche zu formulieren, welche Gefühle mein Gegenüber in mir auslöst. Ich saß also da und gab mir allergrößte Mühe, genau das zu tun. Ich spürte... daß etwas fehlte. Ich bekam keine Verbindung. Das erinnerte mich an die Erfahrung, die man manchmal gegenüber einem autistischen Kind macht, wenn man die Leere nicht füllt, indem man etwas sagt oder tut. Es war, als sei der Schimpanse, psychisch gesprochen, nicht zu Hause. Oder zumindest fand ich keinen Zutritt in ein Zuhause, in einen psychischen Raum. Ich fragte mich, ob das einfach daran lag, daß wir verschiedenen Spezies angehörten. Wäre es anders gewesen, wenn ich ein Schimpanse wäre? Das bezweifle ich sehr.

Von Primatologen weiß ich, daß Schimpansen sich oft balgen, so wie das autistische Kinder oft mit ihren Eltern tun. Andererseits aber schauen sie einander nicht immer wieder in die Augen und lassen sich nicht auf eine intensive Kommunikation von Angesicht zu Angesicht ein, so wie wir das von Menschenbabys kennen. Sie vertiefen sich nicht in den Gesichtsausdruck des Gegenübers. Auf der Ebene der primären Intersubjektivität kommt es also zu keinem intensiven Kontakt. Folglich dringen sie auf der Ebene der sekundären Intersubjektivität nicht in die subjektive Dimension anderer Schimpansen vor. Sie zeigen einander nie (oder fast nie) Gegenstände und scheinen ihre Erfahrungen mit der Welt nicht miteinander zu teilen.

Allerdings nehmen sie ständig Bezug auf die Haltungen anderer. Schimpansen erfassen sie sehr genau, ob zum Beispiel ein anderer Schimpanse Interesse an etwas zeigt oder vor einem Objekt oder einer Situation Angst hat. Es besteht kein Zweifel, daß sie in Handlungen und Gefühlsäußerungen Bedeutungen erkennen und begreifen, worauf sich die Handlungen und Gefühlsäußerungen richten. Der Unterschied zu uns Menschen liegt in der Tiefe und Intensität des emotionalen Kontakts mit anderen, sowohl auf der Ebene der primären Intersubjektivität – auf ein Menschenbaby übt das Teilen von Erfahrungen und das wechselseitige Abstimmen von inneren Zuständen einen stärkeren Sog aus – als auch auf der Ebene der sekundären Intersubjektivität, wo Individuen Erfahrungen mit der Welt miteinander teilen. Daß die Aufmerksamkeit von Schimpansen nicht »sozialisiert« ist, liegt nur zum Teil daran, daß sie anders als Menschen aufwachsen. Ihre Aufmerksamkeit ist schon von Natur aus weniger sozial orientiert. Dieser Unterschied ist für die geistige Entwicklung entscheidend.

Schimpansen stimmen ihre Reaktionen auf die Handlungen und Gefühlsäußerungen anderer Schimpansen ab. Aber sie reagieren größtenteils nur auf das, was an der Oberfläche zu sehen und zu hören ist. Die Oberfläche ist für sie nicht Ausdruck von etwas anderem – von einer Dimension, die wir das subjektive Erleben nennen. Sie nehmen nicht wahr, wie es für den anderen Schimpansen ist, die Welt zu erfahren, und versuchen das auch weder zu erkunden noch zu verstehen. Für das Menschenbaby dagegen sind die Körper von anderen mehr als Objekte mit einer Oberfläche. Es wird dadurch, daß es auf die körperlich geäußerten Haltungen der Mutter anspricht und

## 9. Kapitel

sie wahrnimmt, in ihr Innenleben hineingezogen. Beobachten Sie, wie ein Baby in der Interaktion von Angesicht zu Angesicht seine Aufmerksamkeit auf sein Gegenüber richtet, sich auf es einstellt, ja sich an ihm geradezu abmüht. Und beobachten Sie, wie ein Baby am Ende des ersten Lebensjahres sich *auf die Person* konzentriert, wenn es ihr Dinge zeigt, sie auf Dinge hinweist und ihre Handlungen imitiert.

Daß das Kind in das Fühlen und Handeln des Gegenübers hineingezogen wird, hat weitreichende Folgen. Es beginnt, wie wir das genannt haben, sich mit anderen zu identifizieren, und durch diese Identifizierungen kommt es es dazu, die Perspektive anderer einzunehmen. Die Perspektivwechsel wiederum lassen das Kind verstehen, was es bedeutet, eine subjektive Perspektive zu haben. Und sobald es dies erkannt hat, erschließt sich ihm der Kosmos der Symbole. Schimpansen dagegen verspüren keinen Sog, der sie in das Fühlen und Handeln anderer hineinzieht, und so identifizieren sie sich nicht mit anderen Schimpansen, nehmen ihre Perspektive nicht ein, erkennen nicht, was eine subjektive Perspektive ist, und fangen nicht an, Symbole zu gebrauchen. Daß ihre geistigen Fähigkeiten über gewisse Grenzen nicht hinausreichen, erklärt sich letztlich also aus der Beschränkung ihrer sozialen Fähigkeiten.

Der Unterschied zwischen Schimpansen und Menschen läßt sich am Bezugnehmen auf die Haltungen anderer verdeutlichen. Schauen wir uns an, wie das Beziehungsdreieck, das ich in Kapitel 4, S. 114 vorgestellt habe, bei einem Schimpansen aussieht (siehe Abbildung 11). Ähnlich wie ein Mensch kann der Schimpanse darauf Bezug nehmen, wie ein anderer zu einem Objekt in der Welt in Beziehung tritt. Für den Schimpansen steht dabei allerdings die Welt im Mittelpunkt, nicht der andere. Der zuschauende Schimpanse lernt zwar aus der Reaktion des anderen etwas über die Welt, aber der andere könnte genausogut eine grüne Lampe schwenken, um ihm zu bedeuten: »Nur zu!«, oder eine rote, um ihm zu sagen: »Vorsicht!« Der andere ist hier nicht mehr als ein Hinweis auf die Bedeutung des Objekts. Das Objekt ist das Wesentliche und nimmt im Dreieck die wichtigste Position ein. Für den Schimpansen ist das Objekt kein Medium, über das er Zugang zum inneren Zustand des anderen Schimpansen findet, obgleich er Objekte einsetzen kann, um auf dessen Verhalten einzuwirken. Er nutzt das Objekt nicht, um die Beziehung mit dem anderen

*Das Bewußtsein verstehen*

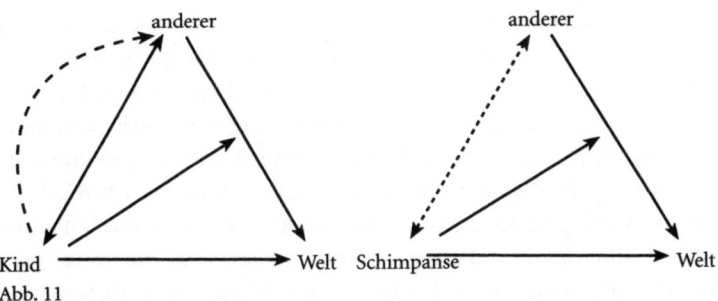
Abb. 11

auszuloten oder etwas über das Bewußtsein von Schimpansen herauszufinden. Der andere ist immer nur Zwischenstation auf dem Weg zum Objekt.

Der beobachtende Schimpanse nimmt das Objekt hinterher durchaus auf eine neue Weise wahr, zum Beispiel als etwas, vor dem er sich in acht nehmen sollte. Seine Haltung verändert sich, weil er den anderen beobachtet. Doch das ist für ihn kaum anderes, als wenn er seine Haltung von sich aus ändert, einfach weil er Gelegenheit hat, sich das Objekt genauer anzuschauen, und etwas Neues daran bemerkt. Er macht nicht die Erfahrung, sich mit dem anderen zu identifizieren und eine Bewegung hin zu dessen innerer Haltung zu vollziehen. Er nimmt lediglich eine Veränderung der eigenen Haltung vor. Die Veränderung geschieht sozusagen *anhand* des anderen, aber nicht *durch* ihn. Es ist keine Entwicklungsdynamik im Spiel, und der Schimpanse vermag nichts über die Beziehung von Bewußtsein und Außenwelt zu lernen.

Wenn das so ist, warum sind dann enkulturierte Schimpansen bei Imitationstests so viel geschickter als Schimpansen, die unter Schimpansen aufwachsen? Der entscheidende Faktor ist sicherlich der von Menschen geschaffene kulturelle Kosmos, der viele spielerische Interaktionen und gezieltes Anspornen und Anleiten umfaßt. Die Frage ist also vielleicht nicht so sehr, ob ein Individuum *fähig* sein wird, sich mit anderen zu identifizieren, sondern ob es *Gelegenheit* bekommt, entsprechend differenzierte Erfahrungen zu machen.

In gewissem Sinne ist das wie das Problem von Henne und Ei. Nur wenn das Kind in der Lage ist, sich mit einem Gegenüber zu identifizieren, kann es die Formen des zwischenmenschlichen Austauschs, die dann zum Denken hinführen, wirklich nutzen. Und nur wenn es die komplexen und fein abgestimmten Strukturen der zwischenmenschlichen Interaktion erlebt, kann seine Fähigkeit, sich mit dem Gegenüber zu identifizieren, voll und ganz zur Entfaltung kommen. Der individuelle und der soziale Aspekt haben sich bei den Primaten im Laufe der Evolution sicherlich parallel zueinander entwickelt, so daß jede kleine Steigerung der Fähigkeit, auf andere zu reagieren und sich mit ihnen zu identifizieren, zu einer weiteren Ausdifferenzierung des Geschehens zwischen den Individuen führte. Die Forschungsbefunde zu enkulturierten Schimpansen zeigen, daß diese Primaten, die von intensiver Unterweisung durch Menschen profitieren können, eigentlich kurz davor stehen, dieselben Schritte wie der Mensch zu tun. Natürlich kann es sein, daß ihnen einfach die zusätzlichen Werkzeuge und Prozesse der Informationsverarbeitung fehlen, die sich im Gehirn unserer Vorfahren entwickelten, damit sie ihr Potential zum Symbolgebrauch entfalten konnten. Immerhin reicht ihr Potential aber dafür aus, sich dem sozialen Kontakt und dem Symbolgebrauch, die uns Menschen eigen sind, bis zu einem gewissen Grad anzunähern. Freilich sind sie nicht dafür ausgestattet, auch tatsächlich ans Ziel zu gelangen – selbst wenn ihre menschlichen Freunde ihnen beharrlich Impulse und Anregungen geben.

Am Ende dieses Buches liegt es nahe, Vergleiche zwischen zwei unserer »Spezialfälle« zu ziehen – zwischen autistischen Kindern und Schimpansen. Gemeinsam ist ihnen, daß sie Haltungen von anderen nicht in der für Menschen typischen Weise wahrnehmen und darauf reagieren können. Sie verwenden keine Gesten, um Erfahrungen mit anderen zu teilen, weil ihr Kontakt zum emotionalen Erleben der anderen nicht intensiv genug ist. Sie identifizieren sich nicht mit anderen und erkennen daher nicht die Entsprechungen und Gegensätze zwischen Bedeutungen-für-mich und Bedeutungen-für-andere. Autistische Kinder und Schimpansen unterscheiden sich freilich in bestimmten nicht-sozialen und sozialen Fähigkeiten. An diesen Unterschieden läßt sich ablesen, welche Aspekte der Intelligenz und des zwischenmenschlichen Kontakts durchaus vorhanden sein können, ohne daß dadurch bereits der Schritt hin zum Symbolgebrauch möglich wäre.

## Das Bewußtsein verstehen

Schimpansen werden in mancher Hinsicht offenbar stärker von den Gefühlsäußerungen anderer beeinflußt als autistische Kinder. Auch für manche anderen Aspekte des sozialen Austauschs sind sie empfänglicher, und sie können wahrscheinlich besser wahrnehmen, in welcher Beziehung Individuen zueinander stehen. Auch wenn man das noch nicht im Experiment erhärtet hat, ist es wahrscheinlich, daß sie sich stärker als autistische Kinder davon beeinflussen lassen, welche emotionalen Reaktionen andere auf Objekte und Ereignisse in der Umgebung zeigen. Trotzdem identifizieren sie sich aber nicht mit anderen. Der emotionale Kontakt bleibt zu sehr an der Oberfläche. Infolgedessen ist das Übernehmen fremder Perspektiven bei ihnen nicht einmal ansatzweise entwickelt, und die Einsichten, die sich aus Perspektivwechseln ergeben würden, bleiben ihnen verschlossen.

Viele autistische Kinder vollbringen eindrucksvolle geistige Leistungen, die die Fähigkeiten von Schimpansen weit übersteigen. Auch in einigen sozialen Fähigkeiten sind sie den Schimpansen voraus, vor allem was das Nachahmen von Handlungen und den Spracherwerb angeht. In unseren Experimenten zur Imitation zum Beispiel registrierten und imitierten autistische Kinder die zielgerichteten Strategien des Versuchsleiters auf eine Weise, die bei den meisten Schimpansen nicht zu beobachten ist. In diesem Aspekt sind autistische Kinder in der Lage, sich die Handlungen eines anderen zu eigen zu machen. Das Übernehmen zielgerichteter Strategien trägt sicherlich dazu bei, daß viele von ihnen eindrucksvolle Fähigkeiten entwickeln und zum Beispiel weit differenziertere sprachliche Fertigkeiten erwerben, als das Schimpansen je möglich wäre. Autistische Kinder stoßen aber, ebenso wie Schimpansen, rasch an ihre Grenzen, wenn es darum geht, sich mit den Haltungen anderer zu identifizieren und das Wesen subjektiver Perspektiven und damit des Bewußtseins zu begreifen.

Sowohl bei autistischen Kindern als auch bei Schimpansen hat man den Eindruck, als seien das Verstehen des Bewußtseins und der symbolische Sprachgebrauch für sie beinahe in Reichweite. Das Potential dafür scheint brachzuliegen. Wenn die geeignete Form des sozialen Kontakts nicht gegeben ist, kommt die geistige Entwicklung über eine bestimmte Stufe nicht hinaus.

## 9. Kapitel

Wir haben gesehen, wie eng drei Aspekte der frühkindlichen Entwicklung miteinander zusammenhängen: Dem Kind wird bewußt, daß es ein Bewußtsein hat; es erkennt, daß es ein Selbst unter vielen ist; und last not least wird es fähig zu symbolischem und kreativem Denken.

Erst wenn das Kind begreift, daß es ein Bewußtsein hat (was mit der Erkenntnis einhergeht, daß andere Menschen ein Bewußtsein haben), entfalten sich seine geistigen Fähigkeiten auf die für uns Menschen charakteristische Weise. Die Einsicht, daß es ein Bewußtsein hat und damit eine subjektive Perspektive einnimmt, eröffnet ihm ein Universum von Bedeutungen, die es im symbolischen Spiel Gegenständen zuweisen und in sprachlichen oder anderen Symbolen verankern kann. Symbole geben den Vorstellungen des Kindes eine feste Form und stabilisieren sie, so daß es mit ihnen denken und über sie nachdenken kann. Mit diesen Veränderungen im Bewußtsein des Kindes geht die Einsicht einher, daß es nur ein Selbst unter vielen ist. Von nun an reagiert es nicht mehr nur auf auf die Haltungen anderer. Es sieht andere Menschen auch als Wesen mit einer eigenen Perspektive.

Es läßt das Säuglingsalter hinter sich. Getragen von der Sprache und von anderen Formen des Symbolgebrauchs, tritt es ins Reich der menschlichen Kultur ein.

Das Kind läßt die Wiege des Denkens hinter sich. Der emotionale Kontakt mit anderen Menschen hat, um mit William Blake zu sprechen, die Seele des Kindes das Fliegen gelehrt.

# Anmerkungen

Die Anmerkungen verweisen auf detaillierte Darstellungen der angeführten Studien sowie auf weiterführende Literatur.

**Vorwort**

1 R. P. Hobson, *Autism and the Development of Mind*, Hove: Erlbaum, 1993.

## 1 Denk dir nur...

1 Ein Aufsatz, in dem versucht wird, biologische und psychische Aspekte des Autismus mit der psychologischen Forschung zu integrieren (mit zahlreichen Literaturverweisen), stammt von A. Bailey, W. Phillips und M. Rutter: »Autism: towards an integration of clinical, genetic, neuropsychological, and neurobiological perspectives«, *Journal of Child Psychology and Psychiatry*, 37 (1996), S. 89–126.

2 Recht unterschiedliche Erscheinungsformen des Autismus als einer Störung des Zwischenmenschlichen habe ich in folgenden zwei Aufsätzen beschrieben: »What is autism?«, in M. Konstantareas und J. Beitchman (Hg.), *Psychiatric Clinics of North America*, 14 (1991), S. 1–17, und »Understanding persons: the role of affect«, in S. Baron-Cohen, H. Tager-Flusberg und D. Cohen (Hg.), *Understanding Other Minds: Perspectives from Autism*, Oxford University Press, 1993, S. 204-227. Siehe auch S. J. Rogers und B. F. Pennington, »A theoretical approach to the deficits in infantile autism«, *Development and Psychopathology*, 3 (1991), S. 137–162.

3 R. P. Hobson, »Developmental psychopathology: revolution and reformation«, in M. Bennett (Hg.), *Developmental Psychology: Achievements and Prospects*, Philadelphia: Psychology Press, 1999, S. 126–146.

4 L. Kanner, »Autistic disturbances of affective contact«, *Nervous Child*, 2 (1943), S. 217–250. Die Exzerpte stammen aus den numerierten Fallbeschreibungen des Aufsatzes, das Zitat von S. 250.

## Anmerkungen

5 D. J. Cohen, »The pathology of the self in primary childhood autism and Gilles de la Tourette syndrome«, *Psychiatric Clinics of North America*, 3 (1980), S. 383–402. Das Zitat stammt von S. 388.

6 R. P. Hobson, »Methodological issues for experiments on autistic individuals' perception and understanding of emotion«, *Journal of Child Psychology and Psychiatry*, 32 (1991), S. 1135–1158.

7 R. P. Hobson, J. Ouston und A. Lee, »Emotion recognition in autism: coordinating faces and voices«, *Psychological Medicine*, 18 (1988), S. 911–923.

8 P. Ekman und V. W. Friesen, *Pictures of Facial Affect* (erhältlich bei Paul Ekman, University of California, Copyright 1976). P. Ekman und V. W. Friesen, *Unmasking the Face. A Guide to Recognizing Emotions from Facial Cues*, Englewood Cliffs, NJ: Prentice-Hall, 1975.

9 R. P. Hobson, J. Ouston und A. Lee, »Naming emotion in faces and voices: abilities and disabilities in autism and mental retardation«, *British Journal of Developmental Psychology*, 7 (1989), S. 237–250.

10 Die Grundprinzipien der Psychoanalyse wurden von Freud begründet und von seinen vielen Anhängern und Schülern ausgearbeitet und abgewandelt. Eine prägnante Darstellung der Übertragung findet sich in Freuds *Bruchstück einer Hysterie-Analyse* [1905], Gesammelte Werke, Bd. V, Frankfurt/M.: 1948, S. 161–286, im Nachwort ab S. 279. Ein hilfreicher Aufsatz, in dem das Wechselspiel zwischen inneren und äußeren Beziehungen beschrieben wird, ist J. und A. M. Sandler, »On the development of object relationships and affects«, *International Journal of Psycho-Analysis*, 59 (1978), S. 285–296.

11 Struktur und Entwicklung des Symbolisierens werden auf eindrucksvolle Weise erörtert in C. Sinha, *Language and Representation*, New York: Harvester, 1988.

### 2 Ehe das Denken beginnt

1 G. Kugiumutzakis, »Neonatal imitation in the intersubjective companion space«, in S. Braten (Hg.), *Intersubjective Communication and Emotion in Early Ontogeny*, Cambridge University Press, 1988, S. 63–88. Das abschließende Zitat steht auf S. 80.

*Anmerkungen*

2 A. N. Meltzoff und M. K. Moore, »Imitation of facial and manual gestures by human neonates«, *Science*, 198 (1977), S. 75–78. T. M. Field, R. Woodson, R. Greenberg und D. Cohen, »Discrimination and imitation of facial expressions by neonates«, *Science*, 218 (1982), S. 179–181.

3 T. B. Brazelton, B. Koslowski und M. Main, »The origins of reciprocity: the early mother-infant interaction«, in M. Lewis and L. A. Rosenblum (Hg.), *The Effect of the Infant on its Caregiver*, New York: Wiley, 1974, S. 49–76.

4 C. Trevarthen, »Communication and cooperation in early infancy: a description of primary intersubjectivity«, in M. Bullowa (Hg.), *Before Speech*, Cambridge University Press, 1979, S. 321-372. Ich zitiere von S. 336–340.

5 C. Trevarthen, »Conversation with a two-month-old«, *New Scientist* (2. Mai 1974). Zitat von S. 232.

6 E. Tronick, H. Als und L. Adamson, »The structure of face-to-face communicative interactions«, in M. Bullowa (Hg.), *Before Speech*, Cambridge University Press, 1979, S. 349–370. Zitat von S. 369.

7 E. Tronick, H. Als, L. Adamson, S. Wise und T. B. Brazelton, »The infant's response to entrapment between contradictory messages in face-to-face interaction«, *Journal of the American Academy of Child and Adolescent Psychiatry*, 17 (1978), S. 1–13. J. F. Cohn und E. Z. Tronick, »Three-month-old infants‹ reaction to simulated maternal depression«, *Child Development*, 54 (1983), S. 185–193.

8 N. Kogan und A. S. Carter, »Mother-infant re-engagement following the still-face: the role of maternal emotional availability in infant affect regulation«, *Infant Behavior and Development*, 19 (1996), S. 359–370.

9 E. Z. Tronick, »Emotions and emotional communication in infants«, *American Psychologist*, 44 (1989), S. 112–119.
M. K. Weinberg und E. Z. Tronick, »Infant affective reactions to the resumption of maternal interaction after the still-face«, *Child Development*, 67 (1996), S. 905–914.

10 L. Murray und C. Trevarthen, »Emotional regulation of interactions between two-month-olds and their mothers«, in T. M. Field und N. A. Fox (Hg.), *Social Perception in Infants*, Norwood, NJ: Ablex, 1985, S. 177–197.

*Anmerkungen*

11 J. M. Haviland und M. Lelwica, »The induced affect response: 10-week-old infants' responses to three emotion expressions«, *Developmental Psychology*, 23 (1987), S. 97–104.

12 J. S. Bruner, »The ontogenesis of speech acts«, *Journal of Child Language*, 2 (1975), S. 1–19. J. S. Bruner, *Child's Talk*, Oxford: Oxford University Press, 1983. (Dt. Übers.: *Wie das Kind sprechen lernt*, Bern: Hans Huber, 1987.)

13 D. C. Wimpory, R. P. Hobson, J. M. G. Williams und S. Nash, »Are infants with autism socially engaged? A study of recent retrospective parental reports«, *Journal of Autism and Developmental Disorders*, 30 (2000), S. 525–536.

14 T. Charman, J. Swettenham, S. Baron-Cohen, A. Cox, G. Baird und A. Drew, »Infants with autism: an investigation of empathy, pretend play, joint attention, and imitation«, *Developmental Psychology*, 33 (1997), S. 781–789.

15 L. Kanner, »Autistic disturbances of affective contact«, *Nervous Child*, 2 (1943), S. 217–250.

16 R. P. Hobson und A. Lee, »Hello and goodbye: a study of social engagement in autism«, *Journal of Autism and Developmental Disorders*, 28 (1998), S. 117–126.

17 S. Story, »Auguste Rodin and his work«, in *Rodin*, London: Phaidon, 1964, S. 5–17. Zitat von S. 16.

18 D. Moore, R. P. Hobson und A. Lee, »Components of person perception: an investigation with autistic, nonautistic retarded and normal children and adolescents«, *British Journal of Developmental Psychology*, 15 (1997), S. 401–423. R. P. Hobson, »Apprehending attitudes and actions: separable abilities in early development?«, *Development and Psychopathology*, 7 (1995), S. 171–182.

19 G. Johansson, »Visual perception of biological motion and a model for its analysis«, *Perception and Psychophysics*, 14 (1973), S. 201–211.

20 B. I. Bertenthal, D. R. Proffitt und J. E. Cutting, »Infant sensitivity to figural coherence in biomechanical motions«, *Journal of Experimental Child Psychology*, 37 (1984), S. 213–230.

## 3 Der Anfang des Denkens

1 C. Trevarthen und P. Hubley, »Secondary intersubjectivity: confidence, confiding and acts of meaning in the first year«, in A. Lock (Hg.), *Action, Gesture and Symbol: The Emergence of Language*, London: Academic Press, 1978, S. 183–229.
2 V. Reddy, »Playing with others' expectations: teasing and mucking about in the first year«, in A. Whiten (Hg.), *Natural Theories of Mind*, Oxford: Blackwell, 1991, S. 143–158.
3 J. F. Sorce, R. N. Emde, J. Campos und M. D. Klinnert, »Maternal emotional signaling: its effect on the visual cliff behavior of one year olds«, *Developmental Psychology*, 21 (1985), S. 195–200. R. Bakeman und L. B. Adamson, »Coordinating attention to people and objects in mother-infant and peer-infant interaction«, *Child Development*, 55 (1982), S. 1278–1289.
4 R. Hornik, N. Risenhoover und M. Gunnar, »The effects of maternal positive, neutral and negative affective communications on infant responses to new toys«, *Child Development*, 58 (1987), S. 937–944.
5 J. S. Bruner, *Child's Talk*, Oxford: Oxford University Press, 1983. (Dt. Übers. *Wie das Kind sprechen lernt*, Bern: Hans Huber, 1987.)
6 I. Bretherton, S. McNew und M. Beeghly-Smith, »Early person knowledge as expressed in gestural and verbal communication: when do infants acquire a ›theory of mind‹?«, in M. E. Lamb und L. R. Sherrod (Hg.), *Infant Social Cognition: Empirical and Theoretical Considerations*, Hillsdale, NJ: Erlbaum, 1981, S. 333–373.
7 M. Tomasello, A. C. Kruger und H. H. Ratner, »Cultural Learning«, *Behavioral and Brain Sciences*, 16 (1993), S. 495–552.
8 Es gibt eine ganze Reihe von Erklärungsansätzen zum symbolischen Spiel des Kindes. Ich möchte vor allem verweisen auf: J. Huttenlocher und E. T. Higgins, »Issues in the study of symbolic development«, in W. A. Collins (Hg.), *Minnesota Symposia on Child Psychology*, Bd. 11, Hillsdale, NJ: Erlbaum, 1978, S. 98–140; H. Werner und B. Kaplan, *Symbol Formation*, Hillsdale, NJ: Erlbaum, 1963/1984; E. Bates, »The emergence of symbols: ontogeny and phylogeny«, in W. A. Collins (Hg.), *Children's Language and Communication, Minnesota Symposia on Child Psychology*, Bd. 12, Hillsdale, NJ: Erlbaum, 1979, S. 121–155; D. Wolf und H. Gardner,

*Anmerkungen*

»On the structure of early symbolization«, in R. L. Schiefelbusch und D. D. Bricker (Hg.), *Early Language: Acquisition and Intervention*, Baltimore: University Park Press, 1981, S. 287–327.

9 C. Bühler, *From Birth to Maturity. An Outline of the Psychological Development of the Child*, London: Kegan Paul, 1937 (Erstausgabe 1935). Zitat von S. 66f.

10 J. Kagan, »The emergence of self«, *Journal of Child Psychology and Psychiatry*, 23 (1982), S. 363–381.

11 G. G. Gallup, »Mirror-image stimulation«, *Psychological Bulletin*, 70 (1968), S. 782–793. Weitere Forschungsarbeiten zur Selbst-Bewußtheit werden diskutiert in G. G. Gallup, »Self-awareness and the emergence of mind in primates«, *American Journal of Primatology*, 2 (1982), S. 237-248, und in M. Lewis und J. Brooks-Gunn, *Social Cognition and the Acquisition of Self*, New York: Plenum, 1979.

12 M. L. Hoffman, »Developmental synthesis of affect and cognition and its implications for altruistic motivation«, *Developmental Psychology*, 11 (1975), S. 607–622. M. L. Hoffman, »Interaction of affect and cognition in empathy«, in C. E. Izard, J. Kagan und R. B. Zajonc (Hg.), *Emotions, Cognition and Behavior* (Cambridge: Cambridge University Press, 1984, S. 103–131.

13 J. S. Bruner, »From communication to language – psychological perspective«, *Cognition*, 3 (1975), S. 255–287. J. S. Bruner, *Child's Talk*, Oxford: Oxford University Press, 1983. (Dt. Übers. *Wie das Kind sprechen lernt*, Bern: Hans Huber, 1987.)

14 D. C. Wimpory, R. P. Hobson, J. M. G. Williams und S. Nash, »Are infants with autism socially engaged? A study of recent retrospective parental reports«, *Journal of Autism and Developmental Disorders*, 30 (2000), S. 525–536. Daß bei autistischen Kindern die gemeinsame Aufmerksamkeit eingeschränkt ist, haben die folgenden bahnbrechenden Studien aufgezeigt: K. A. Loveland und S. H. Landry, »Joint attention and language in autism and developmental language delay«, *Journal of Autism and Developmental Disorders*, 16 (1986), S. 335–349; P. Mundy, M. Sigman, J. Ungerer und T. Sherman, »Defining the social deficits of autism: the contribution of non-verbal communication measures«, *Journal of Child Psychology and Psychiatry*, 27 (1986), S. 657-669; B. M. Prizant und

A. M. Wetherby, »Communicative intent: a framework for understanding social-communicative behavior in autism«, *Journal of the American Academy of Child and Adolescent Psychiatry*, 26 (1987), S. 472–479.
15 S. Baron-Cohen, J. Allen und C. Gillberg, »Can autism be detected at 18 months? The needle, the haystack, and the CHAT«, *British Journal of Psychiatry*, 161 (1992), S. 839–843. S. Baron-Cohen, A. Cox, G. Baird, J. Swettenham, N. Nightingale, K. Morgan, A. Drew und T. Charman, »Psychological markers in the detection of autism in infancy in a large population«, *British Journal of Psychiatry*, 168 (1996), S. 158–163.
16 M. D. Sigman, C. Kasari, J.-H. Kwon und N. Yirmiya, »Responses to the negative emotions of others by autistic, mentally retarded, and normal children«, *Child Development*, 63 (1992), S. 796–807.
17 S. B. Wulff, »The symbolic and object play of children with autism: a review«, *Journal of Autism and Developmental Disorder*, 15 (1985), S. 139–148. C. B. Riguet, N. D. Taylor, S. Benaroya und L. S. Klein, »Symbolic play in autistic, Down's and normal children of equivalent mental age«, *Journal of Autism and Developmental Disorders*, 11 (1981), S. 439–448. V. Lewis und J. Boucher, »Spontaneous, instructed and elicited play in relatively able autistic children«, *British Journal of Developmental Psychology*, 6 (1988), S. 325–339. L. Wing und J. Gould, »Severe impairments of social interaction and associated abnormalities in children: epidemiology and classification«, *Journal of Autism and Developmental Disorders*, 9 (1979), S. 11–29.
18 G. Dawson und F. C. McKissick, »Self-recognition in autistic children«, *Journal of Autism and Developmental Disorders*, 14 (1984), S. 383–394.
19 C. Kasari, M. D. Sigman, P. Baumgartner und D. J. Stipek, »Pride and mastery in children with autism«, *Journal of Child Psychology and Psychiatry*, 34 (1993), S. 353–362.
20 H. Tager-Flusberg, »What language reveals about the understanding of minds in children with autism«, in S. Baron-Cohen, H. Tager-Flusberg und D. Cohen (Hg.), *Understanding Other Minds: Perspectives from Autism*, Oxford University Press, 1993, S. 138-157.

*Anmerkungen*

21 M. A. Dewey und M. P. Everard, »The near-normal autistic adolescent«, *Journal of Autism and Childhood Schizophrenia*, 4 (1974), S. 348–356. D. M. Ricks und L. Wing, »Language, communication and the use of symbols in normal and autistic children«, *Journal of Autism and Childhood Schizophrenia*, 5 (1975), S. 191–221. C. A. M. Baltaxe, »Pragmatic deficits in the language of autistic adolescents«, *Journal of Pediatric Psychology*, 2 (1977), S. 176–180.

## 4 Das Gerüst des Denkens

1 M. Buber, *Ich und Du*, Heidelberg: Lambert Schneider, 1977, S. 25 (Erstausgabe 1923).
2 Es geht sicherlich nichts darüber, die Originalwerke eines Genies zu lesen, doch bei den Schriften von Piaget versinkt man entweder in wunderbaren, aber höchst detailreichen Berichten von Beobachtungen an Kindern oder sieht sich mit kaum durchschaubaren theoretischen Ausführungen konfrontiert. Zwei relativ lesefreundliche Bücher sind J. Piaget, *Abriß der genetischen Epistemologie*, Olten: Walter, 1974 (Original: *L'Epistémologie génétique*, Paris: Presses Universitaires de France, 1970) und J. Piaget, *Das Erwachen der Intelligenz beim Kinde*, Gesammelte Werke, Bd. 1, Stuttgart: Klett, 1975 (Original: *La naissance de l'intelligence chez l'enfant*, Neuchâtel: Delachaux et Niestlé, 1959). Wer sich zum ersten Mal mit Piaget befassen will, kann auch mit einem Überblick beginnen, der Piagets Theorie in den Zusammenhang derzeitiger Erklärungsansätze einordnet. Einen solchen Überblick bietet zum Beispiel K. Richardson, *Models of Cognitive Development*, Hove: Psychology Press, 1998. Ein Aufsatz von mir, in dem ich Piagets Betrachtungsweise zu beschreiben versuche, erschien in einer mittlerweile nicht mehr lieferbaren früheren Auflage eines Buches und ist deshalb nur noch über Bibliotheken zugänglich: R. P. Hobson, »Piaget: on the ways of knowing in childhood«, in M. Rutter und L. Hersov (Hg.), *Child and Adolescent Psychiatry: Modern Approaches*, 2. Auflage, Oxford: Blackwell, 1985, S. 191–203. Als eine detailliertere Darstellung von Piagets Werk empfehle ich M. Chapman, *Constructive Evolution*, Cambridge: Cambridge University Press, 1988.

## Anmerkungen

3 Thérèse Gouin Décarie, »Affect Development and Cognition in a Piagetian Context«, in Michael Lewis und Leonard Rosenblum, *The Development of Affect* (New York: Plenum Press, 1978), S. 183 (persönliche Mitteilung von Piaget).

4 G. H. Mead, *Mind, Self and Society*, Chicago und London: University of Chicago Press, 1934. (Dt. Übers.: *Geist, Identität und Gesellschaft*, Frankfurt/M.: Suhrkamp, 1968.) H. Werner und B. Kaplan, *Symbol Formation*, Hillsdale, NJ: Erlbaum, 1963/1984.

5 P. Hobson, »The grounding of symbols: a social-developmental account«, in P. Mitchell und K. J. Riggs (Hg.), *Reasoning and the Mind*, Hove: Psychology Press, 2000, S. 11–35.

6 R. Britton, »The missing link: parental sexuality in the Oedipus complex«, in R. Britton, M. Feldman und E. O'Shaughnessy (Hg.), *The Oedipus Complex Today*, London: Karnac, 1989, S. 83-101. (Dt. Übers.: »Die fehlende Verbindung: die Sexualität der Eltern im Ödipuskomplex«, in *Der Ödipuskomplex in der Schule Melanie Kleins*, Stuttgart: Klett-Cotta, 1998, S. 95–115.) R. P. Hobson, »Symbols, social relations and psychoanalysis«, *Social Development*, 3 (1994), S. 172–176.

7 S. K. Langer, *Philosophy in a New Key*, Cambridge, Mass.: Harvard University Press, 1957. (Dt. Übers.: *Philosophie auf neuem Wege*, Frankfurt/M.: Fischer Taschenbuch Verlag, 1984. Zitat von S. 79.) C. K. Ogden und I. A. Richards, *The Meaning of Meaning*, London: Routledge, 1923/1985. (Dt. Übers.: *Die Bedeutung der Bedeutung*, Frankfurt/M.: Suhrkamp, 1974.)

8 G. H. Mead, *Mind, Self and Society*, Chicago und London: University of Chicago Press, 1934. (Dt. Übers.: *Geist, Identität und Gesellschaft*, Frankfurt/M.: Suhrkamp, 1968.)

9 D. W. Hamlyn, *Experience and the Growth of Understanding*, London: Routledge and Kegan Paul, 1978. D. W. Hamlyn, *In and out of the Black Box*, Oxford: Blackwell, 1990.

10 M. Tomasello, *The Cultural Origins of Human Cognition*, Cambridge, Mass.: Harvard University Press, 1999. M. Tomasello und M. Barton, »Learning words in nonostensive contexts«, *Developmental Psychology*, 30 (1994), S. 639–650.

11 R. Charney, »Speech roles and the development of personal pronouns«, *Journal of Child Language*, 7 (1980), S. 509–528.

*Anmerkungen*

12 K. Kaye, *The Mental and Social Life of Babies*, London: Methuen, 1982.

## 5 Entwicklungsbarrieren

1 C. Trevarthen und P. Hubley, »Secondary intersubjectivity: confidence, confiding and acts of meaning in the first year«, in A. Lock (Hg.), *Action, Gesture and Symbol: The Emergence of Language*, London: Academic Press, 1978, S. 183–229.
2 L. E. Crandell, M. P. H. Patrick, R. P. Hobson, R. M. García Pérez und A. Lee, »Mothers with borderline personality disorder and their two-month-old infants«, Referat in der Tavistock Clinic, Juli 2001.
3 R. P. Hobson, M. P. H. Patrick, L. E. Crandell, R. M. García Pérez und A. Lee, »Infant triadic communication in the context of maternal borderline personality disorder« (unveröffentlichter Aufsatz).
4 L. E. Crandell und R. P. Hobson, »Individual differences in young children's IQ: a social- developmental perspective«, *Journal of Child Psychology and Psychiatry*, 4 (1999), S. 455–464.
5 H. Wimmer und J. Perner, »Beliefs about beliefs: representation and constraining function of wrong beliefs in young children's understanding of deception«, *Cognition*, 13 (1983), S. 103–128.
6 J. Perner, S. R. Leekam und H. Wimmer, »Three-year-olds' difficulty with false belief«, *British Journal of Developmental Psychology*, 5 (1987), S. 125–137.
7 J. H. Flavell, E. R. Flavell und F. L. Green, »Development of the appearance-reality distinction«, *Cognitive Psychology*, 15 (1983), S. 95–120.
8 E. Meins, C. Fernyhough, J. Russell und D. Clark-Carter, »Security of attachment as a predictor of symbolic and mentalising abilities: a longitudinal study«, *Social Development*, 7 (1998), S. 1–24.

## 6 Innen und außen

1. M. B. Ainsworth und B. A. Wittig, »Attachment and exploratory behaviour of one-year-olds in a Strange Situation«, in B. M. Foss (Hg.), *Determinants of Infant Behaviour*, Vol. 4, London: Methuen, 1969, S. 111–136. M. D. S. Ainsworth, M. C. Blehar, E. Waters und S. Wall, *Patterns of Attachment*, Hillsdale, NJ: Erlbaum, 1978. E. A. Carlson und L. A. Sroufe, »Contribution of attachment theory to developmental psychopathology«, in D. Cicchetti und D. J. Cohen (Hg.), *Developmental Psychopathology. Theory and Methods*, New York: Wiley, 1995, S. 581–617.
2. C. George, N. Kaplan und M. Main, *The Attachment Interview for Adults*, unveröffentlichtes Manuskript, University of California, Berkeley, 1985.
3. P. Fonagy, H. Steele und M. Steele, »Maternal representations of attachment during pregnancy predict the organisation of infant-mother attachment at one year of age«, *Child Development*, 62 (1991), S. 891–905.
4. M. Patrick, R. P. Hobson, D. Castle, R. Howard und B. Maughan, »Personality disorder and the representation of early social experience«, *Development and Psychopathology*, 6 (1994), S. 375–388.
5. S. Freud, »Trauer und Melancholie« (1917), Gesammelte Werke, Bd. X, Frankfurt/M.: S. Fischer, 1968, S. 427–446. Zitat von S. 432.
6. Zwei gute Einführungen in die Kleinsche Theorie sind: S. Isaacs, »The nature and function of phantasy«, *International Journal of Psychoanalysis*, 29 (1948), S. 73–97; H. Segal, *Introduction to the Work of Melanie Klein*, London: Hogarth, 1964/1973. (Dt. Übers.: *Melanie Klein. Eine Einführung in ihr Werk*, München: Kindler, 1974.)
7. R. P. Hobson, M. P. H. Patrick und J. D. Valentine, »Objectivity in psychoanalytic judgements«, *British Journal of Psychiatry*, 173 (1998), S. 172–177.
8. R. P. Hobson, »Psychoanalysis and infancy«, in G. Bremner, G. Butterworth und A. Slater (Hg.), *Infant Development: Recent Advances*, Hove, Sussex: Psychology Press, 1997, S. 275–290. T. H. Ogden, »The concept of internal object relations«, *International Journal of Psycho-Analysis*, 64 (1983), S. 227–241.

## 7 Denken in Fesseln

1. L. Kanner, »Autistic disturbances of affective contact«, *Nervous Child*, 2 (1943), S. 217–250. Zitat von S. 247f.
2. R. P. Hobson, *Autism and the Development of Mind*, Hove: Erlbaum, 1993. In diesem Buch führe ich die Belege an, auf denen meine zusammenfassende Darstellung des Denkens autistischer Kinder gründet. Das Zitat stammt von S. 179 f.
3. R. P. Hobson und A. Lee, »Emotion-related and abstract concepts in autistic people: evidence from the British Picture Vocabulary Scale«, *Journal of Autism and Developmental Disorders*, 19 (1989), S. 601–623.
4. S. Baron-Cohen, A. M. Leslie und U. Frith, »Does the autistic child have a ›theory of mind‹?«, *Cognition*, 21 (1985), S. 37–46.
5. S. Baron-Cohen, »Are autistic children ›behaviourists‹? An examination of their mental-physical and appearance-reality distinctions«, *Journal of Autism and Developmental Disorders*, 19 (1989), S. 579–600.
6. S. Fraiberg, *Insights from the Blind*, London: Souvenir, 1977, Kapitel XI.
7. Belege dafür, daß autistische Kinder visuelle Perspektiven koordinieren können, stelle ich vor in: R. P. Hobson, »Early childhood autism and the question of egocentrism«, *Journal of Autism and Developmental Disorders*, 14 (1984), S. 85–104.
8. M. Bishop und R. P. Hobson, »Patterns of social interaction in congenitally blind children«, unveröffentlichtes Manuskript, 2000.
9. R. Brown, R. P. Hobson, A. Lee und J. Stevenson, »Are there ›autistic-like‹ features in congenitally blind children?«, *Journal of Child Psychology and Psychiatry*, 38 (1997), S. 693–703. R. P. Hobson, A. Lee und R. Brown, »Autism and congenital blindness«, *Journal of Autism and Developmental Disorders*, 29 (1999), S. 45–56.
10. E. S. Andersen, A. Dunlea und L. S. Kekelis, »Blind children's language: resolving some differences«, *Journal of Child Language*, 11 (1984), S. 645–664.
11. M. Minter, R. P. Hobson und M. Bishop, »Congenital visual impairment und ›theory of mind‹«, *British Journal of Developmental Psychology*, 16 (1998), S. 183–196. vgl. Text 185f. Unsere Studien zu blinden Kindern sind zusammengefaßt in: R. P. Hobson, R.

Brown, M. Minter und A. Lee, »›Autism‹ revisited: the case of congenital blindness«, in V. Lewis und G. M. Collis (Hg.), *Blindness and Psychological Development in Young Children*, Leicester: British Psychological Society, 1997, S. 99–115.

12 M. Rutter, L. Andersen-Wood, C. Beckett, D. Bredenkamp, J. Castle, C. Groothues, J. Kreppner, L. Keaveney, C. Lord, T. G. O'Connor und The English and Romanian Adoptees Study Team, »Quasi-autistic patterns following severe early global privation«, *Journal of Child Psychology and Psychiatry*, 40 (1999), S. 537–549.

## 8 Das Selbst und die anderen

1 M. Scheerer, E. Rothmann und K. Goldstein, »A case of ›idiot savant‹: an experimental study of personality organisation«, *Psychological Monographs*, 58, 4, 269 (1945), S. 1–63.

2 Eine hochinteressante, aber komplexe Diskussion der autistischen Selbst-Pathologie findet sich bei: G. Bosch, *Der frühkindliche Autismus*, Berlin: Springer, 1962.

3 S. J. Weeks und R. P. Hobson, »The salience of facial expression for autistic children«, *Journal of Child Psychology and Psychiatry*, 28 (1987), S. 137–152.

4 R. P. Hobson und A. Lee, »Imitation and identification in autism«, *Journal of Child Psychology and Psychiatry*, 40 (1999), S. 649–659.

5 A. Lee, R. P. Hobson und S. Chiat, »I, you, me and autism: an experimental study«, *Journal of Autism and Developmental Disorders*, 24 (1994), S. 155–176.

6 W. Damon und D. Hart, »The development of self-understanding from infancy through adolescence«, *Child Development*, 53 (1982), S. 841–864. W. Damon und D. Hart, *Self-understanding in Childhood and Adolescence*, New York: Cambridge University Press, 1988. A. Lee und R. P. Hobson, »On developing self-concepts: a controlled study of children and adolescents with autism«, *Journal of Child Psychology and Psychiatry*, 39 (1998), S. 1131–1141.

7 G. Bosch, *Der frühkindliche Autismus*, Berlin: Springer, 1962. Zitat von S. 60.

*Anmerkungen*

## 9 Das Bewußtsein verstehen

1. Eine ausgezeichnete Einführung in Wittgensteins Beiträge zur Philosophie des Geistes bietet: N. Malcolm, »Wittgenstein's philosophical investigations«, in V. C. Chappell (Hg.), *The Philosophy of Mind*, Englewood Cliffs, NJ: Prentice-Hall, 1962, S. 74–100. L. Wittgenstein, *Philosophische Untersuchungen*, Schriften 1, Frankfurt/M.: Suhrkamp, 1969. L. Wittgenstein, *Bemerkungen über die Philosophie der Psychologie*, Schriften 8, Frankfurt/M.: Suhrkamp, 1982. D. W. Hamlyn, *In and out of the Black Box*, Oxford: Blackwell, 1990.
2. Argumente, die meine Vorstellungen zum Erkennen des Innenlebens anderer Menschen stützen, finden sich bei: P. F. Strawson, »Persons«, in V. C. Chappell (Hg.), *The Philosophy of Mind*, Englewood Cliffs, NJ: Prentice-Hall, 1958/1962, S. 127–146. D. W. Hamlyn, »Person-perception and our understanding of others«, in T. Mischel (Hg.), *Understanding Other Persons*, Oxford: Blackwell, 1974, S. 1–36. R. P. Hobson, »Concerning knowledge of mental states«, *British Journal of Medical Psychology*, 63 (1990), S. 199–213. R. P. Hobson, »On the origins of self and the case of autism«, *Development and Psychopathology*, 2 (1990), S. 163–181. R. P. Hobson, »Against the theory of ›Theory of Mind‹«, *British Journal of Developmental Psychology*, 9 (1991), S. 33–51. R. P. Hobson, »The emotional origins of social understanding«, *Philosophical Psychology*, 6 (1993), S. 227–249. R. P. Hobson, »Perceiving attitudes, conceiving minds«, in C. Lewis und P. Mitchell (Hg.), *Origins of an Understanding of Mind*, Hillsdale, NJ: Erlbaum, 1994, S. 71–93. M. Merleau-Ponty, »Les relations avec autrui chez l'enfant«, Paris: Centre de documentation universitaire, 1975. (Englische Fassung: »The child's relations with others«, in M. Merleau-Ponty, *The Primacy of Perception*, Evanston, IL: Northwestern University Press, 1964, S. 96–155. Zitat von S. 146.) L. Wittgenstein, *Bemerkungen über die Philosophie der Psychologie*, Schriften 8, Frankfurt/M.: Suhrkamp, 1982.
3. R. P. Hobson, J. Ouston und A. Lee, »What's in a face? The case of autism«, *British Journal of Psychology*, 79 (1988), S. 441–453.
4. P. Ekman und V. W. Friesen, *Pictures of Facial Affect* (erhältlich bei Paul Ekman, University of California, Copyright 1976).
5. R. F. Hobson, *Forms of Feeling*, London: Tavistock, 1985.

## Anmerkungen

6 L. Wittgenstein, *Philosophische Untersuchungen*, Schriften 1, Frankfurt/M.: Suhrkamp, 1969, Teil II, IV, S. 489.
7 D. Woodruff Smith, *The Circle of Acquaintance*, Dordrecht: Kluwer Academic, 1989. Zitat von S. 134.
8 R. P. Hobson, »On sharing experiences«, *Development and Psychopathology*, 1 (1989), S. 197–203.
9 R. P. Hobson, »The intersubjective foundations of thought«, in S. Braten (Hg.), *Intersubjective Communication and Emotion in Ontogeny*, Cambridge: Cambridge University Press, 1998, S. 283–296.
10 E. Bates, L. Camaioni und V. Volterra, »The acquisition of performatives prior to speech«, *Merrill-Palmer Quarterly*, 21 (1975), S. 205–226.
11 L. Wygotski, *Denken und Sprechen*, Frankfurt/M.: S. Fischer, 1972. Zitat von S. 15. (Russische Originalausgabe 1934/1956.)
12 H. Werner und B. Kaplan, *Symbol Formation*, Hillsdale, NJ: Erlbaum, 1963/1984.
13 I. Bretherton und M. Beeghly, »Talking about internal states: the acquisition of an explicit theory of mind«, *Developmental Psychology*, 18 (1982), S. 906–921.
14 H. M. Wellman, *The Child's Theory of Mind*, Cambridge, Mass.: Bradford, 1990.
15 M. Tomasello, »Uniquely primate, uniquely human«, *Developmental Science*, 1 (1998), S. 1–16.
16 M. Tomasello, S. Savage-Rumbaugh und A. C. Kruger, »Imitative learning of actions on objects by children, chimpanzees, and enculturated chimpanzees«, *Child Development*, 64 (1993), S. 1688–1705.

Karl Gebauer /
Gerald Hüther
**Kinder suchen
Orientierung**
Antworten und
Perspektiven

232 Seiten
Englische Broschur
ISBN 3-530-40136-6

Im Sog von virtuellen Realitäten, in der Flut von Reizen und Eindrücken brauchen Kinder Orientierung: Kinder brauchen Halt. Genauso wie emotionale Geborgenheit brauchen Kinder innere Leitbilder für eine gelingende Entwicklung. Denn innere Orientierungsmuster sind auch bestimmend für die Nutzung des Gehirns, so der Hirnforscher Gerald Hüther und der Pädagoge Karl Gebauer. Nur wer durch Erzählen, Spielen und Gestalten innere Leitbilder aufbaut, wird in der Lage sein, unbekannte neue Probleme selbstsicher zu lösen. Ein eindrucksvolles Plädoyer gegen Orientierungslosigkeit in Zeiten massiver Verunsicherung.

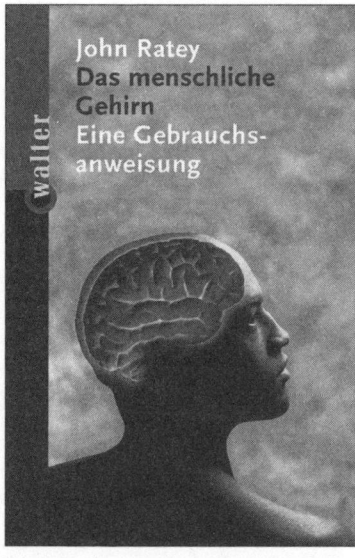

John Ratey
**Das menschliche Gehirn**
Eine Gebrauchsanweisung

480 Seiten
Gebunden mit
Schutzumschlag
ISBN 3-530-40125-0

Warum nehmen wir die Welt auf diese und nicht jene Art wahr, wie entstehen unsere Gefühle, unsere wahren oder auch unsere »falschen« Erinnerungen? Unser Gehirn ist ein dynamisches Organ, so die These dieses – auf den neuesten Erkenntnissen der Hirnforschung basierenden – Buches, das auf die Einflußnahme seines Benutzers reagiert.
Anhand von faszinierenden Fallbeispielen erläutert John Ratey klar und verständlich die Grundstrukturen, die Funktionsweise und erstaunliche Flexibilität unseres wichtigsten Organs. Auf beeindruckende Weise demonstriert er, wie wir unser Gehirn verstehen und durch die verschiedensten Faktoren beeinflussen können.